Ella. Ein Hund fürs Leben

Das Buch

Daniel ist Anfang 30, lebt mit seiner Freundin Lina in Berlin – und hat seit frühester Kindheit, die er in der tiefsten westfälischen Provinz verbrachte, panische Angst vor Hunden. Sieht er einen Vierbeiner auch nur von weitem, wechselt er die Straßenseite. Ansonsten ist das Leben schön: Das Ende des Studiums ist nah, aber nicht zu nah, und abends trifft er seinen Kumpel Thomas auf ein frisch gezapftes Helles. In letzter Zeit redet Lina allerdings erschreckend oft von Zukunfts- und Familienplanung. Als es deswegen wieder einmal kracht und Lina von Daniel einfordert, ein Opfer zu bringen, nimmt er sie beim Wort und kauft ihr einen Hund. Eine Kurzschlussreaktion mit Folgen: Als der Dalmatiner-Mischling Ella in die gemeinsame Wohnung zieht, muss Daniel nicht nur erleben, wie die neue, noch nicht stubenreine Mitbewohnerin sein Sofa anpinkelt und genüsslich seine Klamotten zerkaut, sondern auch größere Fleischmahlzeiten bekommt als er. Schwanzwedelnd und mit treuem Hundeblick eröffnet Ella Daniel jedoch einen neuen Horizont – und rettet Linas Liebe …

Der Autor

Daniel Wichmann, Jahrgang 1983, wuchs wie sein Held im westfälischen Ibbenbüren auf, einer Kleinstadt mit enormer Hunde-Dichte, und kannte die Angst vor Hunden selbst sehr genau – bis Ella in sein Leben trat und ihm den Stoff zu seinem ersten Roman lieferte. Heute kann er sich ein Leben ohne Hund nicht mehr vorstellen. Daniel Wichmann und Ella leben in Berlin.

DANIEL WICHMANN

ELLA

EIN HUND FÜRS LEBEN

ROMAN

List Taschenbuch

Besuchen Sie uns im Internet:
www.list-taschenbuch.de

MIX
Papier aus verantwortungsvollen Quellen
FSC® C083411

Lizenzausgabe im List Taschenbuch
List ist ein Verlag der Ullstein Buchverlage GmbH, Berlin.
1. Auflage September 2015

Umschlaggestaltung und Titelabbildung: bürosüd° GmbH, Berlin
Satz: Dörlemann Satz, Lemförde
Druck und Bindearbeiten: CPI books GmbH, Leck
Printed in Germany
ISBN 978-3-548-61276-8

»You can't start a fire worrying about
your little world falling apart«

Bruce Springsteen

Prolog HOW MUCH IS THAT DOGGIE IN THE WINDOW?

»How much is that doggie in the window
The one with the waggly tail
How much is that doggie in the window
I do hope that doggie's for sale

I read in the papers there are robbers
With flashlights that shine in the dark
My love needs a doggie to protect him
And scare them away with one bark.«

Patti Page

»Jetzt sag schon, wo wir hinfahren.«

»Nee, ist geheim!«

Kurz vor der Abfahrt Grenzallee setze ich den Blinker. Normalerweise fährt Lina, weil mich der Verkehr in Berlin nervös macht. In Ibbenbüren bin ich immer gerne Auto gefahren. Im Münsterland konnte man schon mal aus Spaß nachts die Scheinwerfer ausschalten oder während der Fahrt im Fußraum nach einem runtergefallenen Schokoriegel suchen. Es war ein bisschen wie in diesen alten Hollywood-Filmen, in denen sich der Fahrer minutenlang mit dem Beifahrer unterhält, ohne dabei ein Mal auf die Straße zu sehen. In Berlin wäre Steve McQueen keine hundert Meter weit gekommen, aber in Ibbenbüren war ein solcher Fahrstil überhaupt kein Problem gewesen.

»Jetzt fahr, Arschloch!«

Lina atmet geräuschvoll aus und verdreht die Augen. »Krieg dich mal wieder ein, es ist rot.«

»Ja, tut mir leid, ich fahr halt nicht gern, weißt du doch.«

»Und warum lässt du mich dann nicht?«

»Geheim, habe ich doch schon gesagt.«

»Ja, aber …«

»Nein, ist eine Überraschung!«

Ich krame die ausgedruckte Wegbeschreibung aus meiner Jackentasche und versuche, sie so zu halten, dass Lina nicht gucken kann. Ich wische mir den Schweiß von der Stirn und falte das Blatt mit einer Hand auseinander. Die Druckertinte verschmiert. Mist, ich hätte Grenzallee gar nicht abfahren dürfen, so viel kann ich noch erkennen. Jetzt bloß nichts anmerken lassen, Lina in ein Gespräch verwickeln und unauffällig wieder rauf auf die Autobahn, Richtung Flughafen Schönefeld.

»Wie geht's eigentlich deinen Eltern, ich meine, jetzt, wo der Hund weg ist?«, frage ich.

»Der Hund ist nicht weg, der ist *tot*. Und du weißt doch, wie es meinen Eltern geht.«

»Ja, tut mir leid. Ist ja auch egal.«

»Egal? Scheiße ist das! Können wir nicht über was anderes reden? Ich dachte, wir machen was Schönes. Was soll das hier denn werden?«

»Nix.«

»Klar, nix.«

»Lina, ich …« Vor uns taucht plötzlich die Autobahnauffahrt auf, die ich gerade noch so erwische. Wir sind zurück in der Spur. Jetzt muss ich nur noch Lina besänftigen.

»Du kannst dich wirklich freuen.«

»Wenn ich nur wüsste, worauf!«

»Das haben Überraschungen so an sich, dass man nicht weiß …«

»Ja, dann kann ich dir aber auch nicht sagen, ob ich mich freue. Ich weiß ja nicht mal, ob ich passend angezogen bin.« Lina atmet einmal tief und rauft sich ihre braunen Haare, die sie so kurz trägt wie Jean Seberg in *Außer Atem*, weil sie meint, dass ihr lange Haare nicht stehen. Ich finde das eigentlich nicht.

»Du siehst toll aus.« Ich grinse sie an, Lina verdreht erneut die Augen und sieht aus dem Fenster. So wird das nichts. Aber wenn ich die Wegbeschreibung richtig deute, sind es nur noch zwanzig Kilometer. Die halte auch ich schweigend durch.

»Du weißt aber schon, wo du hinwillst, oder?«, fragt Lina, als wir das Ortseingangsschild von Zeuthen, Landkreis Dahme-Spreewald, passieren.

»Ja, ja, keine Sorge, wir sind gleich da.«

Es ist heiß, ich schwitze, und ich versuche, die Straßennamen zu erkennen.

»Ich könnte ja die Karte lesen.«

»Ich sag doch, wir sind gleich da.«

Von der Hauptstraße biege ich rechts in einen Schotterweg ein. Nummer 8 liegt ganz am Ende; vor dem Gartentor parken bereits ein paar Autos. Eines davon fällt mir sofort auf. Ein alter Geländewagen mit dem Aufkleber »Kinderschänder an den Galgen« auf der Stoßstange. Dazu eine Konföderiertenflagge in der Rückscheibe. Reizend.

»Jetzt bin ich ja mal gespannt. Ich dachte, wir fahren ins Grüne. Schwimmen oder so«, mault Lina.

Mehr schlecht als recht parke ich den alten Golf, atme einmal tief durch und steige aus. Ich gehe ums Auto herum, öffne Lina die Tür und nehme sie an die Hand. Sie lässt es geschehen, und gemeinsam gehen wir zum Haus. Dort angekommen, zieht sie ihre Hand weg und wischt sie an ihrem Rock ab. In der Glasscheibe der Haustür spiegelt sich mein verschwitztes Gesicht.

Zögerlich drücke ich den Klingelknopf: *Ding-Dong*.

Sofort fliegt die Tür auf.

»Tachchen, Feldbeeerg!«, trällert die untersetzte Frau, die vor uns steht. Sie trägt ausgefranste Jeansshorts und ein Bikinioberteil mit Blümchenmuster. Beides passt nicht so ganz zu ihrer recht üppigen Figur. Ihre Haare sind platinblond und müssten am Scheitel dringend mal wieder nachgefärbt werden.

»Kommse rinn, die andern sind schon da!«

Wir folgen ihr durch den Hausflur. Lina schaut mich mit aufgerissenen Augen an und bildet mit dem Mund lautlos die Worte »What the fuck?«. Ich hoffe, sie denkt angesichts des Outfits von Frau Feldberg nicht, dass ich sie auf eine Swingerparty schleppe.

Im Wohnzimmer sitzen ein Pärchen, das ungefähr in unserem Alter ist, eine Mutter mit ihren zwei Kindern und ein Typ, der aussieht, als sei er eigentlich in der JVA Tegel zu Hause und gerade auf Freigang. Er trägt ein rotes Feinrippunterhemd, und auf seinen Armen prangen Tätowierungen, die aussehen wie die Kritzeleien, die ich beim Telefonieren immer auf alle möglichen Papiere male. Das Wohnzimmer der Familie Feldberg ist braun gefliest und »irgendwie mediterran« tapeziert. Herzstück des Raumes sind ein riesiger Flachbildfernseher und eine massive schwarze Ledergarnitur mit einem gekachelten Couchtisch. Für die Gäste wurden zusätzliche Korbstühle herangeschafft. Zwei sind noch frei. Wir setzen uns. Frau Feldberg füllt Kaffee und viel zu viel Milch in zwei vor uns stehende Tassen mit Rosenmotiven, die mich sehr an das Muster von Frau Feldbergs Oberbekleidung erinnern.

Keiner sagt etwas, und irgendwie bin ich froh, dass Frau Feldberg keinen Small Talk machen will. Ab und an verschwindet sie im Nebenraum und kommt mit einer Thermoskanne in der Hand zurück, von der ich annehme, dass es sich um ein und dieselbe handelt. Andererseits ist mir die Stille auch unangenehm. Ich fühle mich beobachtet und traue mich nicht, mit Lina zu sprechen. Um wenigstens irgendetwas in der Hand zu haben, nehme ich meine Kaffeetasse und kippe hastig die hellbraune Brühe runter. Sofort steht Frau Feldberg vor mir und schüttet nach.

»Könn' wa die jetze ma sehen, oder wie?«, fragt plötzlich der Knasti in die Stille. Er erinnert mich an jemanden, aber ich komme nicht drauf, an wen.

Frau Feldberg, schon wieder auf dem Weg in Richtung Nebenraum, hält inne: »Die Kleenen schlafen. Mein Mann kiekt aber gleich ma, ob wa rübajehn können.«

Spätestens jetzt müsste Lina eigentlich kapiert haben, worum es hier geht. Stattdessen zischt sie mir ins Ohr: »Wenn du jetzt nicht sagst, was hier gespielt wird, gehe ich. Kein Scherz!«

Druck, immer nur Druck. Ich trinke einen großen Schluck von der Plörre und behalte meine Tasse in der Hand, damit die Feldberg nicht gleich wieder nachschenken kann. Merkt sie was? Sie guckt so komisch. Überhaupt kommt es mir so vor, als ob mich alle anstarren. Mir steht der Schweiß auf der Stirn, und ich merke, wie Panik in mir aufsteigt. Was, wenn Lina die ganze Aktion am Ende total bescheuert findet? Was, wenn alles auffliegt und die Feldberg merkt, dass ich mit Hunden so viel am Hut habe wie David Garrett mit klassischer Musik? Mir wird abwechselnd heiß und kalt, und ich will eigentlich nur noch weg.

»Frau Feldberg, Entschuldigung«, hebe ich an und setze mich etwas auf. »Wir haben leider nicht viel Zeit. Könnten Sie mal nachschauen, wo Ihr Mann bleibt?«

»Nee, dit kann ick nich, junger Mann. Sie ham fünf Wochen jewartet, nu werdense ooch fünf Minuten noch warten können.«

Ich sinke in den Korbstuhl zurück und starre auf den Boden. Mit einem leisen »Plopp« fällt ein Schweißtropfen von meiner Nasenspitze in die letzte Pfütze Kaffee in meiner Tasse.

Dem Knasti wird es zu bunt. »Jute Frau, ick sach et nich noch ma: Wenn jetz hier nich gleich …«

In diesem Moment geht die Terrassentür auf, und ein Mann mit Kartoffelnase und Schnäuzer steckt den Kopf herein. Durch die Glastür sehe ich, dass auch er nur ein Unterhemd und eine von diesen ultrakurzen Adidas-Shorts trägt, in denen Emil Zápotek 1952 olympisches Gold gewann. Bei Zápotek hatte der Hosenbund allerdings weniger zu leiden.

»Wir können jetzt rüba, aber einer nach dem andern. Höchstens immer zwei.«

Ich schnelle hoch. Dem Knasti gefällt das gar nicht. »Bei dir hackt et wohl! Als Letzter kommen und als Erster mahlen, wa?«

Beschwichtigend hebe ich die Hände, als wollte ich ihm zeigen, dass ich unbewaffnet bin: »Nein, nein, das war nicht so gemeint. Ich wollte nur …«, stammele ich kleinlaut und nehme wieder Platz. Klar, im Knast ist sich jeder selbst der Nächste. Fressen oder gefressen werden. Während ich mich immer noch frage, an wen der Typ mich erinnert, starre ich vorsichtshalber lieber wieder auf meine Füße.

»Nu macht ma Platz!«, schnauzt er und schiebt sich an uns vorbei. Mir steigt eine Wolke süßlich-beißender Schweißgeruch in die Nase.

Nach zehn Minuten kommen die beiden Männer zurück. Ich habe mich in der Zwischenzeit mit den anderen darauf geeinigt, dass sie uns den Vortritt lassen. Zuerst wollten sie nicht so recht, aber dann haben sie doch nachgegeben. Wahrscheinlich aus Mitleid. Vielleicht haben sie auch Angst, mein starkes Schwitzen könnte auf eine ansteckende Krankheit hindeuten.

Wir folgen Herrn Feldberg durch den Garten, vorbei an einem Sandkasten und einem halb aufgeblasenen Planschbecken.

»So, dann mal rinn in die jute Stube«, sagt Herr Feldberg allen Ernstes und öffnet die Tür zur Gartenlaube. »Und schön leise sein.« Aus der Hütte dringt bestialischer Pissegestank.

Lina reckt vorsichtig ihren Kopf hinter meiner Schulter hervor. »Wie süüüß«, quietscht sie, als sie den großen Dalmatiner auf seiner Decke sieht, auf der sechs oder sieben schwarze Knäuel herumwuseln.

»Im Ernst, leise, bitte«, mahnt Herr Feldberg.

Ich betrachte angespannt das Muttertier. Die Welpen wirken tatsächlich noch ganz niedlich, aber der Dalmatiner ist verdammt groß. Er hält die Augen geschlossen und wirkt erschöpft, aber ich bin auf der Hut und bleibe nahe der Tür stehen.

»Also«, flüstert Herr Feldberg, »die da wärn noch zu haben«, und deutet nacheinander auf drei der Tiere. Ich frage mich, woher er das so genau weiß, denn für mich sehen sie alle gleich aus. Die Welpen spielen miteinander, kullern durcheinander und geben fiepende Geräusche von sich.

»Wie jetzt, noch zu haben?«, fragt Lina laut und presst gleich darauf die Lippen aufeinander.

»Na ja, die könntense noch haben, dafür sind Se doch hier«, flüstert Feldberg streng.

Lina schaut mich ungläubig an. »Herr Feldberg, ich gehe mal ganz kurz mit meinem Freund vor die Tür. Nur einen Augenblick.«

»Machense nur. Will ja jut überlegt sein.«

Vor der Laube nimmt mich Lina ins Gebet. »Das ist nicht dein Ernst!«

Ich sehe sie an und versuche, ihrem bohrenden Blick standzuhalten. »Doch, absolut.« Ich bin mir nicht sicher, ob sie sich freut oder sauer ist.

»Aber du magst keine Hunde.«

Ich beiße mir auf die Zunge. »Keine Sorge, ich hab mir das gut überlegt. Wirklich, ich bin mir sicher. Geh mal wieder rein und such einen aus, ich hol noch was aus dem Auto.«

Lina geht zurück zu den Hunden. Ich schließe den Wagen auf und hole einen alten geflochtenen Einkaufskorb aus dem Kofferraum, den ich mit Tüchern und einem kleinen Kissen ausgelegt habe. Als ich zurück in die Laube komme, hat Lina eines von den schwarzen Knäueln hochgenommen. Selbst in Linas kleinen Händen sieht der Hund winzig aus. Da hätte auch ein Schuhkarton gereicht. Für Kinderschuhe.

Lina sieht total glücklich aus. Zum ersten Mal seit Wochen. Als sie mich sieht, fragt sie: »Wollen wir den nehmen?«

»Von mir aus.«

Sie verzieht das Gesicht.

»Ich meine, klar, der sieht total putzig aus.«

»Nimm ihn auch mal. Ich meine, *sie*. Ist ein Mädchen.«

Ich schaue Herrn Feldberg an, der offenbar auch erwartet, dass ich meinen zukünftigen »Liebling« einmal in den Arm nehme. Er grinst und nickt mir aufmunternd zu. Lina legt mir den Welpen in die Hände, die ich wie eine Schale vor meine Brust halte. Ich merke, wie mein Puls immer schneller wird. Ich halte einen Hund in den Händen. Unfassbar! Jetzt bloß keine Panik. Die Kleine schläft. Eigentlich wirkt sie sehr friedlich. Irgendwie wird mir ganz warm ums Herz. Ob das die sprichwörtliche Hundeliebe ist? Dieses kleine Wesen … Plötzlich sticht mir ein strenger Geruch in die Nase. Lauwarme Hundepisse rinnt mir durch die Finger und färbt mein T-Shirt hellgelb. Um ein Haar hätte ich den Hund fallen gelassen. »Sie hat Pipi gemacht«, bringe ich gequält lächelnd hervor. Lina lächelt verzückt.

»Ick gloob, dit reicht jetze«, sagt Herr Feldberg. »Legense die Maus mal wieder zu der Mutter.«

Zögernd schaue ich Lina an, deren Blick sagt: »Mach endlich!«

Vorsichtig nähere ich mich dem großen Dalmatiner. Ich tue dir nichts, du tust mir nichts, okay? Ich lege die Kleine ganz vorsichtig auf das Laken, in Ordnung? Ganz vorsichtig, siehst du? Ganz vorsichtig … Ganz … In dem Moment reißt das Muttertier die Augen auf. Ich mache einen Satz zurück. Die Hundemutter gähnt nur und schließt die Augen wieder, ich behalte sie aber fest im Blick. Mein Puls rast, meine Hände sind klatschnass. Nichts wie raus hier.

»Ich geh mir mal die Hände waschen, klär du doch den Rest«, bitte ich Lina und stolpere hastig aus der Gartenlaube.

Auf dem Weg ins Bad muss ich wieder durchs Wohnzimmer. Hier sitzt der Knasti und füllt irgendein Formular aus. Er hält den Kopf schräg, und seine Zungenspitze wandert von einem Mundwinkel zum andern. Er murmelt was von »Zwinger reicht wohl …« Plötzlich weiß ich, an wen er mich erinnert: René Weller! Die gleiche Mischung aus Kirmesboxer und Kleinkriminellen.

Als ich wieder in den Garten komme, stehen Lina und Herr Feldberg vor der Laube und verstehen sich offenbar prächtig. So was hat Lina einfach drauf. Sie kann jeden um den Finger wickeln. Mir fällt das eher schwer. »Hauptsache, nichts mit Menschen«, habe ich früher immer gesagt, wenn mich jemand gefragt hat, was ich später mal machen will.

»So, alles wieder sauber. Können wir die Kleine jetzt mitnehmen?«, frage ich und halte meinen Transportkorb hoch. »Wir müssten nämlich so langsam echt los.«

Herr Feldberg sieht mich entgeistert an. »Wie, ›mitnehmen‹?«

»Na ja, deshalb sind wir doch hier. Wir haben uns entschieden. Wir nehmen den Schwarzen.«

»Sindse sicher, dasse sich mit Hunden auskennen? Det is hier keen Autohaus. Die Kleenen sind grad mal fünf Wochen alt. Welpen müssen mindestens zehn, besser zwölf Wochen alt sein, bevorse die Mutter valassen.«

»Ja, besser zwölf«, sage ich und jubiliere innerlich.

»Gehense erst mal rein und füllense die Bewerbung aus.« Herr Feldberg wirkt noch immer ein bisschen misstrauisch. Bewerbung? Ich will doch keinen Job, sondern bloß einen Hund. Die sollen doch froh sein, wenn sie die Biester loswerden und obendrein noch Geld dafür bekommen.

»Klar, machen wir«, strahlt Lina Herrn Feldberg an und sieht dabei fast verliebt aus. Mit diesem Blick hat sie damals auch unseren Vermieter weichgekocht.

Zurück im Wohnzimmer gehe ich den »Bewerbungsbogen« durch. »Erfahrung mit Hunden?« – Wenn die wüssten. »Größe des Grundstücks?« – Welches Grundstück?

Lina nimmt mir das Formular weg. »Lass mich mal machen.« Sie nimmt einen Kuli vom Kacheltisch. Keine fünf Minuten später hat sie alles ausgefüllt.

Ich lese: »Erfahrung mit Hunden: zwölf Jahre Berner Sennenhund. Größe des Grundstücks: Pfarrhaus mit 12 Hektar Grundstück. Betreuungszeit: rund um die Uhr. Kleinkinder oder andere gefährdete Personen: keine. Einkommen: Doppelverdiener«. – »Was schreibst du denn da?«

»Pst! Leise!« Lina beugt sich zu mir rüber und flüstert fast. »Ich hab dem erzählt, dass wir eine Wohnung im Haus meiner Eltern haben. Das ist todsicher!«, flüstert Lina mir zu.

»Ich weiß nicht … Ich würd eigentlich lieber bei der Wahrheit bleiben.«

»Spinnst du? Dann kriegen wir den Hund nie. Drei Zimmer Altbau, dritter Stock, mitten in der Stadt und vollkommen unklar, was wir im nächsten Jahr machen. Außerdem hast du nicht nur null Erfahrung mit Hunden, sondern warst bis vor einer Stunde noch der totale Hundehasser! Es kommt auch nicht überall gut an, wenn man mit dreißig immer noch studiert.«

»Ja, schon gut, kapiert. Aber wenn das rauskommt? Wenn die den Hund mal in seinem neuen Zuhause besuchen wollen?«

Lina kommt noch näher und sieht mich ernst an. »Daniel, mal ehrlich, willst du diesen Hund wirklich, oder wolltest du dich nur bei mir einschleimen?«

Die Wahrheit kann so grausam sein.

»Natürlich will ich einen Hund. Und zwar mit dir!«

»Gut, dann gib jetzt den Fragebogen bei dem Feldberg ab und verabschiede dich. Und mach zur Abwechslung mal ein freundliches Gesicht!«

Auf dem Weg zurück zum Auto nehme ich Lina in den Arm. »Wie krass war das denn bitte?«, fragt sie lachend.

Ich fische den Autoschlüssel aus meiner Hosentasche und halte ihn Lina vor die Nase. »Du fährst!«

Als wir im Auto sitzen und über die Schotterstraße juckeln, kurbele ich das Fenster runter und zünde mir eine Zigarette an. Der Fahrtwind kühlt mir den Kopf, die Anspannung fällt langsam von mir ab. Geschafft. Und wider Erwarten sogar sieben Wochen Galgenfrist. Es ist Sommer, wir sind jung, und wir sind wieder ein Team. Das spüre ich.

Ich hole eine Kassette aus dem Handschuhfach und schiebe sie in das alte Autoradio. Als wir auf die Autobahn fahren und Lina Gas gibt, singt Liam Gallagher: »You and I are gonna live forever«. Manchmal fühlt sich das Leben leicht und gut an.

Als ich das Feuerzeug in die Hosentasche stopfe, stoße ich auf ein Bündel. Die dreihundert Euro, die ich kurz vor unserer Abfahrt noch abgehoben habe, um den Hund zu bezahlen. Die brauche ich ja jetzt erst in ein paar Wochen. Ich schreibe Thomas eine SMS: »Hey, T, um 8 in der Taube? Ich geb einen aus! D.«

Kurz darauf hat Lina sich verfranst. »Scheißosten«, flucht sie, »wo ist jetzt die Autobahn?« Ich weiß es auch nicht. »Lass uns doch einfach nach Schildern fahren. Da vorne steht ›Berlin‹. Von da aus werden wir's schon finden«, sage ich und grinse. Wir fahren fast eine Stunde über irgendwelche Landstraßen und durch Dörfer im Berliner Speckgürtel, als plötzlich das Ortsschild von Kleinmachnow vor uns auftaucht. »Ist das nicht bei Potsdam?«, frage ich ungläubig.

»Ich glaub schon«, sagt Lina. »Da haben wir aber ’nen netten Umweg gemacht. Aber von Potsdam aus weiß ich’s wieder.«

Die ostdeutschen Käffer bestehen immer aus einer Prachtallee in der Mitte des Ortes und dem schäbigen Rest. Dank einer Umleitung lernen wir den jetzt auch genauer kennen. Abseits der Hauptstraße erinnern die Schlaglöcher im Kopfsteinpflaster an Granattrichter. Die Häuser sehen nicht viel besser aus.

»Guck dir die Bruchbude an«, sagt Lina und zeigt auf ein kleines, verwittertes Haus, in dessen Garten ein Schild dazu einlädt, sich hier einzumieten. »Tja«, sage ich, »hier ist der Soli wohl nie angekommen.« Für einen Moment bin ich mir nicht sicher, ob wir überhaupt noch in Deutschland sind und nicht irgendwo in der Ukraine. Irgendwann gelangen wir aber wieder auf die Hauptstraße und schließlich auf die Avus.

In Schöneberg nimmt Lina routiniert die Ausfahrt Sachsendamm und biegt bald darauf in unsere Straße ein. Da klingelt mein Handy.

»Feldberg hier, wir haben Ihre Bewerbung jelesen. Sie warn uns janz sympathisch. Sie können den Welpen haben. Wir melden uns, wennse die Kleene abholen können.«

Mein Magen verknotet sich. Ich sehe zu Lina, die uns

gerade konzentriert in die engste Parklücke der Straße manövriert. »Ja, äh, ganz toll«, stammele ich. »Vielen Dank auch.« Ich schiebe das Handy wieder in die Hosentasche und warte, bis Lina den Motor ausstellt.

Ich schließe die Augen und atme tief durch. Dann sehe ich Lina an und sage: »Wir haben den Hund.«

»Ha! Ich wusste doch, dass das mit dem Pfarrhaus funktioniert«, ruft sie und drückt auf die Hupe. »Wohooo!«

»Ob René Weller auch einen bekommen hat?«, frage ich.

»René wer? Ach so, der Knasti. Gott, hoffentlich nicht!«, sagt sie entrüstet. »Da nehmen wir lieber zwei!«

Für einen Moment glaube ich, sie meint es ernst. Mir wird schlecht. Aber dann lacht sie nur und drückt mir einen Kuss auf die Wange.

1. Kapitel MAGGIE

»And you know, the kids, like all kids, love the dog, and I just want to say this right now, that regardless of what they say about it, we are going to keep it.«
Richard Nixon am 23. September 1952 in seiner berühmten Checkers-Rede

Lina kommt, genau wie ich, vom Land. Allerdings ist sie nicht im Münsterland aufgewachsen, sondern in Buxtehude vor den Toren Hamburgs, also wenigstens in der Nähe einer Großstadt. Ihr Vater ist evangelischer Pfarrer, und zur Belegschaft eines Pfarrhauses gehört immer auch ein Hund. Das gehört sich für einige Würdenträger wohl einfach so. Man kennt das ja vom amerikanischen Präsidenten, der durch einen geheimen Verfassungszusatz dazu verpflichtet zu sein scheint, sich spätestens beim Einzug ins Weiße Haus einen Hund anzuschaffen. Barack Obama wäre wahrscheinlich nie auf die Idee gekommen, einen Hund in seine Familie zu holen, schließlich ist seine Tochter Malia allergisch gegen die Viecher. Als Präsidentschaftskandidat der Demokraten musste Obama dem amerikanischen Volk trotzdem versprechen, sich im Falle seiner Wahl zum Präsidenten einen Hund zu kaufen. 2009 zog Familie Obama dann mit Bo, einem für Allergiker geeigneten Portugiesischen Wasserhund, ins Weiße Haus ein.

Paradoxerweise scheint man durch das Halten von Hunden menschlicher zu wirken. Selbst Scottish Terrier Barney hat das bei seinem Herrchen George W. Bush manchmal geschafft. Und Cockerspaniel Checkers rettete Richard Nixon sogar die politische Karriere. Als man Nixon noch vor seiner Zeit als US-Präsident Bestechlichkeit vorwarf, weil er Geschenke angenommen hatte, erklärte er in einer rührseligen Fernsehansprache, dass er alle seine Fehler einsehe, eines der Geschenke aber unmöglich zurückgeben könne, ohne seinen Kindern das Herz zu brechen: seinen Hund Checkers. Später wurde er trotz allem zum Präsidenten gewählt.

Maggie war von Lina ebenso abgöttisch geliebt worden wie Checkers vom Nixon-Nachwuchs. Dauernd musste ich mir Fotos von dem Hund anschauen. Maggie, wie sie frisst, Maggie, wie sie schläft, Maggie, wie sie sich am Kopf kratzt, Maggie, wie sie im Garten liegt, Maggie, wie sie Maggie ist. Lina hatte immer Tränen der Rührung in den Augen, wenn ihr Vater wieder eine E-Mail mit Hundefotos schickte. Fast jede Woche kam so ein Maggie-Newsletter.

Vor zwei Wochen stand Lina nach einem Telefonat mit ihrer Mutter dann plötzlich kreideweiß vor mir.

»Maggie ist tot«, sagte sie ausdruckslos.

»Ach.«

Mehr fiel mir spontan nicht ein. Das kann man natürlich für unsensibel halten. Aber Maggie war immerhin fünfzehn Jahre alt gewesen, und sie war schließlich nur ein Hund. Ich ging zu Lina und versuchte, sie zu trösten, machte damit aber alles nur noch schlimmer. Ich nahm sie in den Arm und sagte: »Schau mal, deine Eltern kaufen doch bestimmt bald einen neuen Hund. Und Maggie war doch auch nicht der erste Hund, den ihr hattet, und außerdem war sie doch auch schon ziemlich alt. Also alles halb so wild.«

Lina befreite sich aus meiner Umarmung und stieß mich weg. »Dir war der Hund doch immer scheißegal! Du kapierst überhaupt nichts. Jetzt lass mich einfach mal heulen!«, brüllte sie und sah mich feindselig an. Dann hockte sie sich aufs Sofa und vergrub den Kopf zwischen den Armen. Ich blickte auf den grünen Stoff neben ihr. Ein bisschen wie das berühmte Loriot-Sofa, unsere Couch. Plötzlich sah Lina auf. Ihr Blick war starr und ihre Stimme schneidend. Sie sagte: »Du bist so ein Gefühlslegastheniker.«

Ich hatte das ungute Gefühl, dass sich das nicht nur auf Maggie bezog. Ich wollte etwas erwidern, aber mir fiel nichts ein.

»Was soll das denn jetzt? Nur weil ich nicht auch heule? Ich kannte Maggie doch kaum. Und deine Eltern kaufen doch einen neuen. Der ist bestimmt auch toll.«

»Du bist so ein Idiot«, sagte Lina, stand auf und rannte aus dem Wohnzimmer.

»Tut mir leid …«, rief ich ihr noch halblaut hinterher. Ich hörte, wie sie im Flur ihre Jacke vom Haken riss und die Wohnungstür so heftig hinter sich zuknallte, dass das gerahmte Bild von George Harrison von der Wand fiel, das ihn neben einem »Way out«-Schild zeigte, und klirrend zerbrach. »Scheiße«, brüllte ich und trat mit voller Wucht gegen den Couchtisch aus massiver Eiche. Der

Schmerz war beträchtlich. Ich ließ mich aufs Sofa fallen und hielt mir den Fuß.

Lina war schon seit einiger Zeit so komisch. Ich war schon seit Wochen nicht mehr an sie herangekommen und hatte nicht gewusst, warum. Dass sie nun fluchtartig die Wohnung verließ, machte mir ernsthaft Sorgen. Warum konnten wir nicht mehr richtig miteinander reden? Ich hackte eine SMS in mein Handy: »Schatz, es tut mir leid. Lass uns reden!« Dann humpelte ich ins Badezimmer. Als ich gerade auf dem Wannenrand saß und meinen Zeh kühlte, der mittlerweile blau angelaufen war, hörte ich mein Handy auf dem Couchtisch brummen. Auf einem Bein hüpfte ich barfuß durch den Flur, schnappte mir das Gerät, rutschte auf der feuchten Spur aus, die ich hinterlassen hatte, und knallte mit dem Kopf an die Tischkante.

Mit pochendem Schädel lag ich reglos auf dem Boden. Es war nicht zu fassen, was in der letzten halben Stunde passiert war. Irgendwann stemmte ich mich hoch, zog mich aufs Sofa und las die SMS von Lina: »Gib mir einen Tag, wir reden morgen.« Kein Gruß, kein Kuss, kein Garnichts. Das kannte ich von ihr nicht. Und noch nie hatte einer von uns wegen eines Streits woanders übernachtet. Wo würde sie hingehen? Ich überlegte, ob ich ihre Freundin Maria anrufen sollte. Sie wäre die Erste, zu der Lina gehen würde. Aber vielleicht war so eine Nacht in getrennten Betten auch keine schlechte Idee. Ein bisschen Abstand gewinnen. Irgendwie fühlte es sich aber nicht richtig an. Aber was konnte ich tun?

Ich besorgte mir im Späti zwei Flaschen Rotwein der billigen Sorte, zog Nick Cave aus meinem Plattenregal und bettete mich samt meiner lädierten Körperenden abermals auf die Couch. *Murder Ballads* war in dieser Situation genau das richtige Album. Jetzt bewährte es sich, dass ich meine Plattensammlung alphabetisch geordnet hatte.

Als ich am nächsten Morgen um elf Uhr mit einem höllischen Kater aufwachte, lag ich immer noch auf der Couch. Lina war zurück und stellte gerade den Plattenspieler aus. Der Tonarm musste stundenlang in der Auslaufrille gelegen haben. Mit dem Klang des monotonen Knackens im Ohr war ich am Abend zuvor irgendwann eingeschlafen. Auf dem Tisch neben mir standen zwei leere Rotweinflaschen und ein überquellender Aschenbecher. Unser schöner Perserteppich hatte ein Brandloch, und es stank wie in einer Kneipe.

Nach einer Dusche und drei Tassen Kaffee war ich wieder einigermaßen beieinander. Ich setzte mich zurück aufs Sofa und versuchte, Ordnung in das Chaos zu bringen. Lina stand regungslos im Raum. Sie sah aus wie aus dem Ei gepellt und sah mir schmallippig zu, wie ich mit einem Zipfel meines T-Shirts versuchte, die Rotweinflecken vom Tisch zu wischen. »Das mache ich später schon weg«, zischte sie. Sie schien immer noch ziemlich sauer zu sein.

»Ich habe nachgedacht«, sagte ich.

»Ach ja? Sieht gar nicht so aus. Ich glaube, es wäre für uns beide gut, wenn wir uns mal ein paar Tage nicht sehen. Ich hab schon mit Maria gesprochen und werde ein paar Nächte bei ihr pennen.«

»Was?« Es fühlte sich an wie ein Schlag in die Magengrube. Lina und ich hatten, seit wir zusammen waren, nie mehr als ein oder zwei Tage getrennt verbracht; dann hatten wir gelitten und so oft wie möglich telefoniert. »Warum das denn? Ich meine, mir tut das doch auch leid mit Maggie, aber du weißt doch, dass ich so was nicht richtig zeigen kann.«

»Daniel, es geht nicht um gestern. Ich habe das Gefühl, dass das mit uns irgendwie zu nichts führt. Ich meine, wir haben doch fast nichts mehr gemeinsam! Merkst du das denn nicht?«

Nein, das hatte ich noch nicht gemerkt. Für mich lief alles wie immer. Ich hatte nur bemerkt, dass Lina komisch war.

»Was meinst du denn? Es ist doch alles wie immer!«

»Genau, alles ist wie immer. Du lebst dein Leben, ich lebe meines, und abends hängen wir dann hier vorm Fernseher – wenn du nicht mit Thomas in der Kneipe hockst. Wir sehen uns kaum noch.«

»Außer beim Sex«, sagte ich.

Lina sah mich ungläubig an und schüttelte den Kopf. »Siehst du, genau das ist dein Problem. Du nimmst nichts ernst! Und diese Beziehung eben auch nicht. Wir sind jetzt seit vier Jahren zusammen, und ich habe nicht das Gefühl, dass wir uns als Paar weiterentwickeln.«

»Na ja, das liegt aber doch vor allem an deinem Job. Ich muss ja nicht mehr jeden Tag in die Uni, sondern kann viel hier zu Hause am Schreibtisch machen. Wenn ich in ein paar Monaten fertig bin, steht uns die Welt offen. Wenn du nicht jeden Tag in diesen blöden Laden rennen würdest, könnten wir viel mehr zusammen unternehmen.«

»Ja, komm, sag es schon …«, sagte Lina genervt.

»Was denn?«, fragte ich.

»Al Bundy!«

»Mann, Lina, wie lange willst du mir das noch vorwerfen? Das war doch nur ein Witz. Weil der eben auch Schuhverkäufer ist.«

»Du kapierst es einfach nicht«, rief Lina empört, »ich werde bald eine Filiale leiten!«

»Tut mir leid. Ich will jetzt auch nicht wieder über den Job reden.«

»Stimmt, der hat nämlich auch überhaupt nichts damit zu tun. Das Problem ist deine Einstellung. Das ist dir doch alles nicht wichtig!«

»Was soll das denn heißen? Wir sind doch letztes Jahr erst zusammengezogen!«

»Ja, weil du dir deine eigene Wohnung nicht mehr leisten konntest.«

»Das stimmt doch gar nicht! Ich wollte wirklich mit dir zusammenziehen!«

»Du weißt doch gar nicht mehr, warum. Als wir neulich mit Maria und Steffen zum Essen verabredet waren, musste nur Thomas anrufen, und schon hattest du was Besseres zu tun.«

Ich öffnete den Mund, wusste aber nichts zu entgegnen. Maria und Steffen hatten Lina diesen Floh also ins Ohr gesetzt. Die beiden stehen unter »Verlogenes Vorzeigepärchen« im Lexikon. Mit ihrem vermeintlichen Überglück versuchen sie, allen anderen Pärchen ein schlechtes Gewissen zu machen. Ich musste das schon ein paarmal erleben. Wenn wir mit den beiden unterwegs waren, kam es mir immer vor wie in dem Film *Das Fest* von Thomas Vinterberg. Nur dass niemand den Mut hatte, diese Scharade zu beenden.

»Ich kann Steffen halt nicht besonders leiden. Und deren Köter erst recht nicht.«

»Merkst du was? Immer nur: Ich! Ich! Ich! Es geht darum, auch mal was für mich zu tun. Ich hätte mir gewünscht, dass wir da zusammen hingehen. Als Paar.«

»Dann sag das doch.«

»*Merk* doch mal was!«

»Lina, bitte, ich hatte keine Ahnung, dass dir das so wichtig ist.«

»Mein Problem ist nicht, dass du keine Lust auf Steffen und Maria hast. Mein Problem ist, dass es zwischen uns nur dann gut läuft, wenn du machen kannst, was du willst. Sobald es um unsere Zukunft geht, machst du dich vom Acker und knallst dir mit Thomas die Birne zu. Und gestern ist mir eben der Kragen geplatzt. Klar weiß ich, dass du Hunde nicht magst. Aber das, was du gestern gesagt hast, hat wieder gezeigt, dass du einfach nicht in der Lage bist, dich auch nur einmal in mich hineinzuversetzen.«

»Lina, das stimmt doch gar nicht. Ich habe doch …« Mir fiel nichts mehr ein. Irgendwie hatte Lina ja recht. Für mich war die Beziehung zwar eine ernste Sache, aber andere Dinge waren eben auch wichtig. Aber es konnte doch nicht so schwierig sein, das alles unter einen Hut zu bekommen.

»Was hast du?«, fragte Lina.

»Ich weiß auch nicht. Ich weiß nur, dass du mir sehr wichtig bist. Ich liebe dich.«

»Das sagst du nur, wenn wir uns gestritten haben«, sagte Lina leise. »Ich kann so nicht mehr weitermachen. Ich brauche wirklich mal ein paar Tage, um den Kopf freizubekommen und um über alles nachzudenken. Und du musst dir mal darüber klar werden, ob du bereit bist, auch mal ein Opfer zu bringen. Und darüber, was dir eigentlich wichtig ist.«

Wir schwiegen eine Weile, und dann ging Lina. Ohne Umarmung, ohne in irgendeiner Form ihre Zuversicht auszudrücken. Ich atmete tief ein und ließ den Kopf sinken. Opfer bringen. Ich sollte Opfer bringen.

Als ich später in der dunklen Wohnung am Computer saß und bei eBay nach günstigen Plattenangeboten stöberte, fiel mein Blick auf eine Anzeige. Ich rief Thomas an und fragte, ob wir uns am nächsten Abend in der Weißen Taube treffen konnten.

»Es besteht Schienenersatzverkehr mit Bussen.« Seit Monaten ging das schon so. Die U1 bekam ein neues Gleisbett. Im Moment waren sie irgendwo zwischen Möckernbrücke und Prinzenstraße zugange. Im Bus war es wahnsinnig heiß. Außerdem war das Gefährt zum Bersten gefüllt. Für den Schienenersatzverkehr setzen die Berliner Verkehrsbetriebe irgendwie immer Busse ein, für die sie selbst in Osteuropa keine Abnehmer mehr finden. Aber lange sollte es nicht mehr so gehen. Das versprach zumindest das große Plakat am U-Bahnhof. Ich spürte den Schweiß an der Innenseite meines Armes herablaufen. An solchen Sommertagen sollte der Einsatz von klimatisierten Fahrzeugen Pflicht sein. Leichte Panik ergriff mich. Viele Menschen auf engstem Raum mag ich gar nicht. Dazu die schlechte Luft. Aber ich war schon spät dran, Laufen war keine Alternative. Neben mir stand ein älterer Herr, der einen Polyesterpullover trug. Er hielt sich an den Handschlaufen fest, die von der Decke herunterhingen, und drückte mir von Zeit zu Zeit seine verschwitzte Achselhöhle ins Gesicht. Ich unterdrückte das Verlangen, mit dem Nothammer die Scheibe neben mir einzuschlagen. Am Kottbusser Tor schließlich schien sämtliche sauerstoffhaltige Luft im Bus aufgebraucht zu sein. Eigentlich hätte ich es noch bis zum Görlitzer Bahnhof aushalten müssen, aber den Umweg nahm ich gern in Kauf. Ich murmelte ein »'tschulligung« und quetschte mich durch die feuchten Fleischberge um mich herum nach draußen.

Der Fußweg durch die Skalitzer und die Wiener Straße kostete mich noch mal zehn Minuten. Als ich endlich in der Weißen Taube ankam, warf ich genervt meine Tasche auf den Stuhl neben Thomas.

»Warum müssen wir uns eigentlich immer hier treffen? Wir wohnen beide nicht in Kreuzberg, und mit dem Ersatzverkehr brauche ich fast 'ne Stunde.«

Thomas zuckte nur mit den Schultern, ließ sich den letzten Schluck Bier in den Rachen laufen und sagte: »Liegt halt in der Mitte.« Er schien schon eine Weile auf mich gewartet zu haben, war aber wie immer tiefenentspannt. Ich war ein bisschen überrascht, dass er heute Jeans ohne Löcher und ein Polohemd trug. Zuerst dachte ich, dass er vielleicht ein Vorstellungsgespräch hatte, aber dann erinnerte ich mich, dass er für die Stelle am Lehrstuhl damals auch in Sandalen und Unterhemd vorgesprochen hatte und trotzdem genommen worden war. Thomas war egal, wie er rumlief. Er hatte mit mir Philosophie studiert, er im Haupt-, ich im Nebenfach. Er machte sich immer über mein Hauptfach Germanistik und mein zweites Nebenfach Geschichte lustig und behauptete, dass das keine richtigen Wissenschaften wären. Aber Thomas nahm sein Studium vielleicht auch ein bisschen zu ernst. Für ihn war es eine Lebenseinstellung. Er war ein moderner Diogenes, der bis vor Kurzem in einer ebenso winzigen wie leeren Wohnung gehaust hatte, die sich kaum von einer Tonne unterschied. Als er einmal mit seiner Freundin Steffi zum Essen bei uns war, hatte ich ihn gefragt, wo denn sein Pullover mit dem Loch unter der Achsel geblieben sei, und Steffi hatte zurückgefragt: »Welcher denn von denen?« Das sagte eigentlich alles über meinen besten Freund.

»Alles klar bei dir? Du klangst gestern so gestresst.«

Ich nickte und sah Thomas ernst an. »Deswegen brauche ich deinen Rat. Lina und ich haben uns gezofft. Richtig heftig. Sie ist jetzt erst mal für eine Weile zu Maria gezogen, weil sie meint, ich nehme die Beziehung nicht ernst genug und müsste mir erst mal überlegen, ob ich überhaupt mit ihr zusammen sein will und so. Weil dann müsste ich auch mal ein Opfer bringen … Aber ich habe schon eine Idee, warte mal …«

Ich kramte in meiner Tasche, holte den zerknitterten Ausdruck der eBay-Anzeige hervor und gab ihn Thomas.

Auf dem Tisch standen schon wieder zwei große Biere. Uns kannten sie hier.

»Was ist das?«

»Guck's dir an.«

Thomas strich den Ausdruck glatt und warf einen flüchtigen Blick auf das grobkörnige Schwarz-Weiß-Foto. Er legte den Zettel auf den Tisch.

»Ja, und? Was soll das?«

»Steht doch da, die suchen ein neues Zuhause.«

»Wer, die Ratten?«

»Mann, das sind Hunde!«

»Du willst Lina einen *Hund* kaufen?«

Ich nickte langsam und sah Thomas mit großen Augen an. Wenn er die Sache blöd fand, würde ich sie wahrscheinlich nicht durchziehen. Gerade bei Frauen und Beziehungsthemen konnte ich mich auf seine Einschätzung eigentlich immer verlassen.

Thomas verschluckte sich fast an seinem Bier. »Sag mal, willst du mich verarschen?«

»Nein, wieso?«

»Alter, du und eine Töle?«

»Na und?«

»Daniel, ich kenne niemanden, der so eine Panik vor Hunden hat wie du.«

Ich lehnte mich in meinem Stuhl zurück und verschränkte die Arme. »Ach ja? Hatte ich dir das mal erzählt?«

Thomas fuhr sich durch seine kurzen, lockigen Haare. »Das musst du niemandem erzählen. Das sieht man dir auf hundert Meter Entfernung an.«

»Na ja, ich denke, irgendwie werde ich das schon …«

»Du hast gequiekt wie ein Mädchen auf der Party von Flo damals. Wegen ’nem Beagle, der unterm Tisch gepennt hat. Du hast Canophobie, ganz klar.«

»Cano…was?«

»Hundeangst. Hab ich neulich gelesen. Angela Merkel hat das übrigens auch.«

Das war mir neu.

»Ist mir doch wurscht, was Angela Merkel hat.«

Thomas zog die Augenbrauen hoch und kräuselte die Lippen. »Weiß Lina denn nicht, dass du pathologische Angst vor Hunden hast?«

Ich zögerte, beschloss dann aber, bei der Wahrheit zu bleiben. »Nein. Für sie sind Hunde etwas ganz Normales, und irgendwie hat sich nie der Moment ergeben, es ihr zu sagen. Dass ich Hunde nicht ausstehen kann, hat immer als Vorwand gereicht, um den Viechern nicht allzu nahe kommen zu müssen.«

»Sie hat nie was gemerkt?«

»Glaube nicht. Sie denkt einfach, dass ich Hunde nicht so gut leiden kann.«

Thomas sah mich skeptisch an. »Na ja. Ich kann mir das jedenfalls nicht vorstellen, dass bei dir ein Hund rumturnt. Am Ende wird das bei euch noch so wie bei Maria und Steffen, diesem Vollpfosten. Dann trefft ihr euch immer mit euren Hündchen zum Picknick im Grunewald und schickt euch zu Weihnachten ›Familienfotos‹ vorm Weihnachtsbaum.«

»Das ist doch Quatsch, wir …«

»Andererseits«, fiel Thomas mir ins Wort und kratzte

sich seinen Dreitagebart, »andererseits lässt dich Lina dann wahrscheinlich für die nächsten zwei, drei Jahre mit Kindern in Ruhe.«

Thomas ist drei Jahre älter als ich und vor Kurzem Vater geworden. Obwohl er es nie direkt gesagt hat, weiß ich, dass er eigentlich nicht Vater werden und aus seiner Philosophenhöhle ausziehen wollte, sondern nur dem Drängen seiner Freundin nachgegeben hat.

»Meinst du?«

»Ja, klar. Guck mal: Lina ist vier Jahre jünger als Steffi, und bei ihr fing das vor ungefähr zwei Jahren an: ›Bald bin ich zu alt … Risikoschwangerschaft … Du liebst mich gar nicht … Caro hat schon ihr Zweites … Du wärst so ein guter Vater … Du musst auch mal an die Zukunft denken‹ … das volle Programm.«

Das kam mir in der Tat bekannt vor.

»Wenn du Glück hast, kannst du so was dann noch 'ne Weile aufschieben, immerhin macht ihr ja schon ein bisschen auf Familie. Aber ein Hund ist noch lange kein Kind.«

»Ja, stimmt schon …«

»Komm«, Thomas schlug mir auf die Schulter, »darauf ein Gedeck!« Er deutete auf die zwei frischen Biere auf dem Tisch und rief zur Bar gewandt: »Machst du uns noch zwei Körnchen dazu?« Dann sah er mich an: »Wir waren gerade bei Steffis Eltern. Da ging gleich wieder das Genöle los, sie hätten Max ja nun schon wieder wochenlang nicht gesehen und wir würden ihnen ihren Enkel vorenthalten. Totaler Terror.« Daher also Jeans und Polohemd. »Zeig noch mal.« Thomas nahm den Zettel und hielt sich das

Foto dicht vor die Nase: »Was für Biester sind das eigentlich genau?«

»Dalmatiner und irgendwas, glaube ich. Steht da irgendwo.«

»Ah, Dalmatiner und Labrador, hm ... Hast du 'ne Ahnung, wie groß die werden? Vielleicht solltest du ja erst mal mit 'nem kleinen Hund anfangen. Dackel sind doch schwer angesagt. Sehe ich in Friedrichshain täglich.«

»Hund ist Hund. Und bis der groß ist, werde ich mich schon an ihn gewöhnt haben. Außerdem mag Lina die, ihre Eltern hatten auch einen Labrador.«

Die Pinnchen kamen. Randvoll.

»Du, ich glaub, ich nehm heute keinen. Kannst beide haben«, sagte ich zögerlich.

»Du kommst doch aus dem Münsterland. Da spuckt man doch auch nicht rein.«

Ich gab nach. Wir stießen an, und ich kippte das Zeug runter. Ich musste sofort mit Bier nachspülen, um den Geschmack abzutöten. Trotzdem wurde mir schlagartig übel.

Thomas knallte sein leeres Schnapsglas schwungvoll auf den Tisch und wischte sich theatralisch über den Mund. »Aber glaub nicht, dass sofort alles wieder gut wird mit Lina, wenn ihr diesen Hund habt. Ich meine, das klingt schon dramatisch, was du da erzählt hast. Dabei wirkte das immer so harmonisch bei euch.«

»War's ja eigentlich auch. Fand ich jedenfalls. Aber vielleicht hat Lina recht. Ich muss auch mal was ihr zuliebe tun. Ich weiß, dass sie gerne einen Hund hätte und dass sie denkt, das geht nicht, weil ich keine Hunde mag. Das ist doch perfekt, um ihr zu zeigen, dass sie mir wichtig ist.«

»Ich bin nur mal gespannt, wie du das mit der Angst in den Griff bekommst, du Held«, sagte Thomas und bestellte zwei neue Gedecke.

2. Kapitel EIN UNTIER, WILD UND SELTSAM

»Ein Untier, wild und seltsam, Zerberus,
Bellt, wie ein böser Hund, aus dreien
Kehlen
Jedweden an, der dort hinunter muss.
Schwarz, feucht der Bart, die Augen rote
Höhlen
Mit weitem Bauch, die Hände scharf
beklaut,
Vierteilt, zerkratzt und schindet er die
Seelen.
Der große Höllenwurm, der uns ersehen,
Riss auf die Rachen, zeigt uns ihr Gebiss
Und ließ kein Glied am Leibe stillestehen.«
Dante, *Göttliche Komödie*

Seit Zeuthen ist Lina versöhnlicher. Mein Opfer hat offenbar seinen Zweck erfüllt. Ab und an ist sie zwar immer noch etwas kratzbürstig, aber auch das wird langsam besser. Mit einem Leuchten in den Augen redet sie nun ständig von der bevorstehenden Familienerweiterung. Ich versuche, die unerbittlich nahende Ankunft des Hundes so gut es geht zu verdrängen, schließlich habe ich noch eine Gnadenfrist, bis ich mein Zuhause mit dem Köter teilen muss. Leider funktioniert das nicht so gut. Immer, wenn ich zu einem Zustand innerer Ruhe zurückgekehrt zu sein glaube, treibt Linas Stimme meinen Puls wieder in die Höhe.

»Müssen wir jetzt Kindersicherungen in die Steckdosen machen? Ich meine, nicht dass die Kleine mit ihrer feuchten Nase da rangeht. Und was ist mit den Kabeln von der Stereoanlage? Die müssen da weg.« Oder: »Ich muss mal meine Mama fragen, welche Pflanzen giftig sind. Welpen knabbern alles Grünzeug an. Hat Maggie auch immer gemacht.« Als wir einmal zum Baden an den Wannsee fahren, ist sie plötzlich total aufgeregt: »Ich fasse es nicht, da ist ein Hundestrand. Das müssen wir uns merken!« Außerdem quatscht sie jeden Hundebesitzer an, den wir im Kiez treffen, und erzählt ihm, dass wir auch bald einen Hund haben »Wie ist das hier mit dem Ordnungsamt? Kann man die Maus auch mal ohne Leine laufen lassen? Können Sie einen guten Tierarzt empfehlen? Vielleicht treffen wir uns mal mit den Hunden oder verabreden uns am besten gleich zum Gassigehen? Ich geb Ihnen mal meine Nummer.«

Natürlich merkt Lina bald, dass sich meine Begeisterung für die anstehende Veränderung in unserem Leben in engen Grenzen hält. Wir sitzen am Küchentisch und essen. Während ich auf Linas Bestätigung der perfekten Konsistenz der von mir gekochten Nudeln warte, blättert sie in einem Hundekatalog. »Guck mal«, sagt sie mit vollem Mund und schluckt das Essen schnell herunter, »es gibt sogar eine Art ›Mensch-ärgere-dich-nicht‹-Spiel für Hunde. Also ›Hund-ärgere-dich-nicht‹.«

Was es nicht alles gibt. Ich konzentriere mich darauf, vier Schleifennudeln gleichzeitig aufzuspießen, und schweige.

»Hunde sind so clever! So was brauchen wir auch!«

»Schmecken dir die Nudeln?«

»Ja, gut. Hast sie wieder perfekt al dente hinbekommen. Wie schmeckt dir mein Pesto?«

»Auch gut. Ist vielleicht ein bisschen viel Basilikum drin. Und ein klein bisschen mehr Parmesan hätte …«

»Oh, wie süß!«, unterbricht mich Lina in ihrer eigens für unseren zukünftigen Hund angeschafften Stimmlage. »Hundefrisbee mit Dalmatiner-Punkten! Guck mal!« Lina lässt ihre Gabel klirrend auf den Tellerrand fallen und schiebt mir den telefonbuchdicken Katalog rüber.

Ich sehe eine weiße Plastikscheibe mit schwarzen Punkten drauf. »Hm.«

Lina verzieht den Mund und schiebt den Wälzer zur Seite. »Freust du dich denn gar nicht auf den Hund?«

»Doch, klar freu ich mich … Ist nur noch so weit weg«, sage ich und zwinge mich zu lächeln.

»Bist du sicher?« Lina sieht mich skeptisch an. »Ich weiß, dass du das eigentlich nur für mich machst. Aber ich bin mir sicher, dass wir beide von dem Hund profitieren werden. Was wir dann alles zu dritt unternehmen können …«

»Nee, wobei, ja, natürlich mach ich das für dich. Aber bestimmt wird das für uns alle gut.«

»Ich weiß doch, dass du Hunde nicht so magst, aber hey: Das wird *unser* Hund!«

»Ja klar. Und Frisbee spiele ich ja auch gern.«

Lina nickt. Sie macht einen Knick in die Seite und blättert weiter. Ich lächle. Es ist ja auch ganz schön, sie so euphorisch zu sehen.

In der Nacht kann ich nicht schlafen. Je näher der Tag rückt, an dem wir den Welpen holen, desto nervöser werde ich. Ich wälze mich im Bett hin und her und stehe schließlich auf.

»Kannst du schon wieder nicht schlafen? Was ist denn los?« Lina blinzelt mich verschlafen an.

»Ach, nichts, mir ist nur heiß, ich geh ins Wohnzimmer und lese ein bisschen. Schlaf du weiter.«

Unter dem Sofa ziehe ich mein Buch hervor: *Angst vor Hunden* von Martin Rütter. Den kenne ich mittlerweile. Rütter ist der Messias der Hundehaltergemeinde. Seit wir in Zeuthen waren, nimmt Lina seine Sendung regelmäßig auf. Immer öfter fängt sie Sätze mit »Rütter sagt …« an.

Ich schlage das Buch auf und beginne zu lesen. »Eine traumatische Situation ist ein so heftiges Erlebnis, dass dadurch sogar die Persönlichkeit verändert werden kann. Wie stark, hängt vom jeweiligen Charakter ab. Ein Hund, der sowieso schon skeptisch oder ängstlich ist, ist leichter bzw. schneller zu traumatisieren als ein Hund mit einem souveränen Naturell.« O Mann, *ich* habe doch Angst! *Ich* bin traumatisiert, *ich*, der *Mensch!* Jetzt erst bemerke ich, dass das Buch »Angst bei Hunden« und nicht »Angst *vor* Hunden« heißt. Genervt schlage ich das Buch zu und schiebe es wieder unters Sofa. Nicht mal der heilige Martin kann mir helfen. Nach einer kalten Dusche lege ich mich wieder ins Bett und starre an die Decke.

Am nächsten Morgen schlurfe ich ins Wohnzimmer. Lina hat das Rütter-Buch unter dem Sofa entdeckt und wedelt jetzt damit vor meiner Nase herum.

»Ist ja super, dass du dich jetzt auch vorbereitest, aber ich hatte nicht den Eindruck, dass die Kleine besonders ängstlich ist. Und die Feldbergs sagen, dass sie grad total wild und frech ist. Da müssen wir uns bestimmt keine Sorgen machen.«

Ich atme einmal tief durch und fasse einen Entschluss. »Lina, setz dich mal bitte. Ich mach uns 'nen Kaffee, und dann muss ich dir dringend was erklären!«

Rütter hat recht: Ein traumatisches Erlebnis kann die Persönlichkeit verändern. Dass das für Hunde gilt, wusste ich nicht, für den Menschen kann ich das aber sehr bestätigen.

Ich war zehn Jahre alt, als es passierte. Ich kann das deswegen so genau sagen, weil sich kurz zuvor mein Schulweg geändert hatte. Vier Jahre lang war ich mit dem Fahrrad zur Grundschule gefahren. Zuerst mit einem kleinen roten Kinderrad, später mit einem Mountainbike, das ich zur Kommunion bekommen hatte. Jeden Morgen hatte ich unser Grundstück in Ibbenbüren durch das Gartentor verlassen und war auf einen kleinen Feldweg eingebogen, der an Wiesen und Wäldern vorbei direkt bis zur Schule führte.

Das Gymnasium aber, das für die nächsten neun Jahre mein tägliches Ziel werden sollte, lag in der Innenstadt, direkt gegenüber vom Bahnhof. Blöderweise hatten meine Eltern unser Haus zweihundert Meter zu nah an die Schule gebaut. Das hatte ich in den Ferien vor Schulbeginn am Gymnasium mit dem Fahrrad-Tacho gemessen: Mein zukünftiger Schulweg war genau 2,8 Kilometer lang. Jeder

Schüler, der es weiter als drei Kilometer hatte, bekam von der Schule eine laminierte Busfahrkarte. Diese wurde Jahr für Jahr erneuert und war so etwas wie die Eintrittskarte ins Leben. Denn mit der Karte konnte man nicht nur den Bus zur Schule nehmen, sondern auch am Nachmittag in die Stadt oder die umliegenden Dörfer fahren. Ich aber blieb ein Fahrradkind – wegen lausiger zweihundert Meter!

An meinem ersten Tag an der neuen Schule riss man einen Teil der Straße, die ich nun jeden Morgen entlangfahren musste, für Bauarbeiten auf. So war ich gezwungen, eine kleine Umleitung zu nehmen. Als ich in der Schule angekommen war und mein Fahrrad abgeschlossen hatte, überprüfte ich den Tachostand: 3,2 Kilometer. Ich riss das Gerät vom Lenker und rannte ins Sekretariat. Nun stand auch mir eine Busfahrkarte zu.

Ich reichte der Sekretärin meinen Tacho und erklärte den neuen Umstand. Die alte Frau setzte eine um ihren Hals baumelnde Brille auf, musterte erst den Tacho und dann mich. Sie beugte sich über den Schreibtisch und gab mir das Gerät wieder. »Junger Mann, diese Baustelle wird bald wieder weg sein. Das hat schon alles seine Richtigkeit.«

Ich bin noch heute davon überzeugt, dass mir das schlimmste Erlebnis meiner Kindheit erspart geblieben wäre, wenn mir die Sekretärin an diesem Tag eine verdammte laminierte Pappkarte gegeben hätte.

Der neue Schulweg brachte es mit sich, dass ich unser Grundstück von nun an nicht mehr durch das Gartentor verließ, sondern über die Einfahrt – oder »vorne raus«, wie das bei uns hieß. Während hinter dem Haus das Paradies lag, wo es im Sommer nach Wald und frisch gemähter Wiese roch und wo man im Winter Muster in unberührten Schnee stapfen konnte, grenzte die Vorderseite des Hauses an eine viel befahrene Straße. In den ersten zehn Jahren meines Lebens existierte diese Straße praktisch nicht, weil ich sie so gut es ging gemieden hatte. Dafür hatte ich im Garten Fußball gespielt, mit Freunden im Wald Höhlen und Baumhäuser gebaut und mit einem selbst gebastelten Bogen versucht, kleine Vögel zu erschießen, die aber immer schneller waren. Ich bin, solange ich mich von der Straße fernhielt, wirklich behütet aufgewachsen. Irgendwann führte kein Weg mehr an der Münsterstraße vorbei. Es fühlte sich aber auch gut an, diese Straße nicht länger zu ignorieren, schließlich war ich kein Grundschüler mehr und stand gefühlt bereits kurz vor dem Abitur.

Dort, wo die Münsterstraße eine scharfe Kurve machte, hatte es einige Jahre zuvor einen schweren Verkehrsunfall gegeben, bei dem der Sohn des Bürgermeisters ums Leben gekommen war. An genau dieser Stelle stand ein grau verputztes Haus, das sich in seiner Fünfzigerjahre-Mittelmäßigkeit nicht von den anderen Häusern der Umgebung abgehoben hätte, wenn nicht dieses rot leuchtende Schild am Einfahrtstor gewesen wäre. Unter dem Schriftzug »Hier wache ich!« hing einem Hundekopf die Zunge aus dem Maul. Ein deutscher Schäferhund, wie ich heute weiß. Damals dachte ich nur, dass »Kommissar Rex« genauso aussah wie der Hund auf dem Schild.

Irgendwann fragte ich mich, ob in dem grauen Haus wirklich ein Hund wohnte oder ob das Schild nicht nur abschrecken sollte. Immer, wenn ich an der »Kronprinzenkehre« (Kronprinz wegen des Bürgermeistersohns, der sich hier »dandföert häw«, wie meine Großmutter zu sagen pflegte) vorbeikam, fuhr ich ein bisschen langsamer, um nach dem Hund Ausschau zu halten. Wochenlang trat ich vergeblich in die Bremsen. Das Vieh zeigte sich einfach nicht.

Mein neuer Sitznachbar Martin kannte den Hund aus der Münsterstraße. Sein Vater war Jäger (die Kombination aus »Beruf: Bergmann, Hobby: Jäger« war in meiner Heimatstadt weitverbreitet) und der Hundehalter in der Münsterstraße ebenfalls. Da die wöchentlichen Schützenvereinssitzungen immer bei einem anderen der Waidmänner stattfanden, kannte Martins Vater auch das graue Haus in der Kronprinzenkehre und alle seine Bewohner. »Mein Vater meint, der Köter da ist ein Schlappschwanz«, sagte Martin.

Martin kam wenig später auf die Idee, sich den Schlappschwanz mal aus der Nähe anzusehen. »Kannst du vergessen«, sagte ich, »ich fahre da *jeden* Tag vorbei und hab den Hund noch nie gesehen.« Aber Martin ließ sich nicht abbringen. »Den Hund gibt es, ganz sicher. Hasso heißt der. Bescheuerter Name. Die Katze von denen heißt bestimmt Muschi.«

Tags darauf standen wir vor dem Jägerzaun mit dem Warnschild. Martin stellte seinen Tornister auf den Boden, zog ein altes Holzlineal heraus und ging zum Ende des Grundstücks. »Jetzt pass mal auf!«, rief er und hielt das eine Ende des Lineals zwischen die Streben des Zaunes. Er lief los und ließ das Lineal über das Holz rattern.

Das Geräusch war ohrenbetäubend und erinnerte an eine Salve aus einem Maschinengewehr. Erschrocken sah ich mich um. Noch hatte uns keiner bemerkt. Als ich mich wieder zum Zaun drehte, blickte ich in die weit aufgerissene Schnauze einer schwarzen Bestie, die ihren Kopf durch den Jägerzaun zu zwängen versuchte. Ihre Eckzähne mussten mindestens die Größe meines Zeigefingers haben. Ich war geschockt und fühlte mich wie gelähmt, unfähig wegzulaufen. Martin hingegen fand das alles sehr lustig. Er fuchtelte mit dem Lineal über dem Zaun herum. Als er es nicht schnell genug wegzog, bekam Hasso das Teil zu fassen. Vollkommen außer sich, zerbiss der Hund das mit Metall verstärkte Lineal und schnappte nach Martins Arm. Der sprang gerade noch rechtzeitig zurück und war kreidebleich. »Das war knapp!«, keuchte er, hielt kurz inne und fing an zu lachen, während der Hund kläffend am Zaun hochsprang. Martin hockte sich auf alle viere und äffte das Tier nach. Mittlerweile hatte Hasso Schaum vor dem Maul. Ich hatte so was noch nie gesehen. Das Tier warf seinen Kopf wild hin und her und knurrte und bellte gleichzeitig. Ich war mir sicher, dass uns der Hund in Stücke gerissen hätte, wenn der Zaun nur zehn Zentimeter niedriger gewesen wäre. »Ich glaub, das reicht jetzt«, sagte ich und zog Martin wieder auf die Beine. Martin warf dem Hund noch einen triumphierenden Blick zu und zog mit mir von dannen. Hassos Gebell verfolgte uns noch minutenlang. Als wir wieder in der Stadt waren, fragte Martin: »Jetzt noch 'ne Cola im Café M?« Ich schüttelte den Kopf. Mir war übel, und ich wollte nur zu meinem Fahrrad, um nach Hause zu fahren. An diesem

Tag war der Nachhauseweg ein paar Kilometer länger als sonst.

Die Fahrt durch die Kronprinzenkehre war seitdem nicht mehr dieselbe. Statt zu bremsen, um vielleicht einen Blick auf den Hund zu erhaschen, hielt ich nun die Luft an und stieg in die Pedale. Wenn ich sicher war, dass mich keiner beobachtete, wechselte ich auch die Straßenseite.

Hasso verfolgte mich. Nicht buchstäblich, denn in den nächsten Wochen und Monaten sah ich ihn nicht mehr, wenn ich an seinem Porträt vorbeiwetzte. Aber in meinen Gedanken und Träumen. Ich hatte damals spindeldürre Beinchen. »Stökskesbene« nannte sie meine Oma. In einem immer wiederkehrenden Traum packte Hasso mein Bein und bohrte seine langen Eckzähne in mein Fleisch. Genau wie Martins Lineal zerbiss er dann kurzerhand mein Bein und meine Knochen. Es brach mit dem Geräusch zerberstenden Holzes, und ich wachte immer genau an dieser Stelle auf.

In dieser Zeit waren die Hörspielkassetten der Drei Fragezeichen sehr beliebt. Ich hörte sie nachmittags mit Freunden und abends allein zum Einschlafen. Alle waren sich einig, dass die Folge *Die drei ??? und das Gespensterschloss* eindeutig die gruseligste war. Ich dagegen fand die Folge *Die drei ??? und der Karpatenhund* mit Abstand am schauerlichsten. Bei der Titelfigur handelte es sich zwar nur um eine Kristallfigur in Hundeform, aber die Geschichte der Entstehung dieser Figur hatte es in sich. Ein Edelmann aus den Karpaten, einer Gegend, die auch Transsylvanien hieß, hielt sich eine Reihe großer Hunde.

Um sie für die Jagd besonders scharf zu machen, ließ er die Tiere hungern. Eines Tages entkam einer der Hunde und tötete ein Kind. Der Vater des Kindes erschlug daraufhin den Edelmann, und dieser schwor, kurz bevor er starb, dass er sich an den Bewohnern des Dorfes rächen würde. Das tat er dann als Dämon in Gestalt des Karpatenhundes. Immer wenn Gerlach Fiedler in seiner Rolle als Charles Niedland diese Geschichte mit seiner unnachahmlichen Stimme erzählte, zog ich mir die Bettdecke über den Kopf. Ich gruselte mich schrecklich und konnte dann lange nicht einschlafen, aber die Geschichte hatte eine magische Spannung, der ich mich nicht entziehen konnte. Ich musste sie immer wieder hören und hatte nach der Begegnung mit Hasso auch eine sehr konkrete Vorstellung vom furchterregenden Aussehen des Karpatenhund-Dämons.

An einem Morgen im Spätherbst fuhr ich wieder einmal die Münsterstraße entlang zur Schule. Als ich mich der Kronprinzenkehre näherte und wie üblich in die Pedale stieg, sah ich plötzlich, dass das Gartentor des grauen Hauses offen war. Und auf dem Bürgersteig davor stand Hasso! Ich bremste scharf und kam zum Stehen. Hasso erblickte mich und stellte sofort die Ohren auf. Es war wie der Beginn meines Traums. Nur konnte ich heute nicht an der schlimmsten Stelle aufwachen! Ich hatte panische Angst und wusste nicht, was ich tun sollte. Neben mir rasten die Autos durch die Kurve. Niemanden schien zu interessieren, dass hier ein Junge in Lebensgefahr schwebte. Hasso machte einen Schritt nach vorn. Er machte sich bereit zum Sprung. Uns trennten etwa dreißig Meter. Ich klammerte mich an die Lenkergriffe, meine Beine fühlten sich an wie Gummi, mein ganzer Körper kribbelte. Was sollte ich tun? Ich konnte ja nicht für immer so stehen bleiben. Langsam drehte ich mein Fahrrad um. Hasso ließ ich dabei nicht aus den Augen. Vorsichtig setzte ich mich wieder auf den Sattel. Dann nahm ich die Füße vom Boden und trat in die Pedale, als wäre mir der Teufel auf den Fersen. Ich wagte nicht, mich umzublicken, konnte aber Hassos Hecheln hören. Ich trat so schnell, wie es meine Stökskesbene erlaubten, merkte aber schnell, dass ich gegen einen sprintenden Schäferhund keine Chance hatte. Als ich etwas an meinem Bein spürte, schrie ich auf. Hasso hatte meine Hose erwischt. Seine langen gelben Eckzähne bohrten sich in den Cordstoff und zerrten daran. Seine Nase war gekräuselt, seine kleinen dunklen Augen funkelten. Vergeblich versuchte ich, weiter in die Pedale zu treten. Ich schwankte bedenklich und konnte Hasso nicht abschütteln. Jeden Moment würde ich umfallen. Und dann würde es kommen. Das krachende Linealgeräusch.

»Hasso, bei Fuß!«, hörte ich plötzlich eine Stimme weit hinter mir.

Sofort ließ der Hund von mir ab. Ich schaute mich nicht um und strampelte wie ein Wahnsinniger weiter.

»Junge, ist dir was passiert?«, rief die Männerstimme, aber ich konnte mich einfach nicht umdrehen. Das Adrenalin setzte jegliche Empfindungen aus, und ich fuhr und fuhr. Als die Aufregung etwas nachließ, brachen alle Dämme. Ich heulte wie ein Schlosshund. Aus Angst, aus Wut, aus Scham. An Schule war an diesem Tag nicht mehr zu denken. Ich fuhr auf direktem Weg nach Hause. Dort angekommen, ließ ich zitternd mein Rad in die Garage rollen, wo es scheppernd gegen unseren Passat kippte.

»O Mann«, stammelt Lina, »davon wusste ich ja gar nichts.« Sie starrt mich mit offenem Mund an.

»Ist auch nichts, was ich gern erzähle.« Ich kann Lina gerade nicht anschauen und sehe aus dem Fenster.

»Das erklärt so einiges! Ich erinnere mich gerade daran, wie du dich standhaft geweigert hast, dir von Maggie die Pfote geben zu lassen, als wir das erste Mal bei meinen Eltern waren. Die dachten, du hast sie nicht alle.«

»Wie schön«, sagte ich bitter.

»Oder als Lara letzten Sommer ihren Hund mit am See hatte und wir auf dem Rückweg bei ihr mitgefahren sind. Der Hund im Kofferraum und du auf der Rückbank, das muss doch der Horror für dich gewesen sein!« Lina lacht und schüttelt den Kopf.

»Das ist nicht lustig! Bei mir setzt alles aus, wenn so ein Vieh in meine Nähe kommt. Ich schwitze, zittere, und mein Puls rast. Und wenn ich nicht aufpasse, hyperventiliere ich. Das ist so eine ganz flache, schnelle Atmung, und dann wird mir schlecht. Das dauert dann immer Stunden, bis ich wieder komplett runtergekommen bin und die Gummibeine weg sind.«

»Klingt fast wie eine Panikattacke.«

»Das *sind* Panikattacken! Aber Panikattacken kannte man in Ibbenbüren eben nicht. Zeigte man das kleinste Zeichen von Schwäche, hieß es gleich: Stell dich nicht so an! Deswegen rede ich auch nicht gerne darüber. Dann gilt man immer gleich als Schlappschwanz.«

Langsam scheint Lina die Sache etwas ernster zu nehmen. »Und ich dachte, du magst Hunde einfach nicht.« Sie sieht mich traurig an. »Dann geht das ja gar nicht. Dann können wir keinen Hund haben.«

Für einen kurzen Moment will ich ihr zustimmen, sage dann aber doch: »Ich hab mir das gut überlegt. Am Anfang ist er ja noch klein. Und du kennst dich ja gut mit Hunden aus. Ich muss das ja auch mal in den Griff bekommen! Kann ja nicht immer die Straßenseite wechseln, wenn mir die Meyer aus dem Ersten mit ihrem Yorkshireterrier entgegenkommt.«

Lina lächelt leicht und streicht über meinen Arm. »Wir schaffen uns also einen Therapiehund an.«

»Sozusagen.«

3. Kapitel ELLA, SIE HAT ES!

»Ella elle l'a
ce je n'sais quoi
que d'autres n'ont pas
qui nous met dans un drôle d'état.
Ella, ella l'a.
Ella, elle l'a.
Elle a cette drôle de voix.
Elle a cette drôle de joie,
ce don du ciel qui la rend belle.«

France Gall

»Wie findest du eigentlich Paula?«, ruft Lina aus dem Wohnzimmer, als ich durch den Flur ins Bad will. Ich bleibe stehen und strecke meinen Kopf zu ihr ins Zimmer. Lina sitzt im Schneidersitz auf dem Sofa und kritzelt irgendwas in ein Notizbuch.

»Och, ganz nett eigentlich«, sage ich. Verdammt, wer war noch mal Paula? Irgendeine Freundin von Lina?

»Ja, finde ich auch. Meine Uroma hieß so. Schöner Name.« Lina kaut auf ihrer Unterlippe. »Und was ist mit Karla?«

»Auch nett. Wieso, willst du 'ne Party schmeißen?«

Lina scheint mich nicht gehört zu haben. »Aber Karla geht nicht. Da denke ich immer an Karla Kolumna aus ›Benjamin Blümchen‹.«

»Deswegen kannst du sie doch trotzdem mögen. Sie kann doch nichts für ihren Namen.«

Lina sieht mich irritiert an. »Was? Wovon redest du?

Deswegen überlegen wir uns ja auch gut, wie wir sie nennen.«

»Was? Wen?«

»Den Hund, natürlich!«

Klar, das hätte ich wissen müssen. Es geht schon wieder um den Hund. Es ist Sonntag, und ich verstehe nicht, warum an diesem siebten Tag nicht auch mal bei uns die Arbeit und die Probleme des Lebens ausgeblendet werden können. Obwohl ich mich gerade fertig machen wollte, um zu Thomas zu fahren, reiße ich mich zusammen und gehe zu Lina.

»Sophie fänd ich auch schön«, sagt Lina, als ich mich neben sie setze und meinen Arm auf die Lehne hinter ihrem Kopf lege.

Karla, Paula, Sophie? Das geht ja gar nicht. Ich will nicht, dass jedes Mal ein Haufen Prenzlberg-Kinder angerannt kommt, wenn ich meinen Hund rufe.

»Och ja, sind schon schöne Namen«, lüge ich. Umgekehrte Psychologie. Wenn ich so schnell zustimme, findet Lina die Namen früher oder später selber blöd. »Am besten suchst du einfach einen Namen aus. So was kann ich nicht. Ich wollte sowieso noch mal zu Thomas, Steffi ist heute mit dem Kleinen bei ihren Eltern.«

»Jetzt warte mal! Lass uns das doch eben klären. Ich muss hier diesen Pass zur Anmeldung ausfüllen, und da brauchen wir einen Namen.«

»Wie wär's denn mit Luna?«

»Ach komm, so heißt doch jeder zweite Hund. Außerdem ist mir das zu nah an Lina.«

»Ich würde sie ja am liebsten Lina nennen, das ist doch

überhaupt der schönste Name!«, sage ich und grinse. »Oder doch Schantalle?«

»Jetzt bleib doch mal fünf Minuten ernst.«

»Das war ein Kompliment! Trag doch irgendwas ein. Mir ist das egal.«

»Das soll dir aber nicht egal sein! Also, Paula und Karla eher nicht?«

»Nee. Aber muss das wirklich jetzt sein? Ich wollte eigentlich los.«

»Magdalena?«

Um Gottes willen. »Irgendwie auch nicht ganz das Richtige, oder?«

Als ich schon Thomas anrufen und unsere Verabredung verschieben will, hilft mir France Gall. Lina hatte die CD gestern gekauft, und sie lief schon die ganze Zeit im Hintergrund: »… qui se balance entre l'amour et l'désespoir, quelque chose qui danse en toi si tu l'as, tu l'as, Ella, elle l'a ce je n'sais quoi …«

Ich schaue Lina an, und sie nickt.

»Ella!«, sagen wir beide gleichzeitig und lachen.

»Ella, nein! Ella, aus! Ella, komm! Ella, sitz! Ella, pfui! – Ja, das funktioniert«, sagt Lina und trägt den Namen auf dem Pass ein.

»Gut! Dann sehen wir uns heute Abend!« Ich stehe auf und drücke Lina einen Kuss auf die Wange. »Ich muss mich beeilen.«

Lina sieht mich missmutig an. »Wann kommst du denn zurück? Essen wir zusammen?«

»Ja, ich hab Thomas schon gesagt, dass ich nicht lange bleiben kann.«

Lina atmet hörbar genervt aus: »Thomas, klar. Ihr seid echt bescheuert. Kaum seht ihr euch zwei Tage nicht, bricht gleich die große Sehnsucht aus. Ich würde mir wünschen, dass du mich mal …«

»Lina, bitte, nicht schon wieder! Wir wohnen zusammen. Ich sehe dich jeden Tag und finde das großartig. Aber Thomas hat irgendwas wirklich Wichtiges. Ich bleibe auch nicht lange, versprochen!«

Aber Lina sieht mich nur skeptisch an und beugt sich wieder über den Hundepass.

Während ich die Treppe runtergehe, fällt mir wieder einmal auf, was bei mir in der Schule schiefgelaufen ist. Ich kann kein Französisch. In der Schule rieten mir die alten humanistischen Lehrer, Latein zu lernen. Das belegte ich dann auch, aber gelernt habe ich es nicht. Und gebraucht habe ich es noch weniger. Dafür verzichtete ich in der siebten Klasse also auf eine lebendige Sprache. Und als ich in der neunten noch mal die Möglichkeit bekam, Französisch zu lernen, entschied ich mich für Informatik. Das war schließlich die Zukunft. Da saß ich dann zwei Jahre, umringt von Nerds, und legte bei Microsoft Access Datenbanken an. Deswegen habe ich nun also keine Ahnung, wovon France Gall singt. Ich kenne nur das Musikvideo zu dem Lied, das früher oft bei MTV lief. Da das Video viele Fotos alter Jazz-Stars zeigt, ist der Song vermutlich eine Hommage an Ella Fitzgerald. Na, meinetwegen. Vielleicht ist es ein wenig prätentiös, den Hund nach einer Jazz-Sängerin zu benennen. Aber es muss ja keiner wissen.

Als ich am Kleistpark in die U-Bahn Richtung Kreuzberg steige, sehe ich einen zotteligen Gitarrenmann durch den Wagen laufen. Es stinkt nach Schweiß und verbrauchter Luft. Der Gitarrist macht offenbar trotzdem ein ganz gutes Geschäft. Fast die Hälfte der Fahrgäste lässt ein paar Münzen in seinen Coffee-to-go-Becher fallen. Als die Bahn anfährt, spielt er für das begeisterte Publikum noch einen Song, »Valerie« von Mark Ronson und Amy Winehouse. Er spielt und singt den Song erstaunlich gut, trotzdem bin ich dankbar, dass das Lied vorhin nicht bei uns lief. Es hätte wirklich schlimmer kommen können als Ella. Als der Zottelige noch mal rumgeht, werfe auch ich erleichtert eine Münze in seinen Becher.

Am Bahnhof Möckernbrücke steige ich in die U1 um, denn der Schienenersatzverkehr ist seit ein paar Tagen vorbei. Die Bahn fährt überirdisch, ich kann aber wegen Überfüllung nicht rausgucken. Neben den üblichen Studenten drängen sich Hip-Hopper, junge Mütter mit ihren schreienden Kindern und Türken in dem Wagen. Außerdem eine Reihe junger Mädchen in Bikinis, die offenbar ins Prinzenbad wollen. Mir ist schon wieder unerträglich heiß. Ich werde immer nervös, wenn die Luft im Wagen schlecht ist und man sich nicht hinsetzen kann. An der nächsten Station schieben sich die Leute noch enger zusammen, und eine Gruppe Punks drückt sich in den Wagen. Leider bemerke ich mein Unglück erst, als es schon zu spät ist. Sie haben vier Hunde dabei, ohne Leine! Das Signal zur Weiterfahrt ertönt, und die Türen schließen sich. Die Hunde, allesamt wilde Promenadenmischungen, zwängen sich durch die Beine der Fahrgäste und erkunden das Innere des Zuges. Natürlich bleiben sie bei mir stehen und schnuppern zu viert an meiner Hose und an meinen Schuhen. Ich verkrampfe und schaffe es nicht, die Punks zu bitten, ihre Hunde wegzunehmen. Was sie sicherlich ohnehin nicht tun würden. Zwischen den Stationen Hallesches Tor und Prinzenstraße fährt die Bahn besonders langsam, weil die Gleise hier dicht an den angrenzenden Wohnhäusern liegen. Im Schneckentempo rumpeln wir voran. Ich fixiere die bunten Linien des U-Bahn-Planes über mir und bete, dass wir endlich wieder anhalten. Die Minuten kommen mir wie Stunden vor, und als wir endlich an der Prinzenstraße ankommen, fühle ich meine Beine schon fast nicht mehr. Bevor ich mich bewegen kann, bemerke ich, dass die Punks aussteigen. Die Hunde rühren sich nicht. Hey! Nehmt eure verdammten Köter mit, will ich rufen. »Schizo, Schröder, Emma, Spanky, raus!«, brüllt jemand vom Bahnsteig. Die Hunde springen hechelnd aus der Bahn. Ich atme tief durch und bitte einen Jugendlichen um seinen Sitzplatz. Mein schweißnasses Gesicht macht wohl Eindruck, und schwerfällig macht der Junge Platz. Eigentlich wollte ich auch aussteigen, aber jetzt muss ich erst mal sitzen. Das Signal ertönt, und kurz bevor die Türen zu sind, huschen noch zwei unangenehm aussehende Typen in die Bahn.

»Die Fahrausweise, bitte.«

Ich öffne meine Tasche und halte inne. Scheiße. Ausgerechnet heute habe ich die alte Umhängetasche genommen, die ich eigentlich seit Jahren nicht mehr benutze. Die neue mit dem Studentenausweis hängt zu Hause an der Garderobe. Und der Studentenausweis ist dummerweise zugleich die Fahrkarte. Nervös schaue ich den gelangweilt dreinblickenden Typen an, der auf meine Sitzgruppe zukommt und mit einer auffordernden Kopfbewegung verlangt, die Fahrscheine zu zeigen.

Ich zucke mit den Schultern. »Ich hab meinen Studentenausweis zu Hause vergessen … Können Sie das nicht in Ihrem System überprüfen? Also, dass ich die Karte habe?«

Als ich an der Warschauer Straße aussteige, bin ich um vierzig Euro ärmer und fühle mich, als hätte ich in meinen Klamotten ein Vollbad genommen. Und jetzt muss ich auch noch nach Friedrichshain laufen, weil ich zu feige bin, in der Tram noch mal schwarzzufahren und kein Geld für einen Fahrschein dabeihabe.

Ich hasse diese Stadt.

4. Kapitel FRIEDLICHE KOEXISTENZ

»Wenn du jedes Mal stehen bleibst, wenn ein Hund bellt, wirst du deine Reise nie beenden.«

Arabisches Sprichwort

Am Vorabend von Ellas Ankunft habe ich Thomas gebeten, mir Gesellschaft zu leisten.

»Na, morgen kommt die Fußfessel dran, was?«, ruft Thomas aus der Küche.

»Quatsch, ich heirate doch nicht.«

Ich höre, wie er den Kühlschrank zuknallt.

»Wart's ab, ein Hund ist nur der Anfang.«

»Du hast mir doch dazu geraten!«

»War nur Spaß! Was ist das denn hier?«

Mit zwei Flaschen Bier und einem roten Gummiteil, das entfernt wie ein Miniatur-Bienenstock aussieht, kommt Thomas zurück ins Wohnzimmer und setzt sich zu mir auf die Couch.

»Habt ihr so was nötig?« Er grinst und hält mir das Teil vor die Nase.

»Das ist ein ›Kong‹, lieber Thomas!«, sage ich mit gespieltem Ernst. »Hat Martin Rütter in seiner Sendung empfohlen. Lina kauft alles, was der Typ in die Kamera hält.«

Mit seinem Feuerzeug öffnet Thomas die Bierflaschen und gibt mir eine.

»Das schwarz gepunktete Frisbee im Flur auch?«

»Das hat sie aus 'nem Katalog. Sie hat bestimmt schon ein Monatsgehalt für solchen Kram ausgegeben. Aber solange ich mich nicht darum kümmern muss … Seit ich ihr die Hasso-Geschichte erzählt habe, hat sie für alles Verständnis. Ich muss morgen auch nicht mit, den Hund abholen. Die Feldbergs und vor allem ihren Bernhardiner muss ich echt nicht noch mal sehen.«

»Ich dachte Dalmatiner?«

»Bernhardiner, Dalmatiner, ist doch egal. Die Welpen sehen eh nicht aus wie ihre Mutter. Die sind alle pechschwarz und haben nur ein, zwei weiße Flecken.«

»Weiß man, wer der Vater ist?«

Thomas sieht mich interessiert an. Ich zucke mit den Schultern. Wieso will er das wissen?

»Irgendein Köter aus dem Dorf.«

»Eurer ist dann also ein Mix aus Dalmatiner und Straßenköter.«

»In der Anzeige stand's ja drin, was die Welpen für Mischlinge sind. Weiß ich jetzt nicht mehr. Aber das Wichtigste ist, dass er nicht so groß werden soll wie die Mutter.«

Thomas streckt mir seine Bierflasche entgegen. »Auf deinen letzten Tag in Freiheit.«

»Prost.« Klirrend stoßen die Flaschenbäuche aneinander. Als ob sich mein Leben ab morgen radikal verändern würde. Trotzdem ist mir mulmig.

Ich nehme einen großen Schluck Bier und wische mir über den Mund. Ich fühle mich wie bei einem Junggesellenabschied. Thomas bei mir. Lina bei Maria. Wahrscheinlich will sie sich letzte Tipps für den ersten Tag mit Ella holen. Seit Maria und Steffen ihren Hund haben, habe ich die beiden nicht mehr gesehen, und Lina muss sich dauernd neue Ausreden einfallen lassen, warum ich nie mehr mitkomme. Wobei man das Tier, das Maria und Steffen sich da halten, nur mit viel Wohlwollen als Hund bezeichnen kann. Marla ist ein Chow-Chow – ich fand schon den Rassennamen albern, als Lina mir davon erzählte – und sieht aus wie eine Pusteblume. Oder ein überdimensionaler Wattepad. Zum Glück guckt irgendwo eine Nase raus, sonst wüsste man gar nicht, wo vorne und hinten ist.

»Ich glaube, Breckwedes hatten auch einen Dalmatiner«, sage ich nach einer Weile kontemplativen Biergenusses.

»In Ibbenbüren, oder was?«

»Ja. Ich könnte dir aus dem Kopf 'ne Karte von Langewiese zeichnen und jedes Haus markieren, in dem früher ein Hund wohnte. Ich weiß noch ganz genau, wer welchen hatte und für wie gefährlich ich den hielt.«

»O Mann. Na gut, dass du da gleich nach dem Abi weg bist. So ein Dorf, wo jeder jeden kennt, ist doch total ätzend. Das wär echt nichts für mich.«

»Ach komm, Thomas. Du warst doch noch nie auf dem Land. Woher willst du das wissen? Aber stimmt schon, ich kann mir dich da beim besten Willen nicht vorstellen.«

Thomas nickt, richtet sich auf und klopft sich mit der rechten Faust auf die Brust. »Ich bin stolzer Westberliner. Drunter mach ich's nicht.«

Langewiese: ein Dutzend Straßen und ein paar Bauernhöfe.

Wie viele Hunde es dort gab, war mir bis zu dem Erlebnis mit Hasso völlig egal gewesen. Schon kurz danach aber wusste ich in allen angrenzenden Wohngebieten, welche Wege ich gefahrlos nutzen konnte und auf welchen mit Hundebegegnungen zu rechnen war. Traf ich irgendwo auf einen Hund, fragte ich meine Oma, zu welchem Haus der gehörte.

»So 'n grauten Swatten? Der möcht wohl Dunkenmanns gehörn. Jedenfalls sagte Dieckmanns Ilse neulich, dat sik de Dunkenmanns 'ne grauten Hund koft häbt, um aufn Hof aufzupassen.«

Meine Oma wusste über alles Bescheid. Ihre Spitzel, die sie am Gartenzaun oder auf dem Wochenmarkt traf, hatten genau wie sie den ganzen Tag nichts Besseres zu tun, als die Leute in der Nachbarschaft zu beobachten und kleinste Abweichungen vom Normalverhalten sofort weiterzugeben. Die von meiner Oma erhaltenen Informationen pflegte ich sofort in mein imaginäres Hundefrühwarnsystem ein und erklärte beispielsweise den Hof von Bauer Dunkenmann zur No-go-Area. Immer wenn ich mit dem Fahrrad irgendwo hinwollte, ging ich vorher in Gedanken die Hundeliste der jeweiligen Straßen durch und überlegte gegebenenfalls Alternativrouten. Heute würde ich das als leichte Form von Autismus bezeichnen oder zumindest als Inselbegabung.

Einmal wurde mein System auf eine harte Probe gestellt. Das gesamte Münsterland war stockkatholisch, und jeden 6. Januar machten sich Heerscharen von Kindern als Sternsinger verkleidet auf den Weg, um Geld für eine »gute Sache« zu sammeln. Ich hatte schon früh mitbekommen, dass meine Eltern den Sternsingern nicht nur einen zusammengerollten Zehnmarkschein in ihre Sammelbüchse stopften, sondern zusätzlich noch eine Handvoll Süßigkeiten in ihre bereits prall gefüllten Tüten warfen.

Im ersten Jahr auf dem Gymnasium konnte ich meine Freunde Markus und Christoph überreden, mit mir loszuziehen. Wir würfelten, wer den Caspar spielen und sich schwarz anmalen musste. Von Blackfacing hatte ich damals natürlich noch nichts gehört. Als Gewänder dienten uns alte Betttücher, in die wir Löcher für die Köpfe schnitten und die wir mit goldenen Bändern, die von weihnachtlichen Geschenkverpackungen übrig geblieben waren, zusammenbanden.

»Mein Bruder sagt, seine Süßigkeiten reichen immer bis Mai oder Juni«, sagte Markus, schulterte den mit Goldfarbe besprühten Holzstern und ging in die Richtung, die ich ihm wies. Ich lief hinter ihm und warf ab und an einen Blick auf die Routenkarte, die ich ausgearbeitet hatte, damit wir an möglichst »ertragreichen« Häusern vorbeikamen. Glücklicherweise hatten die Leute, die besonders spendabel waren, keinen Hund.

Nachdem wir unser Sprüchlein vor einigen entzückt lächelnden Rentnern aufgesagt hatten und reichlich belohnt worden waren, kamen wir an ein Reihenhaus, in dem nach meinem Kenntnisstand eine neu zugezogene junge Familie ohne Haustiere wohnte.

Gerade als Christoph klingelte, sah ich einen zerbissenen Gummiknochen im Vorgarten liegen. Wie konnte das Oma nur entgangen sein! Ich schluckte und wusste nicht, was ich machen sollte. Aus dem Inneren des Hauses drang ein hohes, schepperndes Bellen, das sich schnell näherte. Plötzlich tat es einen dumpfen Schlag. Das dämliche Vieh musste von innen gegen die Tür gerannt sein. »Max, sei brav«, hörten wir eine Frauenstimme sagen. Hoffentlich sperrte sie den Köter jetzt weg. Die Tür ging auf, ein kleines weißes Etwas sprang heraus und wuselte zwischen unseren Beinen umher. Markus, der den Caspar spielte, legte sofort los:

»Seht den Stern, den wir euch bringen, seht den Glanz der Heiligen Nacht! Hört die Botschaft, die wir bringen, weil sie frei und fröhlich macht.«

Stille.

»… UND FRÖHÖÖÖLICH MACHT!«, schmetterte Markus.

Ich hätte übernehmen müssen, denn ich war der Melchior. Aber ich konnte nicht. Ich stand einfach nur da. Christoph räusperte sich und deutete mehr oder weniger unauffällig mit dem Finger auf die Rückseite des Holzsternes, wo unser Text hing. Er sah mich fragend an, aber alles, woran ich denken konnte, war das weiße wilde Tier mit den scharfen Zähnen an meinem Bein. Die Frau fand das alles wahnsinnig drollig, und auch Christoph und Markus schien es nichts auszumachen, dass der Hund erst ihre Gewänder und dann ihre Gliedmaßen zerfetzen würde.

Schließlich übernahm Christoph meinen Part. »Als am hohen Himmelsbogen, dieser fremde Stern erschien, kamen wir von fern gezogen, suchten und erforschten ihn.«

Er sah mich dabei die ganze Zeit an, und seine Stimme hatte einen leicht aggressiven Unterton. Als er fertig war, riss er mir die Dose aus der Hand und hielt sie der Frau hin. Die Frau steckte ein paar Münzen in den Schlitz und pfiff nach dem Hund. Ich konnte mich erst wieder bewegen, als sie die Tür geschlossen hatte.

»Vollidiot«, sagte Markus und wischte mir die Pappkrone vom Kopf. »Wegen dir hat die uns keine Süßigkeiten gegeben.«

»Ich hab den Text vergessen, kann doch jedem mal passieren«, sagte ich kleinlaut und ging den anderen voraus auf die Straße.

»Was war denn los mit dir? Warum hast du so komisch gestarrt und dich nicht bewegt?« Christoph war immer noch sauer.

»Weiß nicht. Mir war auf einmal schlecht.«

»Schlecht? Na toll. Willst du jetzt nach Hause, oder was?«

»Nee, geht schon wieder. Los, weiter!«

Christoph schüttelte den Kopf. »Weil ich deinen Text sagen musste, hab ich ganz vergessen, das Kreidezeug ans Haus zu machen.«

»*Den Segen*, Christoph. Du hast vergessen, den Segen zu erteilen!«, äffte Markus unseren Pastor nach, und wir brachen in Gelächter aus. Ich war heilfroh, dass ich aus der Situation so gut rausgekommen war, aber das durfte nicht noch mal passieren. Als wir weiterzogen, markierte ich das Haus im Geiste mit einem roten X.

Ich weiß nicht, ob meine Oma gläubig war, aber sie war zweifellos katholisch. In der Kirche hatte sie ihren Stammplatz, und wenn es jemand wagte, sich auf »ihren« Platz zu setzen, stellte sie sich so lange schweigend neben die Bank, bis sich der Eindringling woanders hinsetzte. Unsere Sternsinger-Aktion hatte sich schnell zu ihr herumgesprochen, und sie war sehr stolz auf ihren Enkel, der aus reiner Nächstenliebe im Dienste der katholischen Kirche von Haus zu Haus gezogen war.

»Wat häb er doch fein ausseen, sagt Hildegard.«

Ich saß bei meiner Oma am Küchentisch und schaufelte gerade eine Riesenportion Falschen Hasen mit Kartoffelbrei und Sauerkraut in mich hinein. Das war mein absolutes Lieblingsessen, allerdings nur, wenn Oma es kochte. Ich habe nie wieder einen ähnlich guten Kartoffelbrei gegessen. Onkel Rudolf, der seit Jahrzehnten in den USA lebt, lässt sich immer noch regelmäßig Einmachgläser damit schicken. Ich hatte mich die ganze Woche darauf gefreut, an diesem Samstag bei Oma essen zu dürfen, weil meine Eltern mal »einen Tag für sich« haben wollten.

»Hm, bestimmt«, murmelte ich, während ich den letzten Rest Kartoffelbrei mit einer Gabel Baujahr 1952 auf dem Teller zusammenschob.

»Aber sag ma, biste bang vor de Hunne hier?«

Wo hatte sie das denn schon wieder her? Hatte uns jemand vor dem Haus der jungen Familie beobachtet? Durch ihre dicken Brillengläser starrte sie mich an. Ich konnte dem Blick nicht standhalten und konzentrierte mich stattdessen auf das Muster ihrer Kittelschürze, die sie, abgesehen von hohen Feiertagen und Kirchenbesuchen, eigentlich immer trug. Hauptsache praktisch, das war Omas Credo.

»Nee, Oma, wie kommste denn darauf?«

»Mi wär so, als hät Margreth mi sagt, ihr wärt van ne Sternsinger aus nich bi Leugermanns, nich bi Schellenbergs un nich bi Dunkenmanns gewesen, un ob dat wul wat met de Hunne bi dene to daun häw.«

»Quatsch, Oma, da sind wir überall gewesen. Waren alle nicht zu Hause.«

Oma sah mich misstrauisch an. »Na, dän will ik di dat ma gloven.«

Eine Weile schwiegen wir, und ich freute mich schon auf eine große Schüssel Vanillepudding zum Nachtisch. Den gab es bei Oma immer. Im Herbst gab es sogar noch ein Schälchen Pflaumenkompott dazu. Oder Stachelbeeren. Aber die Grundlage war immer Vanillepudding. Ich betrachtete gedankenverloren die Kinderfotos meines Vaters und meines Onkels, die auf dem Sims des alten Kachelofens standen, der nur noch der Zierde diente.

»Jesses«, sagte meine Oma plötzlich, »häb ik doch glatt den Pudding vergieden.« Endlich, dachte ich. Sie kramte in dem großen Bauernschrank und holte ein Tütchen hervor. Während sie darauf wartete, dass die Milch auf dem Herd heiß wurde, sagte sie ganz beiläufig: »Kennst doch wul noch Hülsenberchs Annie, wa?«

»Ja«, sagte ich, »was ist mit der?«

»De häbt sik auk en Hunn koft.«

»Aha«, murmelte ich versucht gleichgültig. Ich wollte den Verdacht meiner Oma auf keinen Fall schüren. Da Hülsenbergs ziemlich abseits auf einem Hof am Waldrand wohnten, ließ mich die Neuigkeit tatsächlich vergleichsweise gelassen.

»Siet ihren Bernhard dand is, häw se ja kenen had to't Klönen.«

»Soso.«

»Un so alleen up den grauten Hof. Da werd de Hunn vörsähn, dat da keen Spitzbove tau nah kommt.«

»Mal was anderes, Oma: Ich hab 'ne Zwei im Diktat. Da kriege ich also noch zehn Mark von dir.«

»Biste doch bang vor de Hunne!«

»Überhaupt nicht«, rief ich etwas zu laut. »Und ich glaube, die Milch kocht über!«

Da hätte sie was zu erzählen gehabt, wenn der eigene Enkel sich vor Hunden fürchtete. Das hatte es hier ja noch nie gegeben. Hunde galten im Münsterland als nützliche und treue Tiere, die entweder zur Jagd eingesetzt wurden oder den Hof bewachen konnten. Manch einem ihrer zahllosen Bekannten ersparte ein Hund wohl auch die letzten Jahre in Einsamkeit. Wenn meine Oma nun, ganz im Vertrauen natürlich, Hinz und Kunz von meiner Hundeangst erzählte, hätte man es auch gleich in die Zeitung setzen können.

Dirk hatte sie jedenfalls nichts von ihren Befürchtungen erzählt. Dirk war mein bester Freund und wohnte nur zwei Häuser neben meiner Oma. Es hätte durchaus passieren können, dass sie ihn mal beiseitenahm und sagte: »Dirk, wen'ne mit'n Daniel ma wieder nache Stadt hinfährst, dann pass upp, dat du nich bei Mönninghofs vorbeikoms. Die ham ihre Hunne immer von'ne Leine … Ach, has gar nich wust? Der Jung hät Bammel vor de Hunne.«

Eines Morgens stand Dirk am Fahrradständer vor der

Schule. Sein Wohnort lag ganz knapp außerhalb des Drei-Kilometer-Radius, weshalb er eine Busfahrkarte hatte und ich ihn immer erst in der Schule traf. Wenn er so auf mich wartete, wusste ich, dass ihm irgendwas auf den Nägeln brannte. »Schade, dass wir noch keine Ferien haben«, sagte er, während ich vom Rad abstieg.

»Warum denn?«

Sofort platzte es aus ihm heraus: »Dann könnte ich den ganzen Tag mit meinem Hund spielen!«

Fast wäre mir das Rad gegen den Ständer gekracht. »Du hast einen Hund?«

»Na ja, erst in einer Woche. Einen Münsterländer.«

Wäre ich nicht so geschockt gewesen, hätte ich den Namen der Rasse womöglich lustig gefunden. Ich schloss kommentarlos mein Fahrrad an und hatte dabei einige Mühe, den kleinen Schlüssel ins Schloss zu bekommen.

Dirk und ich kannten uns schon seit frühesten Kindertagen. Unsere Großväter waren befreundet gewesen, und nachdem sie uns miteinander bekannt gemacht hatten, waren wir unzertrennlich. In dreizehn Schuljahren hingen wir ständig zusammen rum. Dummerweise meistens bei Dirk. Weil Dirks Eltern geschieden waren, bekam er alles, was er wollte: Turtles-Figuren, Star-Wars-Raumschiffe, eine Nintendo-Konsole, die neuesten Drei-???-Kassetten. Dirk hatte sogar einen eigenen Fernseher in seinem Zimmer bzw. in seinem Wohnzimmer. Das Haus war nach dem Auszug seines Vaters und seines älteren Bruders nämlich viel zu groß für zwei Leute, weshalb Dirk ein Zimmer zum Schlafen und ein Zimmer mit mehreren Sofas und multimedialen Unterhaltungsmöglichkeiten hatte. Eine Zeit lang wollte ich auch Scheidungskind sein.

»Wie hast du es denn geschafft, deiner Mutter einen Hund aufzuschwatzen?«, fragte ich ihn auf dem Weg zum Klassenzimmer.

»Musste ich gar nicht. Die neue Freundin von Papa hat auch einen, und das habe ich Mama erzählt. Dann hat sie gefragt, ob ich auch einen möchte.«

Dirk hatte nie erwähnt, dass er einen Hund haben wollte, und ich war sicher, dass es sich nur um eine Laune handeln konnte. Seine Mutter musste wirklich verzweifelt sein. Dirk nannte seinen Hund Robbie, und es freute mich ein bisschen, dass ihn die Mädchen in unserer Klasse fortan für einen Take-That-Fan hielten. Aber dieser Funken Schadenfreude verbesserte meine Lage auch nicht. Robbie wurde zu einem echten Problem. Wenn ich weiterhin nach der Schule mit Dirk Cola trinken und MacGyver gucken wollte, musste ich irgendwie mit diesem Hund klarkommen. Als Dirk schließlich immer verärgerter wurde, dass ich nicht mehr mit zu ihm nach Hause wollte, entschloss ich mich, es endlich mit Robbie aufzunehmen. Das sah dann so aus, dass ich mit angezogenen Knien auf dem Sofa hockte und es nicht wagte, meine Cola anzurühren, weil ich Angst vor dem Weg aufs Klo hatte. Wenn Robbie angeschnüffelt kam, stand ich immer kurz vor dem Nervenzusammenbruch. »Nimm ihn bitte weg!«

»Was ist denn los mit dir? Der tut doch gar nichts. Guck mal, er mag dich.«

Tatsächlich legte sich der Hund immer direkt vor meine Füße, was für mich das Schlimmste war. Eines schrecklichen Tages wurde Dirk von seiner Mutter ans Telefon gerufen. Als er aus dem Zimmer ging, ließ er die Tür ein bisschen zu laut ins Schloss fallen. Robbie erschrak und sprang auf meinen Schoß. Ich versteinerte und drückte meinen Rücken in die Sofalehne, während der Hund zitternd und winselnd auf meinen Beinen hockte. Ich war mir sicher, dass er mich beißen würde, wenn ich es wagte, ihn von mir herunterzuschieben. Als Dirk nach einer gefühlten Ewigkeit zurückkam, beruhigte Robbie sich schlagartig und nahm umstandslos wieder seinen angestammten Platz zu meinen Füßen ein.

»Na, habt ihr euch endlich angefreundet?«, fragte Dirk lachend.

Ich war nass geschwitzt, fühlte mein Herz rasen und musste trotz meiner Cola-Abstinenz dringend pinkeln. »Einen Scheiß haben wir! Ich mach das nicht mehr mit. Entweder der Hund kommt weg, oder ich komme nicht mehr her«, rief ich.

»Wieso denn? Was hast du denn für ein Problem mit Robbie?«

Ich wischte mir über das Gesicht und hatte eine rettende Idee.

»Immer, wenn ich bei dir bin, jucken mir total die Augen. Und eben, als Robbie auf meinem Schoß war, war das ganz schlimm. Ich glaube, ich bin gegen den allergisch.«

Das klappte ganz gut. Dirk gab sich fortan alle Mühe, Robbie von mir fernzuhalten, wodurch ich eine friedliche Koexistenz mit dem Hund führen konnte. Wenn ich Dirk besuchen wollte, rief ich vorher an. »Bin in zehn Minuten da. Sperrst du den Hund weg?«

Wenn ich dann bei Dirk vor der Tür stand, saß Robbie bereits hinter der geschlossenen Küchentür und winselte. Ich ging in Dirks Zimmer und schloss die Tür, woraufhin Robbie wieder aus der Küche gelassen wurde. Ein perfektes Schleusensystem.

Robbie wurde mit den Jahren faul und fett. Meine Hundehaarallergie hatten sowohl Dirk als auch ich irgendwann vergessen, und Robbie musste nicht mehr weggesperrt werden, wenn ich kam. Er lungerte sowieso nur noch in seinem Körbchen im Flur herum. Der Hund war in meiner Wahrnehmung zu einer Art Möbelstück geworden. Auch Dirk hatte das Interesse an Robbie schnell verloren. Er ging einmal am Tag schimpfend mit ihm spazieren, den Rest musste seine Mutter erledigen. Diese ließ ihren Sohn ihre Unzufriedenheit über diesen Umstand nie direkt, sondern nur durch subtile Botschaften spüren. Sie schenkte ihrem Sohn *Der kleine Prinz*. Ich war dabei, als Dirk das Buch schnell durchblätterte und an einer Stelle hängen blieb, die rot unterstrichen war: »Du bist zeitlebens für das verantwortlich, was du dir vertraut gemacht hast.«

»Was soll der Scheiß?«, rief Dirk empört, feuerte das Buch in die Ecke und stellte den Fernseher lauter.

5. *Kapitel* DER ERSTE TAG

»Das ist nicht dein Zimmer!«
Scott & Huutsch

Unsere Wohnung sieht aus, als feierten wir gleichzeitig Kindergeburtstag und eine lang ersehnte Familienzusammenführung. Lina hat Luftballons, Girlanden und ein Band mit der Aufschrift »Herzlich Willkommen zu Hause« aufgehängt. »Das hing über unserer Tür, als ich damals aus den USA zurückgekommen bin«, erwidert sie meinen ungläubigen Blick auf die Ausgestaltung des Flurs. »Lass mir doch den Spaß.«

Auf dem Fußboden hat sie kleine Leckerlis in Knochenform verteilt. »Sie soll sich doch gleich wohlfühlen bei uns.« Außerdem liegt ein kleines Hundekörbchen neben dem Kamin im Wohnzimmer. Im roten Plüsch des Körbchens wartet ein echter Steiff-Hase darauf, von dem Hund in Stücke gerissen zu werden.

Ich bin nervös, stehe auf dem Balkon und rauche eine Zigarette. Denn mit einem kleinen Hund kann ich natürlich nicht mehr in der Wohnung rauchen. Seit drei Stunden ist Lina unterwegs. Eigentlich hätte sie längst zurück sein müssen. Die Fahrt nach Zeuthen dauert nicht länger als eine Dreiviertelstunde. Für den Hin- und Rückweg braucht sie also etwa anderthalb Stunden. Eine Tasse Kaffee-Milch-Brühe: fünfzehn Minuten. Tränenreicher Abschied: fünf Minuten. Wahrscheinlich ist auf der Stadtautobahn Stau.

Ich öffne den Kühlschrank, starre hinein und schließe ihn wieder. Als ich gerade mein Handy suchen und Lina anrufen will, höre ich Schritte vor der Wohnungstür. Mein Herz setzt kurz aus und schlägt dann doppelt so schnell. Ich atme einmal tief ein und wieder aus und gehe dann in den Flur, um meiner Rolle als Empfangskomitee gerecht zu werden.

Lina stößt keuchend die Wohnungstür auf.

»Hier, nimm sie mal kurz«, sagt sie, gibt mir den Hund und rennt an mir vorbei ins Bad. Mit Eimer, Schwamm und Reinigungsmittel kommt sie wieder heraus. »Ella hat auf den Sitz gepinkelt. Ich mach das schnell weg, bevor es einzieht.«

»Lina, ich kann nicht … alleine mit dem Hund …«

Mit einem *Rumms* fällt die Tür ins Schloss.

Hilflos sehe ich auf den Hund in meinen Händen, der wie wild versucht, sich an meinem T-Shirt hochzuziehen. Ich setze ihn schnell auf den Boden, und sofort trippelt er neugierig durchs Zimmer. Er ist verdammt groß geworden, seit ich ihn das letzte Mal gesehen habe. Und sieht schon viel mehr nach Hund aus. Im Wohnzimmer beschnuppert das Tier die Vorhänge, das Sofa und sein Körbchen. Manchmal versucht er, mit den kleinen Pfötchen einen Gegenstand zu bewegen. Als das mit den großen Standlautsprechern nicht gelingen will, macht er sich auf die Suche nach etwas anderem und findet endlich das Steiff-Häschen im Körbchen. Triumphierend nimmt er das kleine Stofftier ins Maul und wirft es in die Luft. Als der Hase direkt vor dem Hund auf den Boden fällt, zuckt er mit den langen Schlappohren und wirft ihn gleich noch mal in die Luft.

»Ja, genau, das machst du toll. Gib's ihm.« Ich gehe ein paar Schritte zurück und mache langsam die Tür zu. Aus dem Wohnzimmer ertönt sofort ein klägliches Winseln. Ich gehe durch die Küche auf den Balkon und stecke mir noch eine Zigarette an.

Nach einigen Minuten reißt Lina die Balkontür auf und starrt mich wütend an.

»Sag mal, geht's noch? Wieso ist Ella im Wohnzimmer eingesperrt?«

»Der Hund ist da selbst reingegangen. Wollte mit dem Hasen spielen oder sich im Körbchen ausruhen!«

»Aber doch nicht alleine! Wir haben die Kleine grade von ihrer Mutter und ihren Geschwistern getrennt, die braucht jemanden um sich!« Lina rennt ins Wohnzimmer, ich drücke missmutig meine Zigarette aus und folge ihr.

»Na toll, jetzt hat sie vor Angst auf den Boden gemacht.«

Der Hund sitzt vor seinem Körbchen in einer untertassengroßen Lache und sieht mich abwartend an.

»Ja, gut, ich mach das weg.«

Lina nimmt den Hund auf den Arm, der sofort anfängt, ihr das Gesicht abzulecken. Ich will nicht wissen, wo der heute schon überall seine Schnauze reingesteckt hat.

»Ja, du bist traurig, ich weiß«, sagt Lina in einer Stimmlage, die Leute manchmal haben, wenn sie in fremde Kinderwagen schauen. »Aber jetzt lassen wir dich nicht mehr allein.« Vorsichtig setzt sie den Hund in das Körbchen. »Leg dich schön da rein, ich bleibe bei dir.«

Während Lina sich neben das Körbchen kniet, gehe ich ins Bad und hole den Lappen. Missmutig lasse ich das bereits nach Hundepisse stinkende Tuch auf die Pfütze fallen und bewege es mit der Schuhspitze über unseren schönen Dielenboden.

Der Hund hat keine Lust, im Körbchen zu liegen. Er nimmt den Stoffhasen und schleppt ihn durch die Wohnung. Lina immer dicht hinter ihm. Im Flur bleiben die beiden stehen, der Hund lässt den Hasen fallen und schnüffelt an meinen Lederschuhen.

»Sie mag deine Schuhe, süß!«, sagt Lina und klatscht in die Hände.

»Hauptsache, die gehen nicht kaputt«, rufe ich, während ich den Lappen wegschmeißen gehe.

Zurück im Wohnzimmer, ist das Tier mit den Vorhängen beschäftigt. Es zerrt an ihnen, kriegt sie aber nicht richtig zu fassen. Dabei wedelt der Schwanz unkontrolliert mal von links nach rechts, mal von oben nach unten und mal im Kreis. Ein kleiner Propeller, denke ich. Immer wieder gleiten dem Hund die Vorhänge aus dem Maul. Beim fünften Mal wird es ihm zu bunt.

»Wuff!«, macht er und schaut irgendwie empört.

Ich zucke zusammen. Das war nicht mehr das Fiepen, das ich aus Zeuthen kannte. Das war richtiges *Bellen.*

»Sie hat gebellt!« Ich sehe Lina an. Mein Magen verknotet sich.

»Ich hab's gehört, Daniel. Ella muss erst lernen, dass sie nicht einfach so bellen darf.«

Ich atme ein paarmal tief durch und setze mich verunsichert aufs Sofa.

»Gottchen, wird's denn gehen?« Lina hat den Hund von den Vorhängen weggenommen und hält ihm wieder den Hasen vor die Nase. Begeistert versucht der Hund, den Hasen mit den Pfötchen zu sich zu ziehen. Doch immer, wenn er ihn fast erreicht hat, zieht Lina ihn weg. Das scheint dem Hund großen Spaß zu machen. Er presst sich platt auf den Boden, wedelt wie verrückt mit dem Schwanz und macht dann einen Satz in Richtung Hase. »Guck doch mal, wie viel Spaß sie hat. Ist das nicht süß?«

»Werd mich schon dran gewöhnen«, sage ich und ziehe die Beine aufs Sofa. Aus einigen Metern Entfernung sehe ich mit an, wie Lina dem Hund jetzt das Ende eines Vorhangs hinhält und das Tier seine spitzen Krallen im Stoff versenkt.

Was habe ich nur getan? Plötzlich wird mir die Tragweite meiner Entscheidung bewusst. Der Hund wird für *Jahre* da sein! Und bis er nicht mehr in die Wohnung pinkelt, nicht mehr grundlos bellt und mal allein sein kann, wird es *Monate* dauern.

»Er pisst schon wieder!«, rufe ich und zeige auf den Hund, der jetzt auf dem Teppich steht und es einfach laufen lässt.

»Er ist eine Sie, Daniel.« Lina bleibt ganz ruhig und hebt den Hund vom Teppich. »Ist nicht schlimm, Süße!«

Das finde ich nicht. Ich mochte den Teppich. Zum Glück hatten wir damals nicht den weißen genommen.

»Was sagt denn dein Rütter dazu? Wie kriegen wir das Biest stubenrein?«

»Das dauert. Wir müssen sie immer wieder nach draußen bringen und loben, wenn sie's da macht.«

»O Gott! Gibt's für den Anfang kein Hundeklo? Das ist ja wie bei einem Kind.«

»Ach was«, sagt Lina spitz.

Lina legt dem Tier ein Halsbändchen mit dem Umfang meiner Armbanduhr um und befestigt eine Leine in gleicher Farbe daran. Wortlos gibt sie mir die Leine.

Als wir die Wohnung verlassen, bleibt das Tier vor der ersten Treppenstufe stehen. Ich bin schon ein paar Stufen runtergegangen und ziehe vorsichtig an der Leine. Der Hund weigert sich. Er zieht den Kopf zurück, und das Halsband droht, ihm über die Ohren zu rutschen. Lina steht, die Hände in die Hüften gestemmt, neben dem Tier und schaut zu mir runter.

»Soll ich dich mal eine Mauer runterziehen, die höher ist als du selbst? Die ersten Wochen werden wir sie wohl tragen müssen.«

Mit ihrem neuen Schätzchen auf dem Arm geht Lina an mir vorbei, und ich könnte schwören, dass der Hund mich dabei triumphierend ansieht.

Unten angekommen, setzt Lina das Tier auf den Gehweg. Drei Meter weiter sausen die Autos vorbei. Von der quirligen Neugier ist nicht mehr viel übrig, verängstigt drückt sich der Hund an Linas Bein und schaut zu ihr auf. Dann versucht er, auf Linas Schuh zu klettern. Ich glaube, er zittert sogar.

»Und was jetzt?«, frage ich.

»Jetzt warten wir mal ab. Rütter sagt, dass sie sich so früh wie möglich an die neue Umgebung gewöhnen muss.«

Lina setzt den Hund auf ein Rasenrechteck am Rand des Gehwegs. »Guck mal, Ella, hier ist ein schöner Baum.«

Am Stamm des Baumes hängt ein in Klarsichthülle verpackter Zettel mit der Aufschrift »Das ist kein Hundeklo«. Als ich Lina darauf hinweise, rümpft sie die Nase. »Das hat der Vollidiot von gegenüber aufgehängt. Der kann mich mal! Soll froh sein, dass ich noch nie die Polizei gerufen hab, wenn der nachts seine Heavy-Metal-Musik aufdreht.«

»Stimmt schon, aber …«

In diesem Moment stößt Lina einen spitzen Schrei aus: »Ja, feiiin!«

Der Hund hat ein kleines Häufchen gemacht und guckt etwas verunsichert, weil Lina so schreit. Lina klatscht in die Hände und springt am Rand der Rasenfläche herum. »Das hast du prima gemacht! Ganz fein, Ella!« Der Hund scheint zu verstehen, dass er etwas richtig gemacht hat. Er ist jetzt ganz aufgeregt und springt an Linas Schienbein hoch, um sich seine Streicheleinheiten abzuholen.

Ich würde am liebsten im Erdboden versinken. Das Tier kackt an einen Baum, und Lina führt einen Freudentanz auf.

Zurück in der Wohnung, macht sich der Hund über das im Wohnzimmer verteilte Futter her. Etwas neidisch beobachte ich, wie er die kleinen Leckerbissen verschlingt. Der Hund rennt schnüffelnd von einer Ecke des Zimmers in die andere. Er stößt dabei mit der Nase gegen meine Gitarre, die an der Wand lehnt. Krachend fällt das Instrument zu Boden.

»Ey, pass doch auf!« Verärgert hebe ich die Gitarre hoch und begutachte den Schaden.

»Die kannst du doch da nicht so an der Wand stehen lassen!«, keift Lina hinter mir. »Guck mal, wie Ella sich erschrocken hat. So was kann gerade am Anfang total traumatisch sein!« Ende O-Ton Rütter. Lina nimmt den verängstigten Hund auf den Arm und herzt ihn.

Auf der Gitarre hat schon mein Vater gespielt! Ich verkneife mir einen Kommentar und bringe das Instrument ins Schlafzimmer. Auf dem Weg dorthin komme ich an den Bücherregalen vorbei, die wir entlang des langen, schlauchartigen Flurs aufgestellt haben. Die unterste Reihe muss ich wohl jeweils leer räumen, denke ich und stelle mir vor, wie das Tier die teuren Bücher an den Lesebändchen aus dem Regal zieht und genüsslich die Seiten herausrupft.

Als ich wiederkomme, verharren die beiden immer noch in inniger Umarmung. »Herrchen hat das doofe Ding weggetan. Arme Maus!«, flüstert Lina.

»Übertreibst du nicht etwas?«

Lina sieht mich streng an und verlässt das Zimmer.

In der Küche will Lina dem Hund seine Fressstation zeigen. Tolle Idee, nachdem er gerade beigebracht bekommen hat, dass bei uns überall Essen auf dem Boden rumliegt.

»Das sind deine Fressnäpfe, Ella. Hier kommt dein Futter rein und hier dein Trinken.« Lina klopft gegen eine der Edelstahlschalen, aber der Hund interessiert sich mehr für den Zipfel eines Geschirrtuchs, das auf einem Küchenstuhl liegt. Dann streckt er die Nase in die Höhe, schließt die Augen und schnuppert ausgiebig und konzentriert. Langsam geht der Hund mit geschlossenen Augen Richtung Kühlschrank.

»Das könnte dir so passen«, sage ich und räume den Aufschnitt weg, der noch vom Frühstück auf der Anrichte neben dem Kühlschrank steht.

»Gib ihr doch eine Scheibe Käse, das macht nichts«, sagt Lina und setzt ihrerseits einen Hundeblick auf.

»Nee, macht ihr mal. Ich muss noch mal kurz weg«, sage ich und verlasse ohne ein weiteres Wort die Küche.

»Wo musst du denn hin? Das hier ist doch wohl wichtiger!«, ruft Lina mir hinterher. Sie hat überhaupt kein Verständnis für meine Lage. Wenn das so weitergeht, werden wir uns bald nur noch streiten.

Ich muss raus.

Ziellos marschiere ich über das Tempelhofer Feld, um den Kopf frei zu bekommen. Es funktioniert ganz gut, denn auf dem Gelände des ehemaligen Flughafens ist die Welt noch in Ordnung: Die Hundeauslaufgebiete sind von hohen Zäunen umgeben. Außerhalb dieser Flächen sorgt starker Verkehr dafür, dass der Leinenzwang eingehalten wird.

Ein Spaziergang in Freiheit. Ich vergrabe meine Hände in den Hosentaschen und atme tief durch. Auf dem Asphalt zeigen Markierungen den Joggern, Radfahrern und Inlineskatern an, wie lange sie noch durchhalten müssen. 500 Meter, 1000 Meter, 1500 Meter … Ohne jedes Zeitempfinden sehe ich die Zahlen unter meinen Füßen vorbeiziehen. Vielleicht können wir unser Arbeitszimmer zum Hundeauslaufgebiet machen. Ein Gitter vor die Tür und fertig. Im Rest der Wohnung dann Leinenzwang … Nein, was für ein Schwachsinn. Nach zwei Stunden mit dem Hund entwickle ich schon Notfallpläne. Aber die Wohnung war bisher *mein* Rückzugsort gewesen. Nun habe ich dort keine Ruhe mehr. Und würde mich allein deshalb dauernd mit Lina in die Haare kriegen. »Die Gitarre muss da weg! Die Kabel können hier nicht rumliegen! Rauchen nur noch auf dem Balkon!« Stück für Stück würde mir mein Zuhause entgleiten. Der Teppich durchnässt, und überall würden in Kürze Hundehaare kleben. Und was wäre mit dem schönen Parkettboden? Den zerkratzte der Hund doch in null Komma nichts. Sollten wir da etwa PVC reinlegen? Und das Auto! Ich bin kurz davor, ein H-Kennzeichen zu bekommen. Ich habe den Wagen jahrelang wie ein rohes Ei behandelt. Und jetzt würde da dieser Hund drin rumturnen und alles vollsabbern? Noch dazu müsste man sich dauernd um den Köter kümmern und mit ihm rausgehen. Egal, ob es stürmte, hagelte oder schneite. Und was wäre, wenn ich irgendwann einen Job hätte? Und wie würde es werden, wenn der Hund alt und krank wäre und Lina wieder unzufrieden? Und wie teuer würden die nächsten Jahre werden? Vor allem, wenn mein Hund aus einer Laune heraus andere Leute anfiele? Brauchte man für so was eine Versicherung? Die größte Frage aber ist: Was, wenn ich mich für immer vor meinem eigenen Hund fürchtete?

Als ich die 6000-Meter-Markierung überschreite und das zweite Mal den Rosinenbomber passiere, kommt mir der Gedanke, dass Lina sich mittlerweile bestimmt fragt, wo ich abgeblieben bin. Was mache ich hier eigentlich? Ich kann doch nicht immer weglaufen, wenn mir der Hund zu viel wird! Ich bleibe stehen und fasse einen Entschluss. Ich werde mich dem Tier stellen und damit auch allen Problemen mit Lina. Der Hund hat schließlich den Zweck, unsere Beziehung zu retten. Ich muss das jetzt durchziehen.

Ich kehre um und sehe in etwa fünfzig Metern Entfernung ein Mädchen mit einem kleinen Hund auf mich zukommen. Als ich merke, dass der Hund nicht angeleint ist, gehe ich langsamer. Plötzlich höre ich hinter mir ein Motorengeräusch; ein dunkles Auto fährt an mir vorbei. Es hält neben dem Mädchen an, ein bulliger Mann mit Bomberjacke steigt aus und redet laut auf das Mädchen ein. Sofort nimmt es den Hund an die Leine und läuft verschüchtert weiter. Der Typ steigt schwerfällig zurück in sein Gefährt und rauscht davon. Als ich an dem Mädchen vorbeigehe, lächele ich. »Er ist wieder weg«, sage ich und nicke aufmunternd in Richtung des straff angeleinten Hundes. Soll der Köter doch frei rumlaufen. Ich schaffe das schon.

Als ich zurückkomme, dämmert es bereits. Mit Hundeschokolade und einem Träger Radler in der Hand öffne ich die Tür.

Lina kommt mir entgegen, dicht gefolgt von unserem Hund. »Wo warst du? Wir haben uns Sorgen gemacht!«

Ich sehe Lina entschuldigend an und schließe langsam die Tür. »Ich hatte kurz das Gefühl, kalte Füße zu kriegen.«

»Und jetzt hast du das nicht mehr?«

»Nein.«

»Und was …«

»Ich weiß es nicht genau«, sage ich und ziehe meine Schuhe aus. Im Wohnzimmer lege ich die France-Gall-CD ein, packe die Hundeschokolade aus und öffne zwei Flaschen Radler. Ich setze mich auf die Couch, Lina setzt sich zögernd neben mich. Als der Hund zwischen uns springt und schwanzwedelnd an uns hochklettert, unterdrücke ich den Impuls, von ihm abzurücken. Mit spitzen Fingern gebe ich ihm einen Riegel Schokolade; er schmiegt sich schmatzend an mein Bein. Ich streichle kurz über das samtige schwarze Fell auf seinem Rücken. Es ist warm und weich. Mir fällt auf, dass alles an dem Hund irgendwie zu groß ist. Die Pfötchen, auf denen er sehr unbeholfen durch die Wohnung tapst, die Ohren, die viel zu lang herunterhängen, und der Schwanz, den er überhaupt nicht unter Kontrolle hat. Man sieht ihm an, dass er noch viel wachsen muss, um ein richtiger Hund zu werden. Und wir werden ihm dabei zusehen und helfen. Irgendwie rührt mich die Vorstellung. Ich lasse meine Hand auf dem Rückens des Hundes liegen und bemerke, dass er die Augen zugemacht hat.

Ella.

Du bist also Ella.

6. Kapitel WIR IN IBBENBÜREN

> »Endlich weiß ich, was den Menschen vom Tier unterscheidet: Geldsorgen.«
>
> Jules Renard

»So was brauchen wir für unterwegs«, sagt Lina und wirft einen Plastikfressnapf in den Einkaufswagen, in dem sich schon drei Säcke Hundefutter und ein Haufen flauschigbunter Spielsachen stapeln.

Wir sind in einem Laden, der »Fressnapf« heißt. Hunde dürfen hier mit rein, und Ella ist natürlich dabei. Sie sitzt vorn im Einkaufswagen und reckt ihre Nase in die Höhe, um den Duft von aberhundert Sorten Hundefutter zu inhalieren. Fressnapf ist so etwas wie Toys»R«Us für Hunde, und Ella muss sich wohl gerade so fühlen wie ich mit zehn. In dem Alter war ich das erste Mal in einer Filiale des amerikanischen Spielzeuggiganten. Allein die Lego-Abteilung war mindestens so groß wie die gesamte Verkaufsfläche von Eisen Feldmann, dem einzigen Spielzeuggeschäft in Ibbenbüren.

Jäh werde ich aus meinen Gedanken gerissen. Lina hält mir eine Decke unter die Nase und sieht mich fragend an.

»Die ist aus Pferdehaar und superweich, fass mal an.«

Meine Hand streicht kurz über die Decke und greift nach dem Preisschild. »175 Euro? Ist das dein Ernst?«

Plötzlich hören wir hinter uns ein Geräusch, das an

durchdrehende Reifen auf einem Kiesweg erinnert. Ella ist in einen Container mit Vogelfutter gesprungen und bis zum Bauch darin eingesunken. Ich muss lachen. Sie sieht aus wie Obelix im Zaubertrank. Schnell merkt sie, dass sie aus der Masse nicht mehr herausspringen kann, und fängt an, die Körner wild in sich hineinzufressen.

»Ella, pfui!«, ruft Lina lachend und hebt sie aus dem Bottich.

Linas Lachen wird von dem Grunzen eines alten Mannes übertönt, der plötzlich neben uns steht und mit seinem Rauschebart aussieht wie eine Mischung aus Wolfgang Thierse und Vader Abraham. Er trägt eine Latzhose, auf der der Schriftzug des Ladens prangt. »Wie heißt denn der kleine Racker?«

»Ella.«

»Und Ella mag also Vogelfutter?«

»Scheint so«, sagt Lina und setzt Ella wieder in den Einkaufswagen.

»Guck mal, ich hab was viel Besseres für dich!« Der Mann holt einen Brocken Hundefutter aus seiner Hose und hält ihn Ella vor die Nase. Sie schnappt sofort danach, schlingt ihn hinunter und stellt sich schwanzwedelnd auf die Hinterbeine.

»Na, das ist besser, was?«

»Ja, danke, wir müssen dann mal weiter …«, versucht Lina den Mann loszuwerden.

»Aber Ella möchte noch mal probieren.« Schon wirft ihr der Rauschebart den nächsten Brocken hin.

»Was Ihrem Hund da so gut schmeckt, ist das neue Canin Premium Welpenfutter. Ich würde meinem Hund in diesem Alter nichts anderes geben.« Er klingt jetzt wie ein Ansager der Wochenangebote im Supermarkt. »Canin Premium Welpenfutter ist genau auf die Bedürfnisse von Junghunden abgestimmt und enthält alles, was Ihren Liebling gesund und stark macht.«

Lina legt die Hände auf die Griffstange des Einkaufswagens und will weiter. »Vielleicht beim nächsten Mal. Wir haben uns für dieses Futter …«

»Ella ist da aber anderer Meinung«, raunt der Alte. Schwups, kommt noch ein Bröckchen geflogen, dass Ella gierig verschlingt.

Steif stehe ich vor dem Mann und kann mich einfach nicht dazu aufraffen weiterzugehen.

»Wissen Sie was? Ich packe Ihnen einfach mal den 20-Kilo-Vorteilssack ein«, sagt er und hievt den Sack in unseren Einkaufswagen. »Ihr Hund wird es Ihnen danken.«

»Okay«, sage ich und bin froh, dass der Alte in dem Moment die nächsten Kunden erspäht. Ella schaut dem Schokoonkel hinterher und winselt ein wenig.

»Sag doch einfach mal Nein!«, zischt Lina und legt demonstrativ die Pferdedecke weg. Lina hat kein Problem damit, Werbefuzzis einfach stehen zu lassen oder den Hörer aufzulegen, wenn sie an einer Umfrage teilnehmen soll. Ich kann das nicht. Ich heuchle Interesse, um die Leute nicht vor den Kopf zu stoßen. Die machen ja auch nur ihren Job. Erst vor zwei Tagen rief wieder jemand an, um von meiner Einfalt zu profitieren. »Unbekannter Teilnehmer« stand auf dem Display des Telefons. Lina hatte mir schon mal verbieten wollen, in solchen Fällen überhaupt dranzugehen. Aber schließlich gab es ja auch Bekannte, die ihre Nummer absichtlich unterdrückten. Ich nahm ab.

»Herr Wichmann, hier spricht Dörte Wenger vom Verlag Gruner + Jahr, ich hoffe, ich störe Sie nicht?«

»Nein, passt schon«, stammelte ich nach einer kurzen Pause.

»Schön! Ich möchte Ihnen gerne das neueste Mitglied unserer Printfamilie vorstellen: *DOGS*, das Lifestyle-Magazin rund um den Hund.«

»Woher wissen Sie, dass ich einen Hund habe?«

»Ah! Sie *haben* einen Hund! Dann ist das ja genau das Richtige für Sie! In der ersten Ausgabe stellen wir Ihnen die schönsten Weihnachtsgeschenke für Ihren Liebling vor«, sagte sie übereifrig.

»Es ist August!«

»*DOGS* erscheint vierteljährlich. Und wollen Sie Ihrem Kleinen denn nicht auf jeden Fall das schönste Weihnachtsgeschenk machen?«, fragte sie vorwurfsvoll.

»Ja, natürlich. Aber …«

»Na prima! Dann schicke ich Ihnen wieder die ersten drei Ausgaben zum Schnupperabo-Preis?«

»Wieder?«

»Na, wir hatten doch letztens schon wegen *GEO-Epoche* telefoniert. Ich freue mich übrigens, dass Sie sich dafür entschieden haben, *GEO-Epoche* ein Jahr frei Haus zu abonnieren.«

Mist, ich hatte vergessen, das Probeabo zu kündigen.

»Wir belasten dann wieder Ihre Kreditkarte, ja?«, quiekte die Zeitungsfrau.

»Hm, genau. Einen schönen Tag!«, sagte ich schnell,

wartete noch kurz die freundliche Entgegnung am anderen Ende der Leitung ab und legte auf.

Wenn die erste Ausgabe *DOGS* kommt, verkaufe ich das Lina als lang geplantes Geschenk zu unserem Jahrestag.

Lina wuchtet den riesigen Sack Canin Premium aus dem Einkaufswagen und deponiert ihn auf einem Stapel Katzenstreu. Als die Verkäuferin an der Kasse alle Artikel aus unserem Einkaufswagen über den Scanner gezogen hat, bin ich Lina dafür auch sehr dankbar.

»211 Euro und 72 Cent«, sagt die Verkäuferin und sieht mich unbeeindruckt an.

Für einen Moment hoffe ich, dass ich mich verhört habe. Dann fällt mein Blick auf das Kassendisplay: 211 Euro, 72 Cent.

»Äh, das müsste ich dann mit Karte zahlen«, sage ich und lasse den Fünfzigeuroschein schnell in meiner Hosentasche verschwinden. Missmutig strecke ich der Frau meine EC-Karte entgegen und blicke zu Ella, die im Einkaufswagen gerade damit beschäftigt ist, einem Plüschhasen das Ohr abzubeißen.

Eigentlich gibt es nichts Schlimmeres als Geiz. Ich finde es zum Beispiel unerträglich spießig und provinziell, sich leidenschaftlich über Benzinpreiserhöhungen aufzuregen. Oder aus dem Kilopreis für frisch gestochenen Spargel ein Politikum zu machen. Jemand, der bei solchen Dingen von Abzocke spricht, brüht seine Teebeutel dreimal auf und wäscht Klarsichtfolie ab, um sie noch einmal zu benutzen. Ein Vorteil des Lebens in der Stadt ist, dass man solchen Menschen weiträumig aus dem Weg gehen kann.

Obwohl mich Alexander von Schönburg als neuarm bezeichnen würde und mein geisteswissenschaftliches Studium prekäre Lebensverhältnisse mit sich bringt, bemühe ich mich, mir um Geld keine großen Gedanken zu machen. Als ich aber jetzt den Einkaufswagen über den Parkplatz schiebe, würde ich am liebsten schreien: »So viel Kohle für einen Hund!« Stattdessen sage ich: »Das war aber nicht ganz billig.«

Lina sieht mich von der Seite an. »Sei froh, dass wir die Jahresration Canin Premium nicht genommen haben …«

Schon während meiner Schulzeit und auch später während des Studiums habe ich immer gearbeitet. In Ibbenbüren habe ich in einer Fabrik Pumpen auseinandergeschraubt, in einem Baumarkt Weihnachtsbäume eingenetzt und Schrauben sortiert, in einem Supermarkt die Einkaufswagen auf dem Parkplatz zusammengeschoben und später in einem Buchladen gejobbt. In Berlin hatte ich auch immer irgendeinen Studentenjob. So war ich früh unabhängig von meinen Eltern und musste sie nie um Geld bitten, wenn ich mit meinen Freunden in den Urlaub oder auf ein Festival fahren wollte. Der einzige Job, der mir überhaupt keinen Spaß machte, war zugleich mein erster.

Mit fünfzehn marschierte ich in die »Redaktion« des Anzeigenblättchens *Wir in Ibbenbüren*, die sich in einem Keller unter einer Weinhandlung befand, und bot meine Dienste als Austräger an.

»Dat trifft sich gut, für Bockraden brauchen wa noch einen«, sagte der »Herausgeber«.

»Ich dachte, ich könnte vielleicht in Langewiese … weil, da wohne ich, und das wäre für mich …«

»Dat is hier kein Wunschkonzert. Also soll ich dich für Bockraden eintragen?«

»Hm, ja, gut.«

Bockraden war etwas größer als Langewiese, lag aber noch weiter außerhalb auf einem steilen Berg, den ich nun regelmäßig mit dem Fahrrad bezwingen musste. Aber das war gar nicht das Problem. Vielmehr beunruhigte mich, dass ich keine Ahnung hatte, wo es in Bockraden Hunde gab.

»Geil, ein Job bei der *Wir in*«, lachte Dirk, als ich ihm am Telefon davon erzählte.

»Mein Bruder hat das auch mal gemacht. Die liefern dir die Blättchen morgens an und stellen euch die ganze Garage damit voll. Die erste Hälfte schmeißte dann gleich in die Papiertonne. Und den Rest so nach und nach in die Mülleimer auf dem Weg. Und wenn dann noch was übrig ist, weiß ich noch 'ne gute Stelle im Wald.«

So machten das offenbar viele *Wir in*-Boten. »Ik häb schon widder keen Blädken krigt«, sagte Oma nämlich neulich, »wenn ich den Bengel zu fass krig, der die hier verdeelt.«

»Oma, da steht doch eh nichts Interessantes drin.«

»Doch, sicher. Ich les dat egens altied gern. Und feine Rezepte ham se immer drin.«

Ich konnte meinen neuen Chef unmöglich so bescheißen, wie Dirks Bruder es getan hatte. Nicht wegen meiner

Oma, sondern weil mir zu Ohren gekommen war, dass ein Austräger wegen solcher Sachen den Lohn von anderthalb Jahren hatte zurückzahlen müssen. Ich hatte zu viel Schiss, dass mir das auch passieren würde, und nahm mir vor, meine Blättchen ordnungsgemäß zu verteilen.

»Was ist das denn hier?«, weckte mich einige Tage später die zornige Stimme meines Vaters. Ich knipste die Nachttischlampe an und sah auf meinen Wecker: 4:30.

»Hast *du* den Stapel *Wir in* bestellt?«, fuhr er mich an, als ich verschlafen in die Garage schlurfte.

»Äh, hatte ich das gar nicht erzählt? Wo sind die denn?«

»In der Einfahrt, und zwar so, dass da kein Mensch mehr rauskommt. Ich muss zur Arbeit!«

Notdürftig schichteten mein Vater und ich den Papierberg in die Garage um. Dann legte ich mich wieder ins Bett. Als ich nachmittags aus der Schule kam, belud ich mein Fahrrad mit so vielen Papierpaketen wie möglich. Der Stapel in der Garage war dadurch aber kaum kleiner geworden. Noch bevor ich das erste Blättchen in einen Briefkasten geschoben hatte, begriff ich, dass die Pauschale von fünfundsiebzig Mark, die ich für das Austragen dieses Berges bekommen sollte, nicht wirklich angemessen war. Ich überlegte kurz, sah mich zu allen Seiten um und feuerte ein Paket in unsere Papiertonne. Immerhin hundert Stück weniger. Dann stopfte ich die Karte von Bockraden, auf der meine Route markiert war, in die Hosentasche und radelte los.

Nachdem ich den Berg bezwungen hatte, lief die erste Stunde dann ganz gut. Die Häuser standen eng beieinander, und es gab auch ein paar Wohnblocks, deren Briefkästen sich gebündelt an den Eingangstüren befanden. »Bitte keine Werbung einwerfen«-Aufkleber ignorierte ich, besonders schön klingende Nachnamen bedachte ich mit zwei Exemplaren der *Wir in Ibbenbüren*.

In einer der für Bockraden typischen Bergbausiedlungen war es dann so weit: Ich sah den ersten Hund. Gott sei Dank war er nicht draußen, ich sah nur seine große schwarze Silhouette hinter dem Milchglas der Haustür. Schnell schob ich das Blättchen in den Briefkasten, fuhr um die nächste Ecke und markierte das Haus auf meiner Karte.

Ich hatte natürlich in den letzten Tagen versucht, etwas über die Hundeverteilung in Bockraden herauszubekommen, aber meine Oma hatte hier offenbar weniger Informanten und konnte mir kaum Auskunft geben.

»Hey, du, ich hätt auch gern 'ne *Wir in*!«

Ich sah auf und bemerkte, dass ich neben einem Grundstück gehalten hatte, auf dem ein dicker Mann mit seinem Schäferhund spielte. Ich brauchte ein bisschen, um zu begreifen, dass es nicht Hasso war. Der Mann saß in einem Liegestuhl und warf einen Ball, den der Hund sofort apportierte und seinem Herrchen zurück in die Hand legte.

»Ich werf Ihnen die Zeitung hier über den Zaun, ja?«, fragte ich nervös und ließ den Hund nicht aus den Augen, der mit dem Ball im Maul stehen geblieben war und mich beobachtete.

»Nix da, die macht Zero gleich kaputt, wennde die da rüberschmeißt.« Das glaubte ich sofort.

»Haben Sie keinen Briefkasten?«

»Doch, hier am Haus.«

Ich schnappte nach Luft. Wie viel Pech konnte man eigentlich haben? Dieser Mann war vermutlich der einzige Bockradener, der das dämliche Blättchen haben wollte. Und der hatte auch noch einen Hund, und beide waren ausgerechnet jetzt zu Hause.

»Hier ist Ihre Zeitung.« Ich streckte ihm das Blättchen über den Zaun entgegen.

»Dat is doch nich dein Ernst, Junge. Soll ich jetzt aufstehen und da rüberkommen?«

Nein, das wäre natürlich zu viel verlangt, du Fettwanst! Was sollte ich tun? Es half nur die Flucht nach vorn.

»Wenn ich bei jedem ans Haus komme, schaff ich meine Runde nicht«, sagte ich versucht freundlich. Ich rollte das Heftchen ein und schob es in ein Zaunloch. »Ich steck Ihnen die Zeitung hier hin. Schönen Tag noch!« Bevor der Mann etwas sagen konnte, schwang ich mich auf mein Rad und fuhr so lange, bis die Straße eine Biegung machte und ich die Rufe des Mannes und das Bellen seines Hasso-Klons nicht mehr hören konnte.

Das Haus bekam ein dickes rotes X auf meiner Karte. Ich brauchte sieben Stunden, bis ich alle Blättchen ausgetragen hatte. Mein Vater war zwei Mal mit dem Passat gekommen, um mir Nachschub zu liefern. Ich war vollkommen erledigt und sah mir abends im Bett die Karte an, auf der ich an diesem Tag sechsunddreißig Kreuze gemacht hatte. Sechsunddreißig. Nur in Bockraden, einem kleinen Teil von Ibbenbüren. Und Ibbenbüren war nur ein winziger Ort in Nordrhein-Westfalen, auf einer Deutschlandkarte nicht mal mehr eingezeichnet. Wie sollte das nur weitergehen?

Im Laufe der nächsten Wochen wuchs die Zahl der Kreuze auf vierundsechzig. Vierundsechzig Haushalte, die ich nicht mehr bestückte und von denen sich eine beträchtliche Zahl darüber bei meinem Chef beschwerte (der dicke Mann mit dem Hasso 2 war natürlich der Erste gewesen). Auf den angelieferten Paketen lagen immer öfter Zettel mit Aufschriften wie »Bockradener Straße 26, 58, 112, 122, Nelkenstraße 14, 16, 34, Wersborgweg 4 und Osnabrücker Straße 31, 44a, 69, 72, 144 freuen sich über eine pünktliche Zustellung ihrer ›Wir in Ibbenbüren‹. Freundlicher Gruß, Hermann Leher.«

Nachdem mein Vater sich dann auch noch weigerte, mir die Pakete auf den Berg zu fahren, und ich regelmäßig mit Herzrasen und Magenkrämpfen meine Tour begann, schmiss ich den Job.

Einige Monate später bekam ich die Aushilfsstelle im Baumarkt. Zweimal die Woche vier Stunden, Stundenlohn dreizehn Mark, und am Eingang des Marktes hing ein Schild, das mich über alle Maßen beglückte: »Hunde müssen leider draußen bleiben!«

Als wir die Einkäufe für unseren Hund in den Kofferraum laden, rechne ich aus, dass ich dafür sechs Wochen lang die *Wir in …* hätte austragen müssen. Vierundzwanzig Mal den Berg hochradeln und achtzehntausend Zeitungen in Briefkästen stopfen, im ungünstigsten Fall 384-mal einem Hund begegnen.

Zurück zu Hause, schleppt Ella den halb zerfetzten Stoffhasen in ihr Körbchen und schnüffelt auf dem Fußboden nach etwas Essbarem. Als ich mich gerade zu Lina an den Küchentisch gesetzt habe, höre ich durch den Briefschlitz der Wohnungstür ein paar Briefe auf den Boden fallen. Ella hat es offenbar auch gehört. Sie saust durch den Flur und kläfft wie verrückt. Ich gehe ihr hinterher, um sie zu beruhigen. Im Flur steht sie auf den Hinterbeinchen an der Wohnungstür, reckt sich und knurrt leise. Durch die geschlossene Wohnungstür höre ich den Briefträger maulen: »Scheiße, noch 'n Köter im Haus.«

7. Kapitel ALLEIN UNTER WÖLFEN

»Dogs are everywhere, almost everywhere that I go.«

Pulp

Lina und ich sitzen in der Küche und warten darauf, dass die Kartoffeln gar werden. Ich habe meinen Laptop auf dem Schoß und lösche Spam-Mails, Lina schmökert in ihrer ersten Ausgabe von *DOGS*. Ella hat sich seit einiger Zeit nicht mehr blicken lassen. Eigentlich läuft sie uns immer hinterher oder rennt von einem zum anderen, um sicherzustellen, dass die Herde zusammenbleibt. »Herrchen noch da? Gut!« Trippel, trippel trippel. »Frauchen noch da? Gut!« Vielleicht war ihr Vater Hütehund auf einer brandenburgischen Schafweide.

»Ich glaube, Ella schläft. Ist wahrscheinlich total erledigt vom Spaziergang«, liest Lina meine Gedanken.

Ich nicke und hoffe, dass Ella ein *langes* Mittagsschläfchen macht.

Lina legt das Magazin zur Seite und geht aus dem Zimmer. Kurz darauf steht sie mit Ella auf dem Arm im Türrahmen. »Ella will sich entschuldigen.«

Ella leckt Lina hinter dem Ohr und sieht nicht so aus, als ob sie irgendwas von mir will.

»Wieso, hat sie wieder ins Wohnzimmer gemacht?«

»Das auch. Und deine Schuhe …«

Ich schrecke hoch. »Hat sie reingepisst?«

Als Lina nicht antwortet, stürze ich in den Flur. »NEIN! *DAS* hast du nicht gemacht, du verdammtes MISTVIEH!«, schreie ich und gehe in die Knie.

Vor mir liegen die verstreuten Reste meiner Aldens. Ein Schuhgerippe liegt vor der Kommode, das andere vor der Wohnungstür. Dazwischen ist der Boden mit kleinen Lederfetzen übersät.

Ich habe mir in meinem Leben bislang zwei Mal richtig gute Schuhe gekauft. Ich war davon überzeugt, dass sie mich jahrzehntelang begleiten würden, und hatte mir mehr als einmal ausgemalt, wie ich eines Tages meinem Erstgeborenen einen vergilbten Karton auf den Schoß legen würde: »Sohn, du bist nun alt genug. Du sollst sie haben, die Schuhe deines alten Herrn, die ihn überall hingetragen haben.«

Beide Paare besitze ich heute nicht mehr. Das erste hatte ich mir bei einem London-Besuch mit meinem Englischkurs gekauft. Braune, mit Lammfell gefütterte Lederstiefel für hundertachtzig Pfund. Für einen Schüler eine astronomische Summe. Ich trug die Stiefel drei Winter lang. Jeden Tag. Als ich dann mit Lina nach Berlin zog, verabschiedete ich mich von meinen Stiefeln mit dem Versprechen, sie im Herbst nachzuholen.

»Wo sind denn die Stiefel?«, fragte ich wenige Monate später meinen Vater, als ich meine Winterklamotten aus Ibbenbüren abholte.

»Welche denn?«

»Na, die braunen. Die mit Lammfell.«

»Die alten Dinger? Hab ich weggeschmissen.«

Das war typisch für meinen Vater. Wenn er für den

Kamin gerade kein Kleinholz zum Anfeuern fand, waren selbst die Familien-Fotoalben nicht vor ihm sicher. Er hatte sogar schon eine Holz-Tigerente verfeuert, die ich mal auf einer Klassenfahrt gebastelt hatte. Er maß Dingen keinen emotionalen Wert bei. Der Gedanke, dass Stiefel mit Erinnerungen verbunden sein konnten, war ihm völlig fremd.

»Ich geb dir hundert Euro, davon kannst du dir neue kaufen«, sagte er. Damit war die Sache für ihn erledigt.

Das zweite Paar Schuhe, das mir sehr am Herzen lag, waren jene Aldens aus Pferdeleder, die nun in Fetzen vor mir lagen. Ich hatte sie gebraucht für 250 Euro bei eBay erstanden, und als sie mit der Post kamen, freute ich mich wie ein Kind. Sie waren perfekt, und ich musste aufpassen, nicht gegen Laternenpfähle zu rennen, weil ich immer wieder auf meine Schuhe sah.

»Sie hat es nicht so gemeint, sie weiß doch nicht …«, sagt Lina vorsichtig und legt mir die Hand auf die Schulter.

Wütend wische ich ihre Hand weg. »Ist mir scheißegal, wie sie das gemeint hat. Verdammt noch mal, Lina, das waren meine Aldens! Die waren teuer, die waren mir wichtig. Diese blöde Misttöle!«

Ella kauert sich auf Linas Arm zusammen. Lina sieht mich kopfschüttelnd an und hält ihre Hand schützend über den Hund. »Ich weiß, Daniel. Aber wir hätten die Schuhe wegstellen müssen!«

Sie setzt den Hund auf den Boden, der sogleich ins Wohnzimmer saust. »Guck doch mal, sie schämt sich.«

Dieser verdammte Hund! Einfach ungeheuerlich. »Das macht die Schuhe aber auch nicht wieder ganz«, murre ich und fange an, die Reste einzusammeln.

Nach einer Weile kommt Ella wieder angetippelt und drückt sich unsicher an Linas Bein.

»Brauchst dich gar nicht bei Lina einzuschleimen!«, sage ich in Ellas Richtung. »Das war ganz große Scheiße!« Ich halte ihr die Reste des linken Schuhs unter die Nase. Sie weicht verängstigt zurück und springt hinter Linas Beine.

Nun tut sie mir ein bisschen leid, aber irgendwie fühlt sich meine Position auch gut an. Zum ersten Mal hat ein Hund Angst vor *mir*. »Herrchens Schuhe sind tabu, Ella!«, sage ich noch einmal mit Nachdruck.

»Mann, Daniel, ich weiß ja, dass dir die Schuhe wichtig waren, aber wir haben halt nicht aufgepasst. Und Ella ist nur ein kleiner Hund!«

Ja, und ich war nur ein kleiner Junge, als Hasso mich fressen wollte! Aber irgendwo hat Lina ja recht.

Tief seufzend lehne ich mich an die Wand. »Komm mal her, Ella, ich bin nicht mehr böse.«

Ella bemerkt die Änderung meines Tonfalls sofort und wedelt mit dem Schwanz. Zögerlich kommt sie hinter Linas Beinen hervor und sieht mich mit ihren schwarzen Kulleraugen an. Dann rennt sie auf mich zu und springt mir an den Hals. Ich lache und versuche, ihrer Zunge zu entgehen.

»Hätten wir das jetzt nicht länger durchhalten müssen mit dem Bösesein?«, frage ich. »Hoffentlich glaubt sie jetzt nicht, dass es okay ist, Schuhe zu zerbeißen, wenn sie danach nur traurig genug guckt.«

Lina zuckt mit den Schultern und setzt sich zu uns auf den Boden. »Keine Ahnung. Kann ja nicht alles perfekt sein.«

»Aber darum geht's dir doch, oder?«, entgegne ich mit einem leicht spöttischen Unterton.

Lina sieht mich an, öffnet den Mund und schließt ihn wieder. Schließlich steht sie auf und geht in die Küche. »Ich stell mal die Kartoffeln aus.«

Später beerdige ich meine Aldens. »Macht's gut!«, murmele ich und lasse den Deckel der Abfalltonne zufallen. In meinen zerschlissenen Birkenstock-Schlappen schlurfe ich über den Hof und die Treppe hoch. Warum konnte Ella nicht die zerfleischen?

Als ich die Wohnungstür aufschließe, stehen Ella und Lina im Flur. Ella ist an der Leine und begrüßt mich, als wäre ich wochenlang weg gewesen.

»Geht ihr noch mal raus?«

»Ja, wir alle zusammen«, sagt Lina bestimmt.

»Och nö, macht ihr doch eben allein die Runde …«

»Nichts da, wir machen einen Sonntagsausflug.«

»Mit dem Hund?«

»Natürlich mit dem Hund!«

»Und wohin?«

»Zum Grunewaldsee.«

»Toll, dass ich auch mal gefragt werde.«

Lina zieht sich ihre Jacke an und fummelt ungeduldig am Reißverschluss rum. »Du hättest doch sowieso Nein gesagt.«

Diesmal verzichte ich darauf, etwas zu erwidern. Laut

ausatmend greife ich nach meinem Sweatshirt, das an der Garderobe hängt. Dann kicke ich die Birkenstock-Sandalen weg und steige in meine alten, ausgelatschten Sneakers.

Lina verlässt die Clayallee und biegt nach rechts in die Pücklerstraße ab. Nobel hier. Eine Villa neben der anderen, dazu eine Botschaft, an der wir drei Mal vorbeikommen, weil Lina keinen Parkplatz findet.

»Sind wohl nicht die Einzigen, die auf die Idee gekommen sind«, mault Lina, als wir das vierte Mal an Schweden vorbeifahren.

Dann bremst sie abrupt, weil am Straßenrand ein Mops in den Kofferraum eines gelben Smarts hüpft, der ausparkt und eine Lücke hinterlässt, die gerade groß genug für uns ist.

Als ich die Tür öffne, sticht mir ein beißender Geruch in die Nase. »Igitt, das stinkt ja wie im Zoo.«

»Liegt wahrscheinlich an der Hitze.«

Ella zwängt sich durch das Gitter, das ich zwischen Vorder- und Rücksitzen angebracht habe, hüpft aus der Beifahrertür und läuft auf die Straße. Lina fängt sie ein, legt ihr die Leine an und zieht sie auf den Gehweg. Dort angekommen, hockt Ella sich hin und entlässt einen beachtlichen See auf den Asphalt.

Ich sehe mich um. »Wahnsinn, die ganze Hundekacke. Ich dachte, in Zehlendorf könnte man vom Boden essen. Und die Villen kosten hier Millionen.«

»Was ich dir übrigens noch sagen wollte«, beginnt Lina zögerlich. »Maria hat mir das hier für Ella empfohlen …«

»Was?«

»Hier kann sie sich mal richtig austoben.«

»Und mit ihr fünftausend Kampfhunde, oder was?« Ich sehe Lina entsetzt an. Was hat sie sich dabei gedacht? Ich bin längst nicht so weit, in ein Hundeauslaufgebiet zu gehen. Wütend und sprachlos gehe ich zum Auto zurück.

»Ach, komm schon! Hätte ich dir gesagt, wo es hingeht, wärst du doch erst recht nicht mitgekommen! Du musst dich jetzt auch mal mit solchen Situationen auseinandersetzen.«

»Bist du jetzt meine Therapeutin? Ich entscheide selber, wann ich zu was bereit bin!«

Lina kommt auf mich zu und hebt beschwichtigend die Hände. »Ja, aber wir müssen auch an Ella denken. Martin Rütter sagt, dass sie andere Hunde kennenlernen muss. Du bist ihr da mit deiner Hundeangst kein gutes Vorbild.«

»Ich mach das doch nicht freiwillig! Und musst du alles mit der Brechstange machen? Ella hätte doch auch erst mal Marias Hund kennenlernen können, wenn soziale Hundekontakte so wichtig sind!«

In diesem Moment klingelt Linas Handy. Sie nimmt den Anruf an und sieht sich um. »Wo seid ihr denn? … Ja gut, wir kommen.« Sie legt auf und vermeidet es, mir in die Augen zu sehen.

»Nee, oder? Das ist jetzt nicht dein Ernst!«

»Bitte, Daniel. Versuch es doch mal, wo wir schon hier sind. Ich bin doch auch da.«

Ich sehe sie ungläubig an und muss fast lachen.

Als ich Steffen sehe, wünsche ich mir einmal mehr, hier nie ausgestiegen zu sein. Seine dunklen Haare hat er mit viel Gel in eine bizarre Wellenlandschaft verwandelt, das Logo seines rosafarbenen Ralph-Lauren-Poloshirts blinkt mich schon von Weitem an. Er sitzt neben Maria auf einer Holzbank und hat einen Arm um sie gelegt. Als sie uns bemerken, biegen die beiden ihre Mundwinkel im exakt gleichen Grad nach oben und zeigen ihre weißen Zähne. Maria konnte ich früher gut leiden, deswegen ist es mir unbegreiflich, warum sie mit so einem Schnösel zusammen ist, der jetzt seine Hosenbeine hochzieht, damit die helle Cargohose nicht schmutzig wird.

Widerwillig versuche ich, mit Lina Schritt zu halten, die zielstrebig einen kleinen Waldweg hinunterläuft. Steffen steht auf, schiebt seine Sonnenbrille in die verklebten Haare und sieht uns erwartungsvoll an. Ich warte auf einen dummen Spruch, der auch prompt kommt.

»Na, auch endlich auf den Hund gekommen?«, säuselt er mit einem Augenzwinkern und klopft mir auf die Schulter.

Marla, die Pusteblume von Maria und Steffen, hockt kugelrund auf dem Boden und macht keinen Mucks. Ella ist dagegen außer sich. Sie springt von mir zu Lina, von Lina zu Steffen, von Steffen zu Maria und zurück zu mir. An den fremden Hund traut sie sich noch nicht heran. Manchmal schaue ich sonntags verkatert die Wiederholungen von alten *Raumschiff Enterprise*-Folgen. Da gibt es eine unglaublich skurrile Episode, in der die Crew von einer Plage heimgesucht wird. Plüschartige Klumpen namens Tribbles, die sich rasend schnell vermehren, breiten sich im Innern des Raumschiffes aus. Marla sieht genauso aus wie diese Biester.

»Maria und ich denken gerade über einen zweiten nach«, ertönt Steffens penetrante hohe Stimme.

»Ach, wirklich?« Mein Lächeln verkümmert auf halber Strecke.

»Ja, Marla braucht einfach jemanden, mit dem sie sich austauschen kann. Sie ist ja unglaublich klug, und das wollen wir natürlich fördern.«

Dieser Vollpfosten! »Natürlich.«

»Es ist grausam, einen Hund allein zu halten.« Er macht ein ernstes Gesicht und legt seinen Arm wieder um Marias Schultern. »Wir haben uns da genau informiert. Das Beste ist …«

Plötzlich klingelt mein Handy. Ich kann mein Glück kaum fassen. »Ah, sorry, da muss ich unbedingt rangehen.«

Ich ziehe mein Handy aus der Hosentasche und trete ein paar Schritte zur Seite. »Ich komme gleich nach, geht ihr schon mal zum See!«

Steffen nickt und beugt sich zu Ella runter. Missmutig sehe ich mit an, wie er mit seiner manikürten Hand ihren Kopf tätschelt. Lass bloß die Finger von meinem Hund, du Horst!

»Hallo?!« Thomas' Stimme schallt mir ins Ohr. Ich sehe, wie Lina mir einen langen Blick zuwirft, bevor sie mit Steffen, Maria und den beiden Hunden in Richtung See davonstapft.

Thomas fragt, ob wir uns später in der Taube treffen

können. Ich sage ab, ohne ihm den wahren Grund dafür zu nennen. Ich setze mich auf die Holzbank, atme durch und zünde mir eine Kippe an. Scheiß auf die Waldbrandgefahr! Langsam entspanne ich mich und stelle fest, dass es um mich herum ziemlich ruhig ist. Kein Hund weit und breit, nur von fern höre ich diffuses Bellen.

Mit der Hacke ziehe ich eine kleine Furche in den Waldboden, schnippe den Zigarettenstummel rein und schiebe Erde drüber. Unschlüssig rutsche ich auf der Bank herum und starre auf den Weg. Ich will nicht zum See. Nicht zu Steffen und schon gar nicht zu den Hunderudeln. Was, wenn ich jetzt einfach nicht nachkomme? Ich könnte Lina anrufen und ihr erzählen, Thomas hätte einen Wasserrohrbruch oder so. Aber natürlich würde sie mir das nicht abkaufen. Außerdem habe ich keinen Autoschlüssel. Und dass Lina und Ella bei Prinz Charming mitfahren, behagt mir auch nicht.

Plötzlich sehe ich einen kleinen Hund auf mich zurennen. Ich bin kurz davor, auf die Bank zu steigen, da erkenne ich Ella. Mit heraushängender Zunge saust sie auf mich zu und springt an meinen Beinen hoch.

»Hey, meine Kleine, was machst du denn hier? Wo ist Frauchen? Such Lina!«

Ella hält den Kopf schief und guckt mich verdutzt an.

»Eeeeeella!!!«, höre ich eine vertraute Stimme und sehe gleich darauf Lina den Weg vom See zurückkommen.

Als sie mich erreicht hat, setzt sie sich neben mich und lehnt ihren Kopf an meine Schulter. »Sorry, ich war wirklich etwas voreilig. Wir sollten da nicht hingehen.«

»Viele Hunde?«

»Sehr viele Hunde.« Lina sieht mich entschuldigend an. »Wir können zurückfahren, ehrlich.«

Jetzt, wo sich mir der Ausweg bietet, komme ich mir plötzlich feige vor. Ich will kein Weichei sein, erst recht nicht vor Steffen. Und vielleicht ist ein Sprung ins kalte Wasser gar nicht so schlecht.

»Sehr viele Hunde«, hatte Lina gesagt und leider nicht übertrieben. Entsetzt starre ich auf das Treiben vor mir. Der Grunewaldsee liegt in einer Senke, die sich vom Waldrand aus bestens überblicken lässt. Angesichts dessen, was sich am See abspielt, wird mir flau im Magen: Hunderte von Hunden wimmeln vor mir in einem wahren Hexenkessel durcheinander.

Mir bricht kalter Schweiß aus. Jetzt bloß nicht die Nerven verlieren, sonst kommt auch noch die Panikattacke. Ich atme durch meine zum Trichter geformte Hand. Das habe ich mal irgendwo im Internet gelesen, und es funktioniert immerhin ein bisschen.

»Oh Gott, Daniel, so schlimm?« Lina klingt besorgt.

»Geht gleich wieder.«

Ella versteht nicht, warum wir angehalten haben. Sie läuft ungeduldig hin und her und schaut uns dabei immer wieder erwartungsvoll an.

Langsam beruhige ich mich etwas und wage einen zweiten Blick auf das Schlachtfeld.

Nicht zu fassen, sogar eine Imbissbude haben sie hierhergekarrt. Was der Kollwitzplatz für junge Eltern ist, muss der Grunewaldsee für Hundebesitzer sein. Nur trinkt man hier keinen organischen Minztee, sondern beißt in eine

Currywurst, während man zusieht, wie sich die Kleinen amüsieren.

»Na, da seid ihr ja wieder! Business erledigt?«, ertönt Steffens Stimme hinter mir. Der hat mir noch gefehlt. Hoffentlich hat er meine Trichterhand nicht gesehen.

»Klar«, sage ich und suche nach einem anderen Thema. »Wo habt ihr denn Marla gelassen?«

Steffens Grinsen entblößt seine gebleachten Zähne. »Die haben wir angewiesen, da vorne zu warten.« Ich blicke mich um und sehe ein paar Meter vor uns tatsächlich eine Hundestatue am Wegrand stehen.

»Wie habt ihr die eigentlich so gut erzogen?« Die Frage sollte ihn eine Weile beschäftigen.

»Nun, Daniel, dazu muss man zunächst wissen, dass das Wesen des Hundes …« Ich gehe neben ihm her und ergebe mich meinem Schicksal. Vielleicht habe ich Glück, und die Köterschar findet sein aufdringliches Aftershave anziehender als meinen Angstschweiß.

»Wartet mal.«

Lina und Ella sind stehen geblieben, weil Ella bockt. Ich gehe zurück, Steffen folgt mir und labert dabei immer weiter.

»Was hat sie denn?«, fragt Maria.

»Ich weiß nicht, sie ist einfach stehen geblieben.«

»Na ja, das ist ja auch klar«, sagt Steffen. »Lina, du musst in so einer Situation bedenken …«

»Jetzt halt doch mal den Mund!«, fahre ich ihn an. »Sie hat Schiss, das sieht man doch!«

Steffen sieht mich etwas pikiert an, lässt sich aber nicht beirren. »Da gibt es jetzt zwei Möglichkeiten. Erstens …«

Ich kann sein Gefasel nicht mehr ertragen, nehme Ellas Leine und marschiere zielstrebig Richtung See und Hundearmee. Zu meiner Überraschung läuft Ella aufgeregt neben mir her. Keck schaut sie mich an, als wollte sie sagen: »Komm, wir stehen das jetzt gemeinsam durch!«

»Ein Schultheiss, bitte!«

Ich habe es am Ende doch nicht ganz bis zum See geschafft. Aber Rom wurde schließlich auch nicht an einem Tag erbaut. Bei der Imbissbude auf halber Höhe zum Wasser habe ich Lina die Leine in die Hand gedrückt und geflüstert: »Ich brauch mal was zu trinken, ich komme gleich nach. Ehrlich!«

Ich nehme die Flasche entgegen und lehne mich an einen der Stehtische vor dem Wagen. Schön, so ein Bierchen. Das könnte heute meine Rettung sein. Bei mir sinkt die Anspannung eigentlich immer proportional zum Anstieg des Alkoholpegels. Ich nehme einen großen Schluck und halte mir die kalte Flasche an die Stirn.

Die Bude ist gerade nur spärlich besucht, die meisten Hundehalter lungern mit ihren Kötern am Wasser rum. Wie überengagierte Eltern, die ihren Kindern auf dem Spielplatz zu jedem Spielgerät nachrennen. Ich betrachte das Geschehen eine Weile aus der sicheren Distanz. Wie es aussieht, gibt es hier zwei Arten von Hundebesitzern. Die einen sehen aus wie Steffen, tragen Segeltuchschuhe, Caprihosen und Poloshirts. Die anderen erkennt man an schwarzen Heavy-Metal-T-Shirts, fettigen Haaren und Sandalen. Die Steffens haben in der Regel gepflegte, teure Rassehunde, die auf Namen wie Gloria oder Antonius hören. Die Metal-Shirt-Fraktion hat zottelige Biester undefinierbarer Abstammung im Schlepptau, die Atze oder Cindy heißen. Leute wie Lina und mich gibt es hier nicht.

»Noch eins, bitte!« Ich knalle die leere Flasche auf die Theke.

Der knollennasige Imbisswirt grinst mich an. »Brand, wa?«

»Kann man wohl sagen.«

Während Knollennase mir eine neue Flasche aufmacht, fällt mein Blick auf eine CD, die mit Tesafilm an der Innenseite des Fensters befestigt ist. Die Platte heißt *Die kleinen Wölfe. Hunde bellen Weihnachtslieder.* Auf dem Cover sind vier Schäferhunde mit weit aufgerissenen Mäulern zu sehen. Alle tragen angeklebte Rauschebärte und Nikolausmützen.

»Und, läuft die CD?«, frage ich Knollennase, als der mir eine neue Flasche reicht.

»Nee, dit is Rosenstolz, kennste?«

»Ich meine, ob die Leute die CD kaufen …«

»Na ja, im Moment nich, is ja noch nich Weihnachten.« Er grinst mich an und nickt dann mit verschränkten Armen Richtung See. »Schlimm heute, wa?«

»Was?«

»Na, mit den Kötern. Kiek da doch ma um. Dit is doch nich normal, wat hier los is. Ick bin übrijens Heinzi.«

Ich mag Small Talk eigentlich nicht. Ich kann mit Fremden nicht belangloses Zeug reden, vor allem dann nicht, wenn sie so ein hemdsärmliges Lokalkolorit umweht. Berliner Wirte und Imbissbudenbesitzer sind besonders schlimm. Aber gegen Heinzi hab ich nichts, schließlich ist sein Imbiss gerade meine Rettungsinsel im Hundemeer.

»Ich bin …«

»Daniel!«, ergänzt eine schrille Stimme hinter mir. Ich schließe kurz die Augen, und als ich sie wieder aufmache, steht Steffen neben mir am Tresen.

»Eine Apfelschorle und ein stilles Wasser«, trällert Steffen. »Kein Bier vor vier.« Steffen kichert. »Das nimmst du auch nicht so wörtlich, oder?«

Während ich noch nach einer Antwort suche, plappert Steffen weiter.

»Wir haben einen Mordsspaß am See! Wäre echt schön, wenn du auch noch kämst.«

»Ich komme, wenn ich meine Unterhaltung hier beendet habe.« Flehend sehe ich Heinzi an.

»Jenau, wir ham hier ne kleene Debatte am Loofen«, sagt dieser ernst.

Steffen nimmt seine Getränke und wendet sich zum Gehen. »Gut, dann will ich nicht stören. Bis gleich.«

Heinzi und ich beobachten, wie er die Getränke im Slalom um die Hundehaufen über die Wiese trägt.

»Wat warn dit fürn Lappen?«, fragt Heinzi.

»Das willst du gar nicht wissen.« Ich leere meine Flasche und reiche sie Heinzi über die Theke. »Ich muss da jetzt echt mal runter. Aber eins nehm ich noch für den Weg!«

Langsam gehe ich über die Wiese hinunter zum See, wo sich tausend Hunde tummeln. Die Sonne knallt mir auf den Kopf. Hastig trinke ich das Bier aus und werfe die Flasche in einen Mülleimer.

Leicht wankend steuere ich auf Lina zu, die mit hochgekrempelten Hosen im See steht und versucht, Ella ins Wasser zu locken. Die rennt jedoch jaulend am Ufer hin und her, der Statuenköter hockt unbeeindruckt daneben. Maria und Steffen stehen am Strand und geben Laute der Entzückung von sich. Steffen hat seine Hand in eine Hosentasche an Marias Hintern geschoben. Wie Sascha Hehn in einer Szene aus der *Schwarzwaldklinik*.

Ich erreiche den Strand und versuche, gerade zu laufen. »Ah, hierseidihr, habeuchschon gesucht.«

Ella kommt angerannt. Ihre Ohren flattern im Wind, sie sind immer noch riesig. Aber irgendwie ist das auch süß.

Ich nehme sie auf den Arm und streichele ihren Kopf. »Ja, Ella, dubisokay!« Als Lina uns erreicht, setze ich Ella wieder ab, komme dabei ein bisschen ins Straucheln und mache einen Ausfallschritt.

»Bist du betrunken?«

»Quatsch.«

Ich muss mich hinsetzen. Steffen und Maria sehen mich irritiert an.

Ich tue so, als wollte ich nur mit dem Hund spielen. »Komma her, Ella.« Ich ziehe einen Schuh aus und halte ihr den schlaffen Sneaker vor die Nase. Ella beißt in den Schuh und zieht ihn mir aus der Hand.

Ich muss lachen. »Guckmawassiemacht. Kennwa ja schon!«

Lina sieht mich entgeistert an. Ich fühle mich prächtig.

Plötzlich taucht ein Dobermann neben uns auf. Ella saust in meinen Schoß. Ich grinse den Dobermann an und werfe ihm den Schuh hin. Das Viech beißt schnaufend in den Schuh, drückt ihn mit der Vorderpfote auf den Boden und reißt ein Stück Stoff ab. Ich schlage mir auf die Oberschenkel und amüsiere mich köstlich. »Na, Ella, willsuneuefreunde finden?«

Ella verharrt steif in meinem Schoß, bis der Dobermann mit meinem Schuh im Maul abzieht.

Dafür nähert sich jetzt Steffen. »Also, das fand ich jetzt irgendwie unpassend. Meinst du nicht, dass …«

»Nee, mein ich nicht!«, unterbreche ich ihn gereizt.

Maria zieht Steffen weg. »Wir gehen mal 'ne Runde mit Marla.« Als sie davonstapfen, schütteln sie synchron die Köpfe.

»Alles klar?«, fragt Lina. Ihr Ton ist sanft. Vielleicht hat sie auch genug von Steffen.

»Ja, alles bestens.« Ich beuge mich zu Ella runter. »Unsgehs gansevorragend, gell?«

»Ich glaub, du brauchst mal 'nen Kaffee. Bin gleich wieder da.«

»Grüß Heinzi!«

Lina sieht mich kurz fragend an, bevor sie kopfschüttelnd zur Imbissbude stapft.

Ich sitze reglos im Sand. Vor mir der See, um mich herum toben, kläffen, rennen Hunde. Ella ist von der ganzen Aufregung total erledigt und legt sich neben mich. Ein Schäferhund springt über meine ausgestreckten Beine, ein Ridgeback tut es ihm gleich. Ich lasse den Kopf in den Nacken sinken, kneife die Augen zusammen und blicke in den blauen Himmel. Mir ist schwindelig, aber ich fühle mich gut: Ich habe es geschafft. Die Wölfe haben nur meinen Schuh zerfleischt. Und das nächste Mal brauche ich vielleicht auch kein Bier.

8. Kapitel ALLES FÜR DIE KATZ

»Happiness is a warm puppy.«
Charles M. Schulz

Zwischen den S-Bahnhöfen Südkreuz und Priesterweg erstreckt sich ein lang gezogener Grünstreifen. Dieser Streifen heißt zwar offiziell Hans-Baluschek-Park, kann aber im Grunde nicht als Park bezeichnet werden. Die kleine Grünanlage liegt relativ versteckt und wird meistens nur von Joggern und Radfahrern genutzt, die den schnurgeraden Asphaltweg rauf- und runterjagen. Hunde gibt es hier erst, seitdem wir mit Ella herkommen.

So wie heute. Lina und ich stehen auf einem Rasenstreifen und werfen uns die Dalmatiner-Frisbeescheibe zu. Ella wetzt zwischen uns hin und her und versucht, die Scheibe zu erwischen.

»Das wird ihr doch gleich langweilig«, sage ich, als ich langsam keinen Spaß mehr an der Sache habe.

Weit gefehlt. Ella rennt weiter hin und her und her und hin. Irgendwann werde ich etwas übermütig und schleudere das Frisbee, so weit ich kann. Das Teil fliegt quer über den Weg, auf dem Ella einen Radfahrer zur Vollbremsung zwingt. Der Typ schreit irgendwas mit »Hirni« in meine Richtung, schüttelt den Kopf und fährt weiter. Lustig, das Wort »Hirni« kenne ich eigentlich nur aus alten *Mad*-Comics.

»Er hat Hirni gesagt, hast du gehört?«, rufe ich Lina zu.

Lina versteht nicht, was daran komisch ist, und packt die Frisbeescheibe ein. Wenigstens können wir jetzt aufhören.

Zu Hause geht Ella in ihr Körbchen und schläft ein. Ella schläft so fest, dass ich Lina beruhigt zu Maria gehen lasse und Ella sogar den Postboten überhört, der den neuen Kaisers-Prospekt in die Wohnung feuert. Ich studiere die Angebote. Hack für 2,99 Euro. Das hätte Ella eigentlich interessieren müssen.

Ich setze mich auf die Couch und versuche, einen unfassbar langweiligen Text über Goethes *Wahlverwandtschaften* zu lesen. Vielleicht hatte Thomas doch recht und Germanistik war gar keine Wissenschaft, sondern eine Foltermethode. Der Text ist noch langweiliger als Goethes Roman selbst. Warum habe ich nicht Medizin studiert? Oder irgendwas anderes, was der Welt zum Wohle gereicht? »Lassen Sie mich durch, ich bin Arzt!«, würde ich schon gerne mal rufen, um dann mit meinem Taschenmesser gekonnt einen Luftröhrenschnitt durchzuführen. Aber zu spät. Bei der Lektüre lasse ich mich immer wieder vom Anblick des schlafenden Hundes ablenken. Ella ist nach wie vor ziemlich klein, und ich kann mir immer noch nicht vorstellen, dass aus ihr mal die Art von Hund wird, vor der ich solche Angst habe. Ihr Brustkorb hebt und senkt sich gleichmäßig, manchmal zucken ihre Ohren, und einmal bewegt sie ihr Pfötchen, als würde sie laufen. Lina sagt, Martin Rütter sagt, dass sie dann träumt. Wenn das stimmt, rennt sie wohl immer noch dem Frisbee hinterher. Ich würde sie jetzt gerne streicheln, habe aber Angst, sie aufzuwecken. Ich sitze einfach nur da und beobachte meinen Hund. So sollte ein Haustier sein. Dem Zuhause durch seine bloße Anwesenheit eine Aura von Ruhe und Heimeligkeit verleihen. Ich dachte immer, dass das nur Katzen können. Wie damals Snoopy, an den ich mich noch gut erinnern kann:

Ich war gerade aufgewacht und sah eine fette Katze über meine Bettdecke stapfen. Ich fuhr hoch und schaute irritiert meinen Vater an, der auf der Kante meines Bettes saß.

»Na, wie soll er heißen?«, fragte er und strich dem Vieh über den Rücken.

»Wo kommt die Katze her? Und warum bist du zu Hause?« Es waren gerade Herbstferien, aber mein Vater hatte keinen Urlaub bekommen.

»Der kleine Racker saß heute Morgen vor der Garage und wollte nicht wieder gehen.«

»Klein? Der ist total fett, Papa!«

»Dann setzen wir ihn vielleicht erst mal auf Diät.«

»Wer sagt denn, dass wir ihn behalten können?« Plötzlich stand meine Mutter mit verschränkten Armen im Türrahmen. »Der gehört bestimmt jemandem aus der Nachbarschaft.«

»Dann hätte er mit Sicherheit ein Halsband«, sagte mein Vater fast etwas triumphierend.

Als Kind hatte mein Vater Katzen geliebt. Es gab viele Schwarz-Weiß-Fotos, auf denen er in Latzhosen und Karohemden vor dem Haus meiner Großmutter stand und grinsend verschiedene Katzen in die Kamera hielt. Später hatte er aber meine Mutter nie davon überzeugen können, eine anzuschaffen. Deswegen konnte man nicht ganz sicher sein, ob er den Kater nicht doch aus irgendeinem Garten geklaut und das Halsband einfach abgemacht hatte.

»Guck dir doch mal an, wie dick der ist! Der gehört doch jemandem. Wahrscheinlich irgendeiner todunglücklichen Oma, die ihn jetzt verzweifelt sucht.«

»Quatsch, glaub ich nicht.«

Mein Vater konnte nicht verhindern, dass meine Mutter Zettel mit einem Foto, auf dem der dicke Kater selbstgefällig in die Kamera blinzelte, an die Bäume in der Nachbarschaft heftete. Aber niemand schien einen Kater zu vermissen. Mir fiel zwar auf, dass die Zettel recht schnell wieder verschwanden, aber da mischte ich mich nicht ein. Es wäre nicht klug gewesen, mich in dieser Sache auf eine Seite zu schlagen.

Wir nannten den Kater Snoopy, nach dem Hund der Peanuts, weil sein Fell die gleiche Musterung hatte. Garfield hätte zwar besser gepasst, denn er war mindestens ebenso faul und verfressen, aber so hießen damals ja schon so viele Kater. Außerdem war ich damals großer Peanuts-Fan. Dass Charlie Brown einen Hund hat, der ihn oft nervt, den er aber dennoch über alles liebt, fällt mir erst jetzt auf. Ich habe wohl auch den Titel des Sammelbandes *Happiness is a warm puppy* nie richtig verstanden. Ich hatte immer geglaubt, dass Charles M. Schulz nur einen Beatles-Song verulken wollte, aber vielleicht hat der Titel doch eine tiefere und wahrhaftigere Bedeutung.

Damals gefiel mir unser Kater Snoopy jedenfalls besser

als jeder Hund. Auch weil er den ganzen Tag nur irgendwo rumhing und ich ihn kaum sah. In der Küche stand nun ein Fressnapf, in dem zweimal am Tag für kurze Zeit ein übel riechender Brei lag, und im Badezimmer stolperte ich ab und zu über das Katzenklo. Sonst hatte sich nichts verändert. Abends saß Snoopy meistens auf dem Schoß meines Vaters und ließ sich streicheln. Dem Rest der Familie ging er eher aus dem Weg und prägte so meine Auffassung von einem idealen Haustier.

Ein Krankenwagen, der am Haus vorbeiheult, reißt mich aus meinen Gedanken. Draußen dämmert es schon. Ich reibe mir die Augen. »Lina?«

Keine Antwort. Sie ist wohl noch nicht von Maria zurück. Auch Ella ist nicht mehr da. Ich stehe auf und lege die Hand in die Mulde des Kissens, in der eben noch ihr kleiner Hundekörper schlief. Der Stoff ist noch warm, lange kann sie noch nicht auf sein.

Ich schlurfe in die Küche, wo Ella mitten in einer Pfütze sitzt, die beständig größer wird.

»Oje, du musstest raus, hm?«

Ella sieht mich mit großen Augen an. Dann senkt sie den Kopf und beginnt, devot an ihrer Pfütze zu lecken.

»Nein, Ella, pfui! Ich mach das schon, ist nicht schlimm.«

Mit einem Stück Küchenpapier tupfe ich Ellas Pfötchen trocken und setze sie in den Flur. Routiniert hole ich den Lappen aus dem Bad und wische die Pisse auf.

Ella trippelt vor der Wohnungstür auf und ab und schaut mich erwartungsvoll an. Mit ihr allein rauszugehen, ist immer noch ein ganz anderes Thema, als ihre Pfützen wegzuwischen. Verdammt, wo bleibt nur Lina?

Ich greife zum Telefon. »Der Hund muss raus!«, sage ich etwas zu gereizt, als Lina drangeht.

Den Hintergrundgeräuschen nach zu urteilen, läuft sie gerade irgendwo draußen rum und amüsiert sich, während ich allein in der Wohnung vor ernsten Problemen stehe.

»Dann musst du mit ihr gehen, ich bin erst in einer Stunde wieder da«, sagt sie nonchalant, als hätte es nie eine Abmachung gegeben.

Ich lege genervt auf und sehe Ella an. Eine Stunde. Das hält sie nicht aus. Mir bleibt nichts anderes übrig: Ich greife nach der Leine, stopfe ein paar Plastiktüten in die Hosentasche, nehme den Hund unter den Arm und renne das Treppenhaus runter. Die Erschütterungen lockern bei Ella offenbar irgendwas, noch im Hausflur läuft mir ein warmes Rinnsal den Arm runter und tropft auf den Treppenläufer. Unten angekommen, reiße ich die Haustür auf und setze Ella auf den Boden. Schwanzwedelnd springt sie um meine Beine. Ihr Geschäft hat sie auf dem Weg nach unten erledigt.

Ich schüttele meinen Ärmel aus und lege ihr die Leine an. »Wo wir schon mal unten sind, gehen wir mal 'ne kleine Runde.«

Ella saust los und zerrt an der Leine. Schließlich laufen wir aber ganz harmonisch nebeneinanderher, und es macht mir auch kaum was aus, dass die Leute komisch auf meine Birkenstock-Hausschuhe gucken.

Nach fünf Minuten hockt sich Ella an den Rand des

Gehwegs und macht einen kleinen Haufen. Damit war zu rechnen. Ich krame einen Plastikbeutel aus der Hosentasche, klemme mir die Hundeleine zwischen die Knie, stülpe mir die Tüte über die eine Hand und halte mir mit der anderen die Nase zu. Schwierig wird es, als ich nach getaner Arbeit versuche, mit einer Hand einen Knoten in die Tüte zu machen. Schließlich nehme ich die zweite Hand dazu und knote so schnell ich kann. Geschafft. Als ich nach der Leine greife, merke ich, dass am anderen Ende nur noch das Halsband über den Boden schleift. Ella! Hastig blicke ich mich um, sie ist nirgends zu sehen. Mit der Leine in der einen und der Kacktüte in der anderen Hand stehe ich einen kurzen Moment hilflos da. Was jetzt? Wenn Ella weg ist, wird Lina mir das niemals verzeihen, und alle Mühe war umsonst! Ich ermahne mich, Ruhe zu bewahren. Gedankenversunken lege ich die Tüte auf einem Autodach neben mir ab.

Plötzlich steigt ein Typ aus dem Auto und sieht mich wütend an. »Ey, du Spasti, was soll die Kacke?«

Erschrocken weiche ich einen Schritt zurück. »Ich wollte das gleich wieder wegnehmen, mein Hund ist gerade …«

»Du packst das sofort wieder ein! Dein Hund interessiert mich einen feuchten Dreck.« Er hält sich die flache Hand an die Stirn und sieht sich um. »Der ganze Bürgersteig voller Kacke, und jetzt schmierst du mir den Dreck auch noch aufs Auto!«

»Aber es ist doch in einer Tüte. Ich hab das nur kurz ablegt, weil mein Hund gerade weggelaufen ist, verdammt!«

»Das ist mir scheißegal. Hau bloß ab! Und wenn ich

dich oder deinen Köter hier noch mal erwische, kannst du dich auf was gefasst machen.«

Langsam hebe ich die Tüte hoch, öffne den Knoten und lasse den Inhalt aufs Autodach plumpsen.

Der Typ sieht mich entgeistert an. »Du …« Er weiß nicht, ob er sich auf mich stürzen oder das Dach abwischen soll. In dem Moment biegt Ella um die Ecke. Ich sprinte über die Straße, schnappe mir meinen Hund und renne nach Hause.

9. Kapitel DER HELLBLAUE BRIEF

»I had a dog and his name was King
I told the dog about everything.«
Neil Young

Das Telefon klingelt. Ich gehe nicht ran. Irgendwann gibt »Unbekannter Teilnehmer« auf. Aber nur wenige Sekunden später probiert er es erneut. Ich weiß, es ist der Callcenter-Mann. Dann klingelt plötzlich mein Handy. Lina.

»Wo bist du?«, fragt sie gehetzt.

»Zu Hause natürlich, ich sitze an diesem Aufsatz.«

»Thomas erreicht dich nicht.«

»Dann soll er endlich seine Nummer nicht mehr unterdrücken.«

»Jedenfalls sollst du ihn dringend zurückrufen.«

Ich rolle mit den Augen. Bei Thomas war noch nie irgendwas *wirklich* dringend. Wahrscheinlich will er fragen, ob ich mit zum Grillen in die Hasenheide komme.

»Gut, mach ich. Wie läuft's?«

»Ganz okay. Hab gerade Pause, muss aber gleich wieder rein. Bis heute Abend, ja?« Ohne eine Antwort abzuwarten, legt sie auf.

Lina ist bei einer Fortbildung für angehende Filialleiter in Hamburg. Sie hat sich entschlossen, Karriere bei Kranzler zu machen. Wahrscheinlich sehen wir uns dann noch seltener. Aber immerhin ist *sie* dann daran schuld und nicht ich. Vor ihrer Abreise ist Lina mit mir mehrmals die Liste der Dinge, die ich während ihrer Abwesenheit beachten muss, durchgegangen. »Mindestens vier Mal täglich mit Ella rausgehen!!!«, steht ganz oben. Ich hatte Lina bekniet, Ella zu ihren Eltern zu bringen. Oder in dieses Pfötchenhotel, das in Schöneberg gerade neu eröffnet hat, aber Lina ist hart geblieben und hat nur gemeint, ich sollte doch einfach die Hunde-Hotspots meiden, und überhaupt sei das Ganze doch die perfekte Feuerprobe für mich. Nun durfte ich also einige Tage lernen, mit Ella allein zu sein, damit das auch irgendwann klappt, wenn sie ein großer Hund ist.

Heute waren wir erst ein Mal unten, und es ist schon früher Nachmittag. Mindestens drei Mal muss ich also noch. Müde klappe ich meinen Laptop zu, gehe in den Flur, nehme Leine und Schlüssel. Sofort saust Ella aus dem Wohnzimmer herbei und steht schwanzwedelnd vor mir. Als ich gerade die Haustür öffnen will, fällt mir Thomas wieder ein. Ich ziehe mein Handy aus der Hosentasche. Ella hört prompt mit dem Schwanzwedeln auf und schaut mich fragend an. Ich zucke mit den Schultern, lege die Leine auf die Kommode und setze mich in die Küche. Ella tapst mit hängendem Schwanz zurück ins Wohnzimmer.

»Heute Abend schon was vor?«, fragt Thomas bemüht lässig.

»Nö, aber ich hab keinen Bock, wieder im Park rumzuhängen und ein halbes Schwein übers Feuer zu halten.«

Thomas schnauft. »In welcher Band spielte Neil Young, bevor er seine Solo-Karriere startete?«

»Buffalo Springfield, das weißt du doch.«

»Genau. Und weil ich das wusste und dieser andere Depp nicht, habe ich zwei Karten für das Neil-Young-Konzert heute Abend gewonnen!«

»Du verarschst mich doch.«

»Nee, ernsthaft, bei Radio Eins. Bock?«

Neil Young wollte ich schon immer mal live sehen. »Will Steffi nicht mit?«

»Wir haben keinen Babysitter gefunden. Außerdem meinte sie, dass sie außer ›Love of the Common People‹ eh nichts von Neil Young kennt.«

»O Mann«, sage ich. »Gebongt. Wann treffen wir uns?«

»Komm doch gegen sechs her, dann trinken wir vorher noch einen.«

Ich lege auf und suche im Wohnzimmer *After The Gold Rush* aus dem Plattenregal. Kaum zu glauben, dass ich das in wenigen Stunden live hören werde. Als die letzten Töne von »Cripple Creek Ferry« verklungen sind und der Tonarm in der Auslaufrille läuft, fällt mir Ella ein. Sie liegt in ihrem Körbchen und hebt den Kopf, als ich in ihre Richtung sehe. Sie wird es verstehen.

Gegen halb sechs ziehe ich mich um, stopfe Portemonnaie, Schlüssel und Zigaretten in die Taschen und fülle Ella noch schnell eine Dose Hundefutter in ihren Napf. Ich stecke mir die iPod-Kopfhörer in die Ohren und wähle zur Einstimmung *Rust Never Sleeps* an. Als Ella angerannt kommt, tätschele ich ihr kurz den Kopf. »Herrchen ist bald wieder da«, sage ich laut. Dann schiebe ich den Lautstärkeregler bis zum Anschlag und ziehe vor Ellas großen Augen die Wohnungstür zu. »My my, hey hey, rock

’n’ roll is here to stay. It’s better to burn out than to fade away.«

Live ist Neil Young ziemlich scheiße. Zumindest heute. Nur Feedback-Gewitter, die einzelnen Songs sind kaum zu erkennen. Immerhin spielt er »Old King«. Glaube ich zumindest. Thomas und ich stehen nach dem Konzert trotzdem gut gelaunt am Bierstand und werden von zwei Alt-Hippies angequatscht. Der eine trägt eine Lederjacke mit Fransen und ein Bandana und faselt irgendwas von spirituellem Erlebnis. Ich höre nicht zu, und auch Thomas scheint eher aus Höflichkeit in regelmäßigen Abständen zu nicken. Der zweite Hippie hat ein Batik-T-Shirt und eine weite weiße Stoffhose an. Nach dem Regenschauer im letzten Konzertdrittel ist deutlich zu erkennen, dass er nichts darunter trägt. Ich zwinge mich, woanders hinzusehen, und starre an den Batikkreisen vorbei ins Leere. Das Schlimmste an Konzerten ist die Erkenntnis, mit Menschen etwas gemeinsam zu haben, mit denen man nichts gemeinsam haben will.

»Also, ich fand’s grottig«, sage ich unvermittelt. Als die beiden Hippies merken, dass ich das ernst meine, ziehen sie ab.

Wir bestellen noch ein Bier und stoßen an.

»Und, war Lina beleidigt, dass du heute Abend weg bist?«, fragt Thomas und setzt seinen Becher ab.

»Die ist auf einer Fortbildung in Hamburg.« Ich grinse. »Ich hab sturmfrei.«

»Echt? Hat sie Ella mitgenommen?«

»Quatsch, Ella ist zu Hause.«

»Allein?«

Mich beschleicht ein ungutes Gefühl. »Ja, warum denn nicht …«

»Ich hab ja keine Ahnung, aber kann man einen kleinen Hund einfach so lange allein lassen?«

Plötzlich wird mir flau im Magen. Hoffentlich ist Ella jetzt nicht traumatisiert. Erst verliere ich sie auf der Straße, und nun lasse ich sie stundenlang allein!

Hastig kippe ich mein Bier runter und verabschiede mich von Thomas, der nicht ganz begreift, warum ich nicht mit ihm in der Bahn zurückfahren kann.

»Auf die halbe Stunde kommt es doch nun auch nicht mehr an.«

Das sehe ich anders.

Mit meinem letzten Bargeld bezahle ich den Taxifahrer und sprinte die Treppen hoch. Als ich die Wohnungstür aufschließe, kommt Ella aus dem Schlafzimmer in den Flur gerannt und springt vor Freude an mir hoch. Sie tänzelt um meine Füße herum, jault und reibt sich an meinen Beinen. Ich nehme sie auf den Arm, drücke mein Gesicht an ihr Köpfchen und lasse sogar zu, dass sie mir ein paarmal die Wange abschleckt. Dann setzte ich sie ab, lege ihr die Leine an und gehe mit ihr um die Kirche. Als wir zurück sind, wische ich die Pfütze in der Küche auf und lege ihr einen kleinen Kauknochen auf ihr Kissen, den sie sofort anknabbert.

Am nächsten Morgen klingelt es. Mein Radiowecker zeigt 7:10. Ella ist sofort hellwach und wetzt zur Tür. Fiepend wartet sie, dass ich aufmache. Schlaftrunken krieche ich aus dem Bett und öffne mit zerzausten Haaren und in Unterhose die Tür.

»Da ist ja die Misttöle.«

»Wie bitte?« Ich blinzele. Vor mir steht ein etwa vierzigjähriger Nadelstreifenanzugträger mit randloser Brille, dessen Föhnfrisur ein akkurater Seitenscheitel schmückt. Nur die tiefen Falten auf der Stirn und die verkniffenen Augen passen nicht ganz zu der ansonsten geleckten Erscheinung.

»Der Hund hat die ganze Nacht gebellt und gejault! Ich hab kein Auge zugemacht!«

Ella drückt sich ängstlich an mein Bein.

»Augenblick mal.« Ich nehme Ella hoch und trage sie ins Wohnzimmer. Als ich die Tür hinter mir zuziehe, fängt sie sofort an zu jaulen und zu bellen.

»So ging das die ganze Nacht!«, empört sich der Anzugträger.

»Wer sind Sie überhaupt?«

»Manfred Weber. Ich bin vor drei Monaten über Ihnen eingezogen. Haben Sie natürlich nicht mitbekommen, weil Sie dauernd weg sind. Und den Hund allein lassen!«

»Ich war doch nur gestern kurz nicht da!«

»Ach ja? Und dann immer die laute Musik. Sie wohnen nicht allein im Haus!«

Unangenehm berührt trete ich von einem Bein aufs andere und versuche, sachlich zu klingen.

»Vielleicht besprechen wir das mal in Ruhe? Ich würde gerne erst mal richtig wach werden.« Hinter mir bellt Ella immer lauter.

Weber hebt theatralisch die Hand ans Ohr. »Wie bitte? Ich verstehe Sie bei diesem Krach leider nicht.«

Entnervt gehe ich zurück in die Wohnung und öffne die Tür zum Wohnzimmer. Ella springt in den Flur, traut sich aber nicht mehr zur Wohnungstür.

»Ich sagte, vielleicht können wir mal in Ruhe darüber sprechen.«

Weber rümpft die Nase und mustert mich. »Was arbeiten Sie überhaupt, dass Sie um diese Zeit noch im Bett liegen?«

Ich bin so perplex, dass ich die Wahrheit sage: »Ich bin Student.«

»Und wenn Sie zur Uni müssen, ist der Hund den ganzen Tag allein?«

»Hören Sie, Herr …«

»… Weber!«

»Ja, ich weiß. Lassen Sie uns das bitte in Ruhe besprechen. Kommen Sie doch einfach heute Abend noch mal vorbei.«

»Es ist alles gesagt. Wenn der Hund keine Ruhe gibt, melde ich das Herrn Schmidt-Brögelmann.«

»Tun Sie, was Sie nicht lassen können«, sage ich wütend und knalle ihm die Tür vor der Nase zu. Das bereue ich noch im selben Moment, denn Heribert Schmidt-Brögelmann ist unser Vermieter und weiß noch gar nichts von seinem neuen Mieter auf vier Pfoten. Ich gehe in die Küche und setze Kaffee auf. Durchs Fenster sehe ich, wie Weber in seinem schwarzen 7er BMW davonbraust. Soll ich Lina anrufen und ihr von meiner Bekanntschaft erzählen? Besser nicht, sie würde mir vermutlich ohnehin nur vorhalten, dass ich mich undiplomatisch verhalten habe. Aber wie soll man in dieser Herrgottsfrühe diplomatisch sein?

Ella kommt in die Küche und neigt sich über ihren Wassernapf. Nachdenklich sehe ich zu, wie sie schlabbernd daraus trinkt. »Ella, Ella … hoffentlich geht das gut. Du darfst nicht so viel bellen, sonst fliegen wir hier raus.«

Ella sieht auf, Wasser tropft von ihrer Schnauze auf den Fußboden. Sie hält kurz den Kopf etwas schräg und trinkt dann weiter.

Am Nachmittag brauche ich dringend ein Buch aus der Staatsbibliothek. Aber was mache ich mit Ella? Für eine Stunde Maria zu fragen, erscheint mir zu umständlich. Mitnehmen und draußen anbinden, scheint mir auch keine Option zu sein. Eine Stunde wird es wohl gut gehen. Weber hockt um diese Zeit wahrscheinlich ohnehin in irgendeinem Büro in Mitte und kritzelt ein Flipchart voll.

Als ich meine Tasche packe und meine Schuhe anziehe, trippelt Ella unruhig im Flur umher und schnuppert immer wieder an der Kommode, auf der ihre Leine liegt.

»Nein, Ella, ich kann dich nicht mitnehmen, aber es geht ganz schnell, versprochen!« Bevor ich die Tür hinter mir zuziehe, werfe ich ein Leckerli ins Wohnzimmer, dem Ella sofort hinterherrennt.

Als ich zurückkomme, steht Webers BMW wieder vorm Haus. Im Treppenhaus ist zum Glück niemand zu sehen. So leise wie möglich schließe ich die Tür auf und husche in die Wohnung.

»Na, Ella, warst du schön brav?«

Hechelnd springt sie an mir hoch. Eigentlich müsste sie mal wieder raus, aber ich will Weber nicht begegnen. In den nächsten zwei Stunden gehe ich immer wieder auf den Balkon, um zu sehen, ob der BMW noch da ist. Das ist jedes Mal der Fall, und jedes Mal ziehe ich die Balkontür etwas unsanfter hinter mir zu. Ella wird immer unruhiger. So kann das nicht weitergehen. Ich kann doch nicht den ganzen Tag in der Wohnung hocken, weil ich mich davor fürchte, diesem Kerl im Treppenhaus zu begegnen. Entschlossen lege ich Ella die Leine an.

Lina ruft an. »Schatz, ich muss dir was sagen.« Es durchzuckt mich wie ein Blitz. Ich bin Fatalist und denke bei solchen Sätzen immer gleich das Schlimmste. »Ich habe jemanden kennengelernt«, »Ich habe Krebs«, »Ich bin schwanger«, »Deine Mutter ist tot«, solche Sachen. Das ging mir schon als Kind so. Mein Vater ist ein Meister darin, Sätze unheilschwanger zu beginnen und einen minutenlang auf die Folter zu spannen. »Wir müssen uns mal unterhalten«, sagte er zum Beispiel und saß mit versteinerter Miene am Küchentisch. Es folgte minutenlanges Schweigen. »Ja, Papa, was ist denn?« – »Ich weiß nicht, wie ich anfangen soll. Die Sache ist ein bisschen heikel.« Ich bin adoptiert, dachte ich dann. Oder: Er hat seinen Job verloren, wir müssen das Haus verkaufen und Hunger leiden. »Deine Mutter und ich, wir …«, oh nein, sie lassen sich scheiden!, »… haben uns dazu entschlossen …«, er seufzte tief, »… dass wir in diesem Jahr in den Sommerferien nicht an die Nordsee, sondern in die Alpen fahren. Ich hoffe, du bist nicht zu enttäuscht.«

»Die wollen mich hierherholen«, sagt Lina.

»Was?« Ich verstehe nichts, aber es läuft mir kalt den Rücken runter. »Wer will dich wohin holen?«

»Na, Kranzler, ich soll die Hauptfiliale in Hamburg leiten.«

»Und … und was ist mit deinem Studium? Ich dachte, das wolltest du irgendwann wieder aufnehmen.«

»Das kann ich ja trotzdem. Ich brauche doch nur noch zwei Scheine und die Abschlussarbeit. Die Scheine mache ich noch in Berlin, und die Arbeit schreibe ich dann nebenbei in Hamburg. Irgendwann.«

Ich setze mich aufrecht hin und presse das Telefon ans Ohr. »Das hast du dir ja anscheinend alles schon gut überlegt. Schön, dass du mich in deine Zukunftsplanung mit einbeziehst. Nett, dass du mir das mal eben am Telefon sagst.«

»Mann, Daniel, ich habe mich doch noch gar nicht richtig entschieden. Aber es ist eine tolle Chance, und ich wollte es dir schon mal erzählen. Ich dachte, du freust dich für mich.«

Lina wartet auf eine Antwort. Die gebe ich ihr nicht.

»Überleg doch mal, dann hätten wir auch endlich ein bisschen Geld, und ich will das ja auch nicht ewig machen.«

Wieder ist es kurz still.

»Und wenn du dann mal nach Hamburg auf ein Konzert willst, dann hättest du hier 'ne Übernachtungsmöglichkeit. Das ist doch alles halb so wild!«

Mir wird heiß. »Ja, klar, klingt alles ganz prima. Nur dass wir uns dann kaum noch sehen!«

Als ich aufgelegt habe, ist mir schlecht. Ich bleibe starr auf der Couch sitzen und starre in die Dunkelheit. Irgendwann hockt sich Ella neben mich. Ich streiche über ihr weiches Fell. »Und an dich hat sie auch nicht gedacht.« Das kann Lina doch nicht machen! Sie kann das doch nicht einfach für sich entscheiden und mich mit dem Hund allein lassen.

Das schrille Quietschen des Briefschlitzes in der Wohnungstür reißt mich jäh aus meinen düsteren Gedanken. Ich stehe auf, mache das Licht an und warte, bis sich meine Augen an die Helligkeit gewöhnt haben. Im Flur hebe ich einen hellblauen Zettel auf, der vor der Tür auf dem Boden liegt:

»Zwischen 14.38 Uhr und 15.39 Uhr hat der Hund erneut ununterbrochen gebellt. Da mein Appell von heute früh offenbar folgenlos geblieben ist, behalte ich mir weitere Schritte vor.

M. Weber«

10. Kapitel FÜHRUNG UND GRENZEN

»So, jetzt weißt du, wo der Boden ist!«
Homer Simpson zu Knecht Ruprecht

»Der hat sie doch nicht mehr alle!« Lina lässt Webers hellblauen Zettel sinken und wirft ihn mit angewiderter Miene auf den Küchentisch. »Hat sich beim Einzug nicht mal vorgestellt und spielt sich jetzt hier auf, als wäre er sonst wer.«

Ich stehe mit verschränkten Armen im Türrahmen zwischen Wohnzimmer und Flur und beobachte Ella beim Fressen. Lina und ich haben kaum geredet, seitdem ich sie mit Ella vom Bahnhof abgeholt habe. Lina hat schnell gemerkt, dass ich immer noch sauer bin, und auf der Fahrt nach Hause nur stumm aus dem Fenster gesehen.

»Er hat nicht ganz unrecht«, sage ich zögerlich. »Ist ja auch nicht so toll, den Hund allein zu lassen. Keine Ahnung, wie das werden soll, wenn du die ganze Woche über nicht da bist.«

Ella schmatzt, leckt ihren Napf aus und schaut zwischen mir und Lina hin und her.

Lina rollt mit den Augen und fährt sich durch die Haare. Diese Geste kenne ich von ihr nicht. »Muss man denn gleich solche Geschütze auffahren? Ich rede heute Abend mal mit dem.«

Ich nicke und gehe gefolgt von Ella ins Wohnzimmer.

Nach meinem Unterhosenauftritt ist es vielleicht keine schlechte Idee, wenn Lina die Wogen glättet. Im Gegensatz zu mir weiß sie schon vor einer Auseinandersetzung genau, was sie will, und argumentiert dann so konzentriert und sachlich, dass man irgendwann seinen eigenen Standpunkt verliert. Bei mir stellt sich dann eher ein Fluchtreflex ein. Das macht es uns im Moment wohl so schwer.

Später setzt sich Lina zu mir. »Daniel …«

»Ich will da jetzt nicht drüber reden.«

»Ich wollte doch nur sagen, dass wir gegen Ellas Angst vorm Alleinsein was machen müssen. Ganz generell.«

Ich atme tief ein und hebe den Blick vom Laptop. »Und was? Martin Rütter gucken?«

Lina präsentiert mir einen Zeitungsausschnitt. »Das ist eine Anzeige aus der *DOGS*. Das sollten wir ausprobieren.«

Ich nehme das Papier. Hundepsychologin Agnes Wermeling verspricht, Hunden in nur einer Sitzung die Angst vorm Alleinsein zu nehmen. Für schlappe 250 Euro. Dafür könnte man neue gebrauchte Aldens kaufen … Doch bevor ich etwas sagen kann, nimmt mir Lina den Zettel wieder aus der Hand und sagt mit fester Stimme: »Gut, dann machen wir das.«

Wenige Tage später stehen Lina, Ella und ich an der Wohnungstür, um Agnes Wermeling in Empfang zu nehmen. Ella rennt hin und her, vermutlich erwartet sie Thomas, der ihr immer einen kleinen Hundekeks ins Maul stopft, wenn er vorbeikommt.

»Hat der Summer nicht funktioniert?« Ich trete in den Hausflur und lausche. Ganz unten knarzen die Stufen, man hört ein Schnaufen und ein Stöhnen, dann ist kurz Ruhe. Agnes Wermeling macht offenbar eine Verschnaufpause. Schließlich ist zu hören, dass sie zur zweiten Runde ansetzt. Ella steht nun neben mir und starrt aufgeregt die Treppe hinab. Sie ahnt wohl mittlerweile, dass da jemand kommt, den sie noch nicht kennt. Es macht sie aber nervös, dass zwischen dem Klingeln und dem Erscheinen des Besuchers so viel Zeit vergeht. Als sie es nicht mehr aushält, zischt sie an mir vorbei die Treppe runter. Von unten ertönt ein markerschütterndes Jaulen, und Sekunden später kommt Ella mit eingezogenem Schwanz die Treppe wieder raufgeschossen. Kurz darauf folgt eine stark übergewichtige Frau mit Perlenkette, Faltenrock und Blümchenbluse, die ihre Haare zu einem strengen Dutt zusammengestreckt hat. Ella versteckt sich hinter meinen Beinen und gibt keinen Laut mehr von sich.

»Das macht er nicht noch mal.« Die Frau hievt ihre Elefantenbeine die letzten Stufen hoch und steht dann mit ausgestreckter Hand vor uns. »Agnes Wermeling, guten Abend.«

Ich schüttele ihre Hand und beuge mich dann zu Ella runter. »Keine Angst, Ella. Es ist alles gut.«

»Sehen Sie, das ist schon mal ganz falsch. Sie müssen …«

»Vielleicht kommen sie erst mal rein«, unterbreche ich sie und lasse Lina Frau Wermeling in die Wohnung führen. »Möchten Sie ein Glas Wasser, Frau Wermeling?«

»Danke, nein. Und einfach Agnes, bitte.«

Agnes lässt sich aufs Sofa fallen, das unter ihrem Gewicht bedenklich knarrt. Prüfend streicht sie über das Polster. »Der Hund darf hoffentlich nicht auf die Couch, oder?«

»Doch, natürlich«, sagen Lina und ich gleichzeitig.

Agnes verzieht das Gesicht. »Na ja, dann zeigt mir erst mal, wie ihr den Hund füttert.«

Ich stehe auf und bilde die Vorhut auf dem Weg in die Küche. Ella wuselt um meine Beine herum und fängt an zu fiepen, als ich die Kiste mit dem Trockenfutter öffne. Während ich ihr eine Portion in den Napf schütte, stellt sie sich an die Kiste und frisst sich ein bisschen Appetit an. Ich lache, hebe sie hoch und setze sie vor ihren Napf, wo sie gierig weiterfrisst. »Frisches Wasser bekommt sie natürlich auch immer«, sage ich Agnes und fülle den anderen Napf mit Wasser auf.

»Ja, das sehe ich. Ich beobachte jetzt erst mal, die Manöverkritik kommt später.«

Nachdem wir stillschweigend Ella beim Fressen zugesehen haben, kündigt Agnes den nächsten Schritt an. »Jetzt will ich mal sehen, wie ihr spazieren geht. Am besten machen wir das einzeln. Daniel, du gehst zuerst mit dem Hund raus.«

Nichts leichter als das. Ich marschiere in den Flur und nehme Ellas Leine. Als Ella das sieht, gerät sie völlig außer Rand und Band. Ich lege ihr die Leine an, aber mitkommen will sie dann doch nicht. Wie so oft rennt sie zwischen Lina und mir hin und her und wartet darauf, dass Lina auch mitkommt. Ich öffne die Wohnungstür und ziehe etwas an der Leine. Ella bockt und rutscht mit durchgestreckten Beinchen über den Parkettboden. Schließlich setze ich sie in den Hausflur, warte, bis auch Agnes es über die Schwelle geschafft hat, und ziehe die Tür hinter uns zu. Ella hat offenbar akzeptiert, dass Lina nicht mitkommt, und saust die Treppe hinunter. Ich stolpere hinterher, die Leine ist zum Zerreißen gespannt. Unten angekommen, warten Ella und ich eine Weile, bis Agnes Wermeling auch da ist und ein Klemmbrett aus ihrer Tasche gezogen hat, auf dem sie sich keuchend Notizen macht.

Als wir nach etwa fünfzehn Minuten zurück in die Wohnung kommen, sitzt Lina entspannt auf dem Sofa und nippt an einer Tasse Tee. »Und, wie war's?«

»Gut«, sage ich und versuche, Ella von der Leine zu befreien.

Agnes sagt nichts und lässt sich wieder auf das Sofa fallen. »Oh, ist das Pfefferminztee? Der riecht aber gut.«

Während ich in der Küche einen zweiten Pfefferminztee aufgieße, dringt Gelächter aus dem Wohnzimmer. Lina scheint sich prächtig mit Agnes zu verstehen.

»Danke«, sagt Agnes, als ich die dampfende Tasse vor ihr auf den Tisch stelle. Ella hofft, dass ich ihr ein Leckerli aus der Küche mitgebracht habe, und kommt auf mich zugerannt. Ich zeige ihr meine leeren Handflächen, woraufhin sie sich auf dem Teppich ausstreckt und einmal tief durchschnauft.

»Um es mal auf den Punkt zu bringen«, hebt Agnes unvermittelt an, »das Problem ist …«

»… dass Ella bellt, wenn wir die Wohnung verlassen«, ergänze ich den Satz.

Agnes fixiert mich mit zusammengekniffenen Augen.

»Nein, das ist nur ein Symptom. Das eigentliche Problem ist *dein* Verhalten dem Hund gegenüber, Daniel.«

Ich sehe sie entgeistert an. »Wie bitte? Das kann doch nicht dein Ernst sein, du hast doch noch gar nicht gesehen, wie *Lina* Ella füttert oder mit ihr rausgeht.«

»Nein, muss ich nicht. Das Grundproblem in dieser Familie ist klar.«

Ich, das *Grundproblem*? Ich tue doch alles für ein harmonisches Miteinander. Ich habe mich meiner größten Angst gestellt und Lina einen ihrer größten Wünsche erfüllt. Und Ella kann sich ja wohl erst recht nicht beklagen. Hunderte Euro gebe ich für ihre Belustigung aus, sammle ihre Häufchen ein, wische ihre Pisse auf, schleppe 10-Kilo-Futtersäcke in die Wohnung, gehe bei Wind und Wetter mit ihr raus und setze jetzt sogar noch mein Zuhause aufs Spiel!

»Lina hat mir erzählt, dass du Angst vor Hunden hast«, sagt Agnes trocken.

Verständnislos sehe ich Lina an. »Was? Das ist privat!«

Lina hebt entschuldigend die Hände. »Ja, aber ich dachte, wenn schon eine Psychologin kommt … Wir wollen das Problem doch lösen, Daniel.«

»Ella hat hier ein Problem mit dem Alleinsein, nicht ich. Außerdem habe ich vor Ella keine Angst mehr.«

»Man merkt trotzdem deutlich, dass du kein Hundemensch bist«, sagt Agnes. »Der Hund tanzt dir auf der Nase herum, weil du ihm nicht zeigst, wer der Chef ist. Unterschwellig hast du immer noch Angst davor, den Zorn des Tieres auf dich zu ziehen. Ich biete übrigens auch Gruppensitzungen für Menschen mit deiner Angststörung an, das würde dir sicher guttun.«

Ich sehe mich in einem Kreis mit unsicher dreinblickenden Leuten sitzen und einen Massageball fangen. »Hallo, ich bin Daniel« – »Hallo, Daniel!«, hallt es aus dem Stuhlkreis. »Ich bin heute hier, weil ich Angst vor Hunden habe.« – Nein, danke!

»Wir machen jetzt mal eine Übung, um etwas die Fronten zu klären.« Agnes erhebt sich und schaukelt schnaufend durchs Zimmer. »Wir gehen in die Küche, und du sagst dem Hund, dass er mitkommen soll.«

»Wenn ich in die Küche gehe, kommt sie sowieso immer mit.«

Wie erwartet folgt Ella uns erwartungsvoll in die Küche, leckt sich die Schnauze und wartet darauf, dass ich ihr ein Leckerli gebe. Es fällt mir schwer, ihr diesen Wunsch diesmal nicht zu erfüllen.

»Ihr braucht einen Raum, der ganz klar euer Revier ist. Deswegen ist die Küche ab sofort für den Hund tabu! Also los, schmeiß ihn raus!«

»Was?« Ich sehe Agnes an. Ihr Blick ist steinhart. Mit einem Seufzen wende ich mich Ella zu. »Ella, raus!«

Ella macht Platz.

»Ella, bitte, geh raus«, sage ich etwas flehend und zeige auf die Tür.

Ella macht Männchen.

»Raus jetzt!«, versuche ich es im halblauten Befehlston.

Ella gibt Pfötchen.

Agnes wird ungeduldig. »Das reicht. Was machst du, wenn sie nicht hört?«

Ich nehme Ella hoch und setze sie vor der Küchentür ab. Sofort trippelt sie wieder rein.

»Noch mal!«, befiehlt Agnes hinter mir.

Ich nehme Ella erneut hoch und setze sie in den Flur. Keine zwei Sekunden später ist sie wieder bei uns.

»Noch mal!«

Das gleiche Spiel beginnt von vorn.

»Noch mal!«

Langsam werde ich unruhig. »Das funktioniert nicht!«

»Das ist ein Machtkampf, den du jetzt gewinnen musst. Also: noch mal!«

Ich zähle mit. Ich trage Ella zwölf Mal in den Flur, und zwölf Mal folgt sie mir anschließend zurück in die Küche. Als Agnes zum dreizehnten Mal »Noch mal!« ruft, packt mich plötzlich eine große Wut auf den schwanzwedelnden Hund, der mich so zum Narren hält. »Ella, du bleibst jetzt im Flur!«, brülle ich und setze sie zum dreizehnten Mal aus der Küche raus. Ella sieht mich erschrocken an und läuft dann langsam zu mir zurück. Entmutigt lasse ich die Schultern sinken. »Ich kann nicht mehr. Das hat doch keinen Zweck.«

»Noch mal! Sei stark, Daniel!«

Nach dem zwanzigsten Versuch hat Agnes ein Einsehen. »Erstaunlich. Dann bleibt uns nur eins …« Agnes zieht die Besteckschublade auf und wirft eine Handvoll Gabeln, Messer und Löffel auf den Küchenboden. Ella heult auf und springt mit weit aufgerissenen Augen hinter meine Beine. Ängstlich starrt sie Agnes an, die schon die nächste Ladung Besteck nach ihr wirft. Ella drückt sich mit aller Kraft an mein Bein und zittert am ganzen Körper. Es folgen noch ein paar Würfe, bis die Schublade leer ist. Ella ist in Panik. Sie versucht, an mir hochzuklettern, und zerkratzt mir dabei die Beine. »Aufhören!«, brülle ich.

Agnes schaut kurz irritiert, setzt dann aber sofort wieder ihre harte Miene auf. »Jetzt lernt der Hund, dass Flucht die einzige Möglichkeit ist.« Sie hebt das Besteck auf und feuert es erneut auf den Boden.

Ich bin wie gelähmt. Ella fühlt sich bei mir nicht mehr sicher und springt unter den Küchentisch.

Achselzuckend lässt sich Agnes Wermeling auf einem Küchenstuhl nieder und keucht. »Also, so was habe ich noch nie erlebt.«

Ella läuft wieder zu mir.

»Seltsam, dass der Hund nicht aus dem Zimmer rennt.« Sie klingt ratlos.

»Sie ist eben gern in der Küche. Hier steht ja auch ihr Fressen«, sage ich laut und sehe Agnes zornig an.

»Aber das ist eure Küche, das MUSS der Hund lernen. Also, noch mal.« Sie steht auf und zieht die nächste Schublade auf. Als ich ihr in den Arm falle, um sie daran zu hindern, noch mehr scharfe Gegenstände nach meinem Hund zu werfen, schnellt Ella unter dem Tisch hervor und wetzt aus dem Zimmer. Sie muss wohl gedacht haben, dass ich jetzt auch auf sie losgehe.

»Sieg!«, ruft Agnes. »DAS hat er jetzt kapiert! Wenn er noch mal in die Küche kommt, schmeißt du eine Gabel nach ihm, damit sich das festigt. Ein Hund braucht Führung und Grenzen.«

Ich nicke matt, damit sie Ruhe gibt. Ich will keinen Preußen-Hund, dem man erst mal den Willen brechen muss. Ich will, dass Ella so bleibt, wie sie ist. Nur das Bellen soll aufhören. »Und was ist jetzt mit dem Bellen?«

»Hast du das immer noch nicht verstanden?«

Wir gehen zurück ins Wohnzimmer, und Lina sieht uns fragend an. Ella liegt auf der Couch und hat ihren Kopf auf Linas Oberschenkel gebettet. Als sie Agnes sieht, springt sie sofort runter und verkriecht sich unterm Tisch.

»Was habt ihr denn da veranstaltet? Polterabend?«

»Ella geht jetzt nicht mehr in Küche«, sage ich erschöpft und lasse mich neben Lina nieder.

»Das ist doch super!«

Ich sehe sie verständnislos an. »Ich will doch nur, dass der Hund nicht mehr bellt. Mir ist vollkommen egal, ob er an der Leine zieht, in die Küche geht oder auf dem Sofa liegt.«

»Ein Hund braucht Führung und Grenzen«, wiederholt Agnes mantraartig. Sie lässt sich in einen Sessel sinken und faltet die Hände im Schoß. »Also, Daniel, was glaubst du, warum der Hund bellt, wenn er allein ist?«

»Weil sie traurig ist und sich allein fühlt, ist doch klar.«

»Eben nicht. Der Hund ist nicht traurig, sondern er protestiert. Mit seinem Bellen will er euch verbieten, ihn allein zu lassen. Er will hier der Chef sein. Das sieht man auch daran, wie er den Kopf auf Linas Bein legt.«

»Was? Sie ist geschockt und will sich bei Lina etwas Beistand holen«, sage ich.

»Nein, das war Kontrollverhalten. Stammt der Hund eigentlich von Hütehunden ab?«

»Keine Ahnung, könnte aber sein.«

Agnes nickt wissend. »Dann ist natürlich klar, warum

er immer den Überblick behalten will. Die einzige Möglichkeit, ihm das abzugewöhnen, ist, ihm klarzumachen, dass er nicht für euch verantwortlich ist. Ihr bestimmt, was passiert. Wenn er sich erst einmal dran gewöhnt hat, ist es für den Hund auch eine Erleichterung, das Zepter aus der Hand zu geben.«

»Und wie machen wir das?«

»Ihr müsst Verbote aussprechen. Das Sofa, zum Beispiel. Und die Küche. Wenn ihr das hinkriegt, bekommt ihr auch das Bellen in den Griff.«

Ella darf nicht mehr aufs Sofa. Sie bekommt ihre Mahlzeiten nach uns. Wenn sie am Tisch bettelt, wird sie aus dem Zimmer geschickt. Die Küche bleibt tabu. Wir müssen jeden Tag Bei-Fuß-Gehen üben. Wenn sie nachts versucht, in unser Bett zu klettern, muss sie rausgeworfen werden. Den größten Teil des Tages sollen wir den Hund ignorieren. Wir entscheiden, wann gespielt wird und wann die Spielsachen wieder in die Kiste gepackt werden.

So steht es zumindest auf der Liste, die Agnes uns in Schönschrift dagelassen hat, nachdem sie 250 Euro für eine Stunde Hundetherapie kassiert hat.

Ich lege das Blatt aus den Händen. »Das halte ich keine zwei Tage aus.«

»Lass es uns wenigstens versuchen«, sagt Lina und seufzt.

»Also, Besteck werde ich bestimmt nicht nach Ella werfen.«

Als sie ihren Namen hört, kommt Ella unterm Tisch hervor und springt zu uns auf die Couch. Lina will protestieren, aber ich habe schon meinen Arm um Ella gelegt und lasse sie bereitwillig ihren Kopf gegen meine Seite drücken.

»Das ist einfach zu rabiat«, sage ich, »Agnes hat null Einfühlungsvermögen! Und ist dir aufgefallen, dass sie Ella nie beim Namen genannt hat? Als hätte der Hund gar keine eigene Persönlichkeit.«

Lina sieht mich verschmitzt an.

»Was? Was ist?«

»Ach, nichts.«

11. Kapitel HERBST

»I love my dog as much as I love you
But you may fade,
my dog will always come through.«
Cat Stevens

Als ich am nächsten Morgen aufwache, höre ich Linas gleichmäßigen Atem neben mir. Sie liegt in ihre Decke gewickelt auf dem Bauch, eine kurze Haarsträhne kräuselt sich an ihrer Stirn. Ich unterdrücke den Impuls, über ihr Gesicht zu streichen, und betrachte sie. Wie geht das weiter, Lina? Du willst nach Hamburg, ich weiß. Und vielleicht würden wir eine Fernbeziehung aushalten. Bei mir ist ja auch unklar, was nach meinem Abschluss sein wird. Aber solche Entscheidungen müssen wir einfach zusammen treffen. Ich weiß, dass wir reden müssen. Aber ich habe auch Angst davor.

Lina blinzelt. Plötzlich springt Ella aufs Bett und kuschelt sich wie selbstverständlich zwischen uns.

»Ella, runter!«, rufe ich streng, aber Ella schließt nur die Augen und rollt sich noch enger ein.

Agnes hat uns verboten, den Hund ins Bett zu lassen, aber was soll ich machen? Ellas Hundekorb steht im Wohnzimmer, aber wenn wir die Zimmertüren schließen, jault sie ganz fürchterlich. Jede Nacht tapst sie irgendwann zu uns ins Schlafzimmer und schläft auf unserem Bett weiter. Ich merke das gar nicht. Morgens ist sie dann erst aus dem Bett zu bewegen, wenn wir beide aufstehen.

Ich schlage die Decke zurück und strecke meine Beine aus dem Bett. Lina dreht sich verschlafen noch einmal um, und Ella rührt sich nicht.

In der Küche mache ich mir einen Kaffee und setze mich mit meiner Tasse auf den Balkon. Es ist schon ziemlich kalt morgens, ich hole mir eine Decke und ziehe meine Beine auf den Stuhl. Vorsichtig nippe ich an der Tasse und spüre, wie die Wärme langsam meinen Körper füllt. Der gestrige Abend hat mich irgendwie fertiggemacht. Er erinnert mich ein bisschen an Abende meiner Grundschulzeit, wenn meine Eltern vom Elternsprechtag zurückkamen und mich ins Gebet nahmen. »Frau Lorenz sagt, du strengst dich zwar manchmal an, lässt dann aber schnell wieder nach. Sie sagt, wenn du dich besser auf den Unterricht konzentrieren würdest, könntest du einer der besten Schüler sein.« Mein Vater sah mich dann immer eindringlich an. »Man muss manchmal auch das machen, was einem schwerfällt, um seine Ziele zu erreichen.«

Agnes ist nicht besser als meine ehemalige Klassenlehrerin. Sie hätte mir wahrscheinlich genauso gerne wie Frau Lorenz mal ordentlich mit dem Lineal auf die Finger gehauen. In Ibbenbüren hätte man sich über Leute wie Agnes schlappgelacht. Hundetherapeuten werden vermutlich nur von verwöhnten Großstädtern engagiert, die ein schlechtes Gewissen haben, weil sie ihre Vierbeiner in viel zu kleinen Wohnungen halten. Dabei fallen mir auf Anhieb mehrere Hunde in Ibbenbüren ein, die ich gerne von Agnes mit gewetzten Messern hätte bewerfen lassen.

Im Sommer hatte ich in Ibbenbüren mal in einer Steuerkanzlei gearbeitet. Möhlbrink und Partner hatten eine Schüleraushilfe gesucht, die Karteikästen sortieren und Bestandspflege machen sollte. Eine absolute Idiotenarbeit. Ich nahm immer meinen Discman mit und stopfte mir jeden Tag einen Stapel CDs in den Rucksack, die ich beim Sortieren durchhörte. Das Album *Monster* von R. E. M. zum Beispiel habe ich in diesem Sommer lieben gelernt, obwohl es bei den Kritikern nicht besonders gut ankam. Immer, wenn ich die ersten Gitarrenakkorde von »What's the frequency, Kenneth?« höre, steigt mir der Geruch des Umweltpapiers der Karteikarten in die Nase.

Der Inhaber der Kanzlei, Herr Möhlbrink, war damals gerade mit seiner Frau auf die Seychellen gefahren. Die Möhlbrinks waren sehr vermögende Leute und verbrachten gerne mal ein paar Wochen in den Steueroasen dieser Welt. Es war mir völlig egal, aus welchen Quellen mein Lohn entsprang, nicht egal war mir aber, dass die Möhlbrinks für die Zeit ihrer Abwesenheit ihren Hund bei der Sekretärin Frau Benning geparkt hatten, denn die brachte das Tier jeden Tag mit in die Kanzlei. Da lag es dann unter dem Schreibtisch und spielte mit einem zerfetzten Plüschirgendwas. Wenn ich morgens kam, klopfte ich immer erst an die Glastür der Kanzlei, wartete, bis Frau Benning den Hund festhielt, und huschte dann schnell durchs Zimmer in das Kabuff, in dem ich arbeitete. Frau Benning hatte zum Glück großes Verständnis dafür, dass ich wegen einer vorgeschobenen Hundehaarallergie auf keinen Fall in Kontakt mit dem Tier kommen durfte. In meiner Kammer gab es ein Telefon, das mit der Anlage in der Kanzlei verbunden war, und so konnte ich Frau Benning frühzeitig über Pausen oder Toilettengänge informieren. Und anscheinend störte es sie nicht, mich kaum zu Gesicht zu bekommen, Hauptsache, ich hatte am Abend wieder einen Buchstaben abgearbeitet.

Möhlbrinks Hund hieß Lucy und sah Ella ziemlich ähnlich. Schwarz, kurzes Fell, drahtig. Aber Lucy war definitiv gestört. Einmal sah ich im Vorbeihuschen Blutspuren auf dem Parkett in Frau Bennings Büro. Als Frau Benning später in meine Kammer kam, sprach ich sie darauf an.

»Tja, Lucy kaut manchmal so lange auf ihren Pfoten, bis sie bluten. Da muss man höllisch aufpassen. Leider musste ich für ein Diktat zu Herrn Maier, da habe ich es nicht gemerkt.«

»Wieso macht sie das denn?«, fragte ich.

»Keine Ahnung, aber ihre ersten Besitzer haben sie wohl an einer Autobahnraststätte ausgesetzt. Unglaublich, oder?«

Ich fand das alles andere als abwegig, sagte aber nur: »Hm.«

»Was ich dich noch fragen wollte: Kann ich dich mal ein Stündchen allein lassen? Ich muss etwas Dringendes zur Post bringen.«

»Klar.«

»Dann lasse ich die Tür hier auf, ja? Ich will nur, dass jemand ein Auge auf Lucy hat. Wenn du hier sitzen bleibst, bist du ja noch weit genug von ihr entfernt, oder?«

Nein, war ich definitiv nicht. »Äh, na ja …« Ich rieb mir theatralisch die Augen und wünschte, ich könnte auf Knopfdruck niesen.

»Gut, ich bin gleich wieder da«, sagte Frau Benning, nahm ihre Tasche und eilte hinaus.

Lucy lag wie immer unter dem Schreibtisch. Sie sah erst zur Glastür und dann zu mir. Oh Gott, gleich kommt sie auf mich zugerannt, dachte ich und schloss schnell die Tür zu meinem Kabuff. Sofort fing Lucy an zu winseln. Als sie immer lautere und jämmerlichere Töne von sich gab, öffnete ich die Tür einen Spalt.

»Ist ja gut, die Benning kommt ja gleich zurück. Bleib schön da liegen«, versuchte ich Lucy zu beruhigen. Dieser Moment kommt mir heute wie eine Szene aus einem Woody-Allen-Film vor. Zwei hochgradig neurotische Wesen, vollkommen überfordert mit der Situation, versuchen, irgendwie ruhig zu bleiben.

Lucy stand auf und kam auf mich zu.

Panisch schob ich die Tür bis auf einen winzigen Spalt zu. »Nein, Lucy, bleib liegen. Alles gut. Ich tue dir nichts, und du tust mir nichts, okay?«

Lucy blieb tatsächlich stehen, ließ sich auf den Boden plumpsen und begann, wild an ihren Pfoten herumzukauen.

»Nein, das sollst du doch nicht!«, zischte ich durch den Türspalt. »Pfui!«

Lucy kaute seelenruhig weiter.

»Pfui, pfui, pfui. Hör auf!«

Es nützte nichts, ich musste irgendwie einschreiten und sie daran hindern, sich selbst aufzufressen. Ich sah mich in meiner Kammer um, griff kurzerhand ein Blatt Papier, knüllte es zu einem Ball und warf ihn durch den Spalt ans andere Ende des Büros. »Los, Lucy, hol den Ball!«

Lucy ließ nicht von ihren Pfoten ab.

Ich warf noch einen Papierball und traf sie diesmal am Kopf. Das riss sie aus ihrer Versenkung. Verschreckt sprang sie auf und jaulte laut auf. Ich erschrak, knallte meine Tür zu, ohne die Klinke loszulassen. So verharrte ich ein paar Minuten, bis ich mich etwas beruhigt hatte. Ich presste mein Ohr an die Tür. Es war nichts zu hören. Was, wenn sie schon wieder an ihren Pfoten zugange war? Das würde Ärger mit Frau Benning geben. Als ich die Tür ganz langsam wieder ein paar Millimeter weit öffnete, war der Hund verschwunden. Ich öffnete die Tür noch etwas weiter und steckte meinen Kopf raus. Sofort setzte ein ohrenbetäubendes Heulen ein. Lucy saß vor dem geöffneten Fenster auf der Fensterbank und sah mich ängstlich an. Was sollte ich tun? Eine falsche Bewegung, und der wahnsinnige Hund spränge vom zweiten Stock in den Tod.

In diesem Moment ging die Glastür auf. »Jesusmariaundjosef, was ist denn hier los? Lucy, komm zu Tante Liesel!« Sofort sprang Lucy von der Fensterbank und rannte auf Frau Benning zu.

Ich öffnete meine Tür und mied Frau Bennings bösen Blick. »Der Hund wollte sich umbringen! Ich habe nichts gemacht!«

Weder Frau Benning noch ich erzählten Herrn Möhlbrink von dem versuchten Selbstmord seines Hundes. Vielleicht hätte Lucy einen Hundetherapeuten gut gebrauchen können. Vielleicht wäre das aber auch ihr Verderben gewesen. Nach der Bekanntschaft mit Agnes wäre Lucy sicher gesprungen.

Lina kommt schlaftrunken auf den Balkon und setzt sich in den Korbsessel auf der anderen Seite des Holztisches. »Warum bist du so früh auf?«

»Ach, ich konnte nicht mehr einschlafen. Mir geht so viel durch den Kopf.«

»Was denn?«

Ich ziehe die Decke enger um meine Schultern und trinke den letzten Schluck kalten Kaffee aus. »Ach, nichts Besonderes.« Ich sehe in die Baumkrone der Pappel vor unserem Haus, die schon langsam gelbe Blätter bekommt. »Hab noch mal über gestern nachgedacht … Meinst du, wir sind schlechte Hundeeltern?«

»Ach, mach dir deswegen keine Sorgen.«

»Du hast das doch immer so wahnsinnig ernst genommen. Aber vielleicht ist das ja auch richtig … Hab ich dir schon mal von Lucy erzählt?«

»Dem lebensmüden Hund?«

»Nicht, dass Ella irgendwann auch einen Psychoknacks hat, weil wir was falsch machen.«

»Ach, Daniel, Ella hat doch keinen Knacks. Sie ist vielleicht ein bisschen verwöhnt und verzogen, aber das bekommen wir schon noch in den Griff. Meine Eltern waren auch nicht die Konsequentesten, und keiner unserer Hunde hat sich umgebracht.«

»Warum musste dann diese Tante kommen?«

»Ich dachte, das wäre gut. Ich hab ja auch noch nie selbst einen Hund erzogen. Aber wahrscheinlich müssen wir einfach ein bisschen ausprobieren.«

Nachdenklich zeichne ich mit dem Finger den Rand meiner Tasse nach. »Wo steckt Ella überhaupt?«

»Keine Ahnung, ich schau mal.«

Kurz darauf kommt Lina mit ihrer Zeitung unter dem einen und Ella unter dem anderen Arm wieder. »Du wirst es nicht glauben, aber sie hat sich nicht in die Küche getraut und ist deswegen auch nicht zu uns auf den Balkon gekommen. Ich musste sie tragen.«

»Echt?« Ich weiß nicht, ob ich das gut oder bedenklich finden soll.

Ein weiterer merkwürdiger Hund in Ibbenbüren war der Dackel Hans von Dackel-Dieter. Hans sah aus wie eine Wurst auf Beinen und war Dackel-Dieters Ein und Alles. Dieter war Bergmann gewesen und mit siebenundfünfzig in Frührente gegangen. Ungefähr die Hälfte der Einwohner Ibbenbürens verdiente ihre Brötchen auf dem »Pütt«, wie das große Kohlebergwerk genannt wurde, das die ganze Stadt überragte. Dieter wohnte in einer Parallelstraße und lief den ganzen Tag mit einem aufgespannten Regenschirm und seinem kleinen Hund durch die Gegend. »Kiek mal, dao kommt der Dackel-Dieter«, sagte meine Oma immer, wenn uns jemand mit Schirm und Hund entgegenkam. Schien die Sonne, hatte sie recht. Regnete es, irrte sie meistens. Von Oma kannte ich auch die Geschichte von Dackel-Dieter. Angeblich spannte er immer seinen Regenschirm auf, weil er Angst hatte, der Himmel könnte ihm auf den Kopf fallen. Er war einmal für mehrere Tage in einem eingestürzten Schacht gefangen gewesen. Seit seiner Rettung hatte er mit keinem Menschen mehr ein Wort gesprochen. Nur mit seinem Dackel sprach er. Hans war Dieters engster Vertrauter, der ihm nie von der Seite wich. Wahrscheinlich hatte der Dackel noch nie über eine Wiese rennen oder einer Hündin hinterherjagen dürfen. Er war nur für Dieter da, der sich von Beziehungen zu Menschen losgesagt hatte und mit seinem Hund glücklich genug zu sein schien.

»Ich finde, wir sollten mal wieder weggehen.« Lina legt ihre Zeitung auf den Tisch und streckt sich. »Vielleicht Kino heute Abend?«

»Und was ist mit Ella? Ich glaube nicht, dass das schon klappt.«

Ella zwängt sich zu Lina auf den Balkonsessel. Ich erinnere mich nicht, wann Lina und ich das letzte Mal zusammen einen Abend in der Stadt verbracht haben. Es muss im Frühling gewesen sein, genau, wir saßen mit Jacken im Biergarten und tranken Weißbier. Den Berliner Sommer haben wir verpasst. Keine Strandbars, kein Freiluftkino, keine Open Airs. Nur immer wieder zu Heinz und seiner Imbissbude an den Grunewaldsee.

»Wir müssen uns echt was einfallen lassen«, sage ich und schaue etwas missmutig zu Ella. »Wir vereinsamen noch total. Wann hast du Maria das letzte Mal gesehen? Also, nur ihr beide, meine ich. Thomas lässt sich auch kaum noch blicken. Und ist dir schon mal aufgefallen, dass uns viel weniger Leute besuchen, seit Ella da ist? Mike und Katja oder Björn habe ich ewig nicht gesehen. Wohnen die überhaupt noch in Berlin? Die haben bestimmt einfach keine Lust auf Hundegestank und behaarte Sitzmöbel. Der Hund schränkt uns total ein!«

»Blödsinn. Die letzten Wochen und Monate waren

doch toll. Ella hat so viel gelernt. Und du hast wahnsinnige Fortschritte gemacht, am See macht dir fast kein Hund mehr Angst. Außerdem haben wir mit Ella im Park gegrillt, sind nach Potsdam gefahren …«

»Genau, wir haben alles mit dem Hund gemacht! Ich komme mir mittlerweile wie ein alter Mann vor, der sonntags mit Kind und Kegel einen Ausflug macht und sich am meisten über die gute Isolierung der neuen Familienkühltasche freut.«

»Aber das hat dir doch alles Spaß gemacht.«

»Ja, schon, aber irgendwie geht's doch bei dem Hund um uns.«

Lina drückt Ella vom Stuhl herunter und macht den Rücken gerade.

»Wie, um uns?«

O Mann, was habe ich da nur gesagt? Mir wird heiß und kalt, und meine Gedanken überschlagen sich. Wie komme ich da jetzt wieder raus? Lina wird nicht lockerlassen, bis ich die Wahrheit sage. Sie kennt mich viel zu gut und weiß, dass ich sie nicht belügen kann. Ich knete meine Hände und erwidere hilflos ihren fragenden Blick. »Du weißt, dass es mir nicht leichtgefallen ist, einen Hund anzuschaffen. Ich habe gedacht, dass uns ein Hund wieder näher zusammenbringt.«

Linas Miene verrät sofort, dass sie dafür keinerlei Verständnis hat. »Wie, und statt Blumenstrauß hast du mal eben einen Hund gekauft?«

Ich hasse ihre Schlagfertigkeit wenn wir uns streiten. Am liebsten hätte ich jetzt wieder das Weite gesucht, aber es gibt einfach zu viel Unausgesprochenes zwischen uns, ich muss da jetzt durch. »Ich wollte dir zeigen, dass ich nicht so verantwortungslos bin, wie du mir immer vorgeworfen hast. Und du hast selbst gesagt, dass ich auch mal ein Opfer für unsere Beziehung bringen muss.«

»Ja, schon. Ich wollte, dass du dir mal klarmachst, was du eigentlich willst – ob du *uns* willst. Aber du hast offenbar gedacht, dass du mal eben alle Probleme ganz schnell lösen kannst, indem du mir einen Hund kaufst.« Linas Augen füllen sich mit Tränen.

Eigentlich möchte ich aufstehen und sie in den Arm nehmen, aber ich kann es nicht. »Ist das denn so schlimm? Ich hätte das doch nie gemacht, wenn ich dich nicht lieben würde und mir unsere Beziehung nicht wichtig wäre.« Ich muss schlucken und starre auf die Maserung des Holztisches. »Immerhin wollte ich etwas, das uns näher zusammenbringt. Du hast da ja offenbar mittlerweile andere Ansichten.«

Lina sieht mich mit großen, traurigen Augen an. Dann steht sie auf und geht.

12. Kapitel OMA

»Es gibt Tage, da wünscht' ich, ich wär mein Hund.«

Reinhard Mey

Der Sommer ist endgültig vorbei. Das merke ich unter anderem daran, dass Ella kein Winterfell mehr verliert. Wochenlang waren ihr die Haare ausgefallen. Unter dem Sofa hatten sich tischtennisballgroße Häufchen gebildet, die beim kleinsten Lufthauch durchs Zimmer wehten. Lina nannte sie Wollmäuse, mich erinnerten sie eher an die rollenden Büsche in Westernfilmen.

Mit dem Staubsauger bewaffnet, kämpfe ich gegen die letzten Nachwehen der Hundemauser. Lustlos schiebe ich das Gerät vor und zurück, während Ella auf dem Sofa liegt und missmutig mein Treiben beobachtet. Ich weiß mittlerweile, dass Hunde jegliche Art von Schmutz lieben. Wenn etwas nicht nur dreckig ist, sondern auch ordentlich stinkt, ist Ella im Glück. Neulich hat sie sich in frischen Pferdeäpfeln gewälzt und kam danach euphorisch zu mir gerannt, um ihre Freude mit mir zu teilen. Ihr Fell war völlig verklebt, das Auto hat gestunken wie ein Pferdestall, und meine Hose habe ich nur mit Gallseife wieder sauber bekommen. Wenn Ella von einem Kind gezeichnet werden würde, stünden über ihrem Strichmännchenkörper gekräuselte Stinklinien. Nachdem wir Ella dann in der Wanne abgeschrubbt hatten und sie wieder sauber und frisch war, sah sie uns an, als wäre jemand gestorben.

Das Telefon klingelt. »Eltern«, steht im Display. Das dauert immer. Vor allem, seit mich mein Vater zunehmend mit Fragen nach meinen beruflichen Plänen löchert. Ich sauge einfach weiter, stelle das Gerät aber dann doch aus.

»Ich dachte schon, du bist nicht zu Hause.« Mein Vater klingt unruhig.

»War nur im Bad.«

»Wie geht's Lina, was macht der Hund?«

»Lina ist im Laden, und der Hund liegt auf dem Sofa.«

»Mensch, die arbeitet ganz schön viel.«

»Ja.«

Für einen Moment höre ich nur leises Rauschen.

»Papa?«

Ich höre ihn tief Luft holen. »Oma ist tot.«

Der Hörer wird mit einem Mal ganz schwer in meiner Hand. Ich höre kaum noch, was mein Vater als Nächstes sagt. Alles ist wie gedämpft, erst nach und nach empfange ich wieder Signale aus der Außenwelt.

»... dann hat die Pflegerin sie am Morgen gefunden. Der Arzt hat gesagt, sie ist einfach eingeschlafen.«

Das letzte Mal hatte ich Oma vier Wochen zuvor gesehen. Mein Vater hatte mich gebeten, bei ihrem Umzug ins Pflegeheim zu helfen. Mit siebenundachtzig war sie geistig zwar noch hellwach, konnte sich aber nicht mehr selbst versorgen. Obwohl sie sich nie beschwerte, dass mein Vater und Onkel Rudolf keine andere Lösung fanden, war klar, dass ihr das neue Zuhause nicht behagte. Als ich sie das erste Mal im Heim besuchte, saß sie zusammengesunken in ihrem Ohrensessel und starrte aus dem Fenster in den Park. Sie hatte nicht mitbekommen, dass ich eingetreten war, vermutlich hatte sie ihr Hörgerät wieder verlegt.

»Hallo, Oma!«, brüllte ich und trat näher. Langsam wandte sie sich mir zu. Ein Lächeln umspielte die faltigen Lippen, und sie rückte ihre Brille zurecht.

»Daniel, dat is aber schön! Wo häs denn de Tina lassen?«

»*Lina*, Oma!«, sagte ich sehr laut und zog einen Stuhl nah an ihren Sessel. »Du hast aber einen tollen Ausblick hier. Da hast du richtig Glück gehabt mit dem Zimmer!«

»Glück? Ich werd dir was mit Glück«, sagte sie und sah sich zornig in ihrem Zimmer um. »Ik häb dänne sägt, ik wil dän Pütt ankiken. Nich up dän dusseligen Brink.« Wenn sie richtig sauer war, verstand ich oft kein Wort mehr. Jetzt schien sie zumindest kurz davor zu sein.

»Aber Oma«, sagte ich, »den Pütt kennst du doch schon dein ganzes Leben. Ist doch schön, mal was Neues zu sehen.«

Sie starrte mich an. »Du küers aal jüst so äs dinen Ollen«, sagte sie bitter. Ich glaube, sie meinte, dass mein Vater ihr das auch schon gesagt hätte und ich mich genauso anhören würde. Dann folgte ein langer Monolog, den ich nur bruchstückhaft verstand. Das Zimmer liege nicht nur falsch, es sei auch viel zu klein. Die Nachbarn kämen alle gar nicht aus Ibbenbüren und sie wüsste gar nicht, was sie mit denen reden sollte. Die Pfleger sprächen kein Deutsch und würden immer mal wieder was mitgehen lassen, und, was am schlimmsten sei, sie hätten ihr verboten zu kochen. Die Kochnische in ihrem Zimmer war vom Strom getrennt worden, nachdem Oma einmal die Milch auf dem Herd vergessen hatte und in den Gemeinschaftsraum zum Mühlespielen gegangen war. Am Ende ihres Monologs hat sie sich ein bisschen beruhigt. In fast makellosem Hochdeutsch sagte sie einige Minuten später: »Ik wollt doch so gern noch mal den Falschen Hasen für dich kochen. Den haste doch immer so gern gemocht.«

Ich versuche, den Kloß im Hals wegzuräuspern. »Es hat ihr da nicht so gut gefallen.«

»Nein.« Dann sagt mein Vater lange nichts. »Die Beerdigung ist übermorgen. Pastor Becker macht das. Mit dem hat Oma sich doch so gut verstanden.«

Das bezweifle ich. Oma ist zwar sonntags immer in die Kirche gegangen und hat für die Kirchenfeste ihren gedeckten Apfelkuchen gebacken, aber getraut hat sie den Kirchenleuten nie. Und Pastor Becker war nur freundlich zu ihr, weil er auf ihren runden Geburtstagen umsonst ein paar Schnäpse trinken konnte.

»Könnt ihr kommen?«

»Natürlich. Wir sind morgen Abend da.«

Ich weiß nicht, was ich noch sagen soll. Mein Vater und ich haben nie über Gefühle geredet. Dafür ist meine Mutter zuständig gewesen. Mehr als einen kumpelhaften Schlag auf die Schulter und einen aufmunternden Blick konnte ich von ihm nicht erwarten. »Kommst du klar?«

Sein Ja klingt etwas belegt. »Geht's euch sonst gut? Was macht der Studienabschluss?«

Ich schließe die Augen und hole tief Luft. »Läuft alles

gut, bin fast fertig. Die Magisterarbeit habe ich abgegeben, jetzt kommen noch zwei mündliche Prüfungen.«

»Und hast du danach schon was in Aussicht?«

»Im Moment noch nicht.«

»Aber du hast schon ein paar Bewerbungen geschrieben, oder?«

Ich verdrehe die Augen. Dass ich bislang nur eine Bewerbung an Schulz & Schulz geschickt habe, muss er ja nicht unbedingt wissen. Er versteht sowieso nicht, was ich in einer Werbeagentur will.

»Klar«, sage ich, ziehe mein Handy aus der Tasche und rufe die Alarmeinstellungen auf. Als der Klingelton ertönt, halte ich das Handy dicht an den Telefonhörer. »Sorry, da muss ich rangehen, Papa, wir sehen uns morgen.«

Ella hüpft in den Kofferraum und versucht, ihren Kopf an dem Gitter vorbeizuzwängen. Mittlerweile fällt ihr das deutlich schwerer als noch vor wenigen Wochen, und daran erkenne ich, wie groß sie schon geworden ist. Sie scheint selbst überrascht zu sein, dass sie nur noch ihre Nase und nicht mehr den ganzen Kopf durch die kleine Lücke stecken kann. Um sie etwas versöhnlicher zu stimmen, hat Lina ihr eine Kuscheldecke und ihren Stoffhasen in den Kofferraum gelegt. Ella liebt Autofahren. Kein Wunder, denn wir fahren mit ihr ja entweder zum »Fressnapf« oder zum Grunewaldsee. Entsprechend aufgeregt wedelt sie mit dem Schwanz, als ich den Kofferraum schließe.

Am Dreieck Funkturm geraten wir in den ersten Stau. Ella rappelt sich hoch und guckt aus dem Fenster. Als sie sieht, dass wir immer noch auf der Autobahn sind, legt sie sich enttäuscht schnaubend wieder hin. Kurz nach den maroden Zuschauertribünen an der Avus führt die Autobahn stadtauswärts durch den Grunewald. Ella kennt diese Strecke wie ihren Futternapf und versteht die Welt nicht mehr, als wir an der Abfahrt Hüttenweg nicht wie sonst die Autobahn verlassen. Es dauert eine Weile, bis sie aufhört, am Gitter zu kratzen, und ihr anklagendes Gejaule einstellt.

Die Avus mit dem ehemaligen Grenzübergang Dreilinden erinnert mich immer an meinen Umzug nach Berlin. Ich war einundzwanzig, jung und frei und fuhr in einem geliehenen Mercedes Sprinter mit meinem Hausstand zum ersten Mal an den zwei Betonsäulen neben der Autobahn vorbei, die früher wohl das Wappen der DDR getragen hatten, wo jetzt nur noch ein leerer, kreisrunder Betonrahmen prangte. Ich versuchte mir vorzustellen, wie es hier vor der Wende ausgesehen hatte. Die Transitstrecke zwischen Helmstedt und Berlin kannte ich nur aus Erzählungen.

»Oma hat mir mal erzählt, wie wir damals alle zusammen zur Hochzeit von Onkel Rudolf gefahren sind«, sage ich nachdenklich.

Lina scheint mich gar nicht gehört zu haben. Wir haben in den letzten Tagen wenig geredet, und ihre Tröstungsangebote konnte ich nicht so richtig annehmen. »Was?«

»Das war im Frühjahr 89. Da war ich sechs, und meine Mutter ist mit uns Kindern und Oma nach Berlin gefahren. Mein Vater hatte sich da gerade die Achillessehne gerissen und konnte nicht mitkommen.«

»Hast du bestimmt mal erzählt.«

»An der Grenze standen Polizisten in diesen grauen DDR-Uniformen. Ich kann mich noch genau erinnern, wie sie uns dann kontrolliert haben und meine Mutter den Kofferraum öffnen musste. Oma hat wahnsinnig gezetert, weil sie ihren Koffer aufgemacht und in ihren Blusen rumgewühlt haben.«

Lina wird etwas wacher. »Das kann ich mir lebhaft vorstellen.«

»Sie wird mir fehlen. Weißt du noch, wie wir das letzte Mal mit ihr telefoniert haben? Sie hat Ella ›Ossi-Hund‹ genannt.«

»Deine Oma war schon ein Original. Mich hat sie mal auf Plattdeutsch gefragt, wo ich herkomme. Ich hab kein Wort verstanden. Sie hat nur gelacht und meine Hand getätschelt. Das war mir total peinlich.«

»Sie mochte dich. ›Guëde Deern‹ hat sie dich genannt.«

Wir lächeln uns kurz an, dann richte ich den Blick wieder auf die Straße.

Viereinhalb Stunden und fünf Ella-Pinkelpausen später verlassen wir die A30. Kurz nachdem wir die Autobahn verlassen haben, biegen wir in die Münsterstraße ein. Ella freut sich, weil das Auto langsamer fährt.

»Wie lange warst du nicht mehr hier?«, frage ich Lina.

»Keine Ahnung, zwei Jahre? Aber es scheint sich nicht viel verändert zu haben.«

Aus dem Augenwinkel nehme ich ein gelbes Schild wahr. Obwohl es mittlerweile vergilbt und angerostet ist, bin ich sofort alarmiert. Aber heute ergreift mich keine

Panik, als wir das graue Haus passieren. Das Schild hat Hasso überlebt. Ich könnte ganz gemütlich an dem Jägerzaun vorbeispazieren und mich an den Spätblühern des frisch geharkten Vorgartenbeetes erfreuen. Stolz schaue ich in den Rückspiegel. Ella betrachtet die Umgebung und drückt ab und zu ihre feuchte Nase gegen die Scheibe. Ich könnte sie knuddeln.

Wir biegen in die Einfahrt meines Elternhauses und halten vor der geschlossenen Garage. Ich hupe einmal kurz, Ella erschrickt, und schon kommt meine Mutter angelaufen.

»Ja, wo ist denn die Ella?«, ruft sie schon von Weitem.

»Hallo erst mal«, sagt Lina und umarmt meine Mutter. Als ich sie umarme, drückt meine Mutter mich ganz fest an sich. Dann lächelt sie mich etwas gequält an und wendet sich ab. Eilig läuft sie um das Auto herum und klopft an die Scheibe des Kofferraums.

Es folgt eine Begrüßung, wie ich sie selbst noch nie erlebt habe. Ella wird geherzt, gestreichelt, hochgehoben und am Ende von meinem Vater persönlich durchs ganze Haus geführt. Anschließend zeigt er ihr den Garten und versorgt sie mit getrocknetem Pansen, den er zuvor extra beim Metzger besorgt hat. Und ich dachte immer, er wäre nur in Katzen vernarrt.

»Der stolze Opa«, kommentiert Lina das Geschehen.

Mir ist das Ganze fast unheimlich. »Ich glaube, die wollen nur nicht über Oma reden müssen.«

Als wir später Abendbrot essen, schiebt mein Vater Ella, die unter dem Tisch sitzt, unablässig Wurstscheiben ins Maul.

»Jetzt lass das doch mal, Hartmut«, sagt meine Mutter irgendwann, »du verziehst den Hund doch total.«

»Ach, Quatsch. Guck mal, wie sie sich freut!« Er krault Ellas Kopf. Ella sitzt ganz still, hat die Augen geschlossen und genießt die Aufmerksamkeit. »Ja, Opa meint es gut mit dir.«

»Papa!«

»Ist ja gut.« Er wendet sich wieder seinem Teller zu, greift nach einer Scheibe Brot und sieht sich auf dem Tisch um. »Wie, haben wir gar keine Blutwurst mehr?«

»Nein, jetzt nicht mehr.« Meine Mutter reicht ihm die Käseplatte, die er mürrisch entgegennimmt.

Eine Weile konzentriert sich jeder auf sein Essen, dann und wann schlürft mal einer an seinem Früchtetee.

»Ich hab mir das noch mal überlegt«, sagt mein Vater irgendwann mit vollem Mund in die Stille. »Ich komme morgen nicht mit.«

Meine Mutter verschluckt sich an ihrem Tee und wedelt wild vor ihrem Gesicht herum. Ich lege ihr meine Hand auf die Schulter, und sie hustet. »Geht schon wieder«, bringt sie krächzend hervor und sieht dann entsetzt meinen Vater an.

»Ist doch eine blöde Tradition«, fährt dieser fort, »alle stehen heulend um ein Grab und gehen danach auf Kosten des Toten essen, obwohl keiner Hunger hat. Außerdem habe ich wirklich keine Lust auf die Möllenkamps.«

Ich kann meinen Vater gut verstehen. Ich hasse soziale Verpflichtungen und die Engstirnigkeit, mit der in Ibbenbüren Gemeinschaftsveranstaltungen abgehalten werden, genauso. Vor allem, wenn man dabei unliebsamen Nachbarn wie den Möllenkamps begegnet.

»Das ist *deine* Mutter! Was sollen denn die Leute denken, wenn der eigene Sohn nicht zur Beerdigung kommt!«, ruft meine Mutter.

»Sag ihnen doch, dass ich krank bin.«

»Nachdem dich heute die halbe Stadt beim Einkaufen gesehen hat.«

Mein Vater zuckt mit den Schultern und starrt auf sein Käsebrot. »Ich kann da nicht hin.« Schließlich nimmt er den Teller und stellt ihn vor Ella auf den Boden, die sogleich zu schmatzen beginnt. »Außerdem kann Ella nicht allein bleiben. Habt ihr nicht neulich erzählt, dass sie immer bellt, wenn ihr weggeht?«

»Hier ist ja kein Herr Weber, der sich aufregen könnte«, sagt Lina. »Ist bestimmt kein Problem, wenn sie mal zwei Stunden allein im Garten ist.«

»Wer ist denn Herr Weber?«, fragt mein Vater interessiert. Das kommt ihm natürlich gelegen.

»Unser Nachbar, der sich wegen Ellas Bellen beim Vermieter beschweren will.«

»Was? Über Ella beschweren? Der wird mich kennenlernen. Ich gebe euch nachher mal die Nummer von Alfons. Das ist ein alter Schulfreund, der ist Rechtsanwalt. Ruft den mal an, dann macht dieser Weber keine Probleme mehr.«

»Aber der macht doch Strafrecht, oder?«, frage ich.

»Meinst du nicht, man bräuchte da jemanden, der auf Mietrecht spezialisiert ist?«

»Quatsch. Alfons kann alles. Der hat letztes Jahr erst verhindert, dass Bauer Kaiser der Kuhstall abgerissen wird. Hatte ich doch erzählt, oder? Die Stadt wollte den Gehweg erweitern, der da an Kaisers Wiese vorbeiführt, und da hat Alfons …«

Während mein Vater erzählt, räumt meine Mutter geräuschvoll den Tisch ab und sieht ihn dabei immer wieder böse an. Mein Vater scheint es nicht zu bemerken. Er flüchtet sich genau wie ich immer schnell aus unangenehmen Situationen. Aber so wie ich ihn kenne, steht seine Entscheidung fest, da kann meine Mutter nichts tun.

Am nächsten Morgen stehen meine Mutter, Lina und ich vor dem Haus meiner Oma. Die Beerdigung ist erst am Nachmittag, und wir wollen den Vormittag nutzen, um Omas Sachen zu sortieren. Ich hätte mich gerne darum gedrückt, aber meine Mutter hat nicht lockergelassen. Außerdem ist klar, dass mein Vater im Moment keinen Fuß in das Haus setzen wird.

Zu Lebzeiten hatte Oma allen verboten, ihre Sachen anzufassen. Es gibt sogar ein Dokument, das untersagt, bis zu ihrem Tod etwas im oder am Haus zu verändern. Meine Mutter war mindestens einmal die Woche zu Oma gefahren, um unter ihrem kritischen Blick die Blumen zu gießen und Staub zu wischen. Aber wegwerfen oder umräumen durfte sie nichts. Ins Pflegeheim zog Oma dann nur mit zwei Koffern und neun Topfpflanzen ein. Vielleicht hatte sie insgeheim gehofft, hierher zurückzukommen.

Im Innern des Hauses ist es stockdunkel, und es riecht muffig. Mein Vater hatte irgendwann den Stromanbieter gekündigt und das Haus sich selbst überlassen. Als sich meine Mutter durch ein Zimmer tastet und die Rollläden hochzieht, kommen Kindheitserinnerungen hoch. Es hat sich nichts verändert. Schon als Kind hatte ich das Gefühl, dass meine Oma mit ihrem Geschmack in der Steinzeit hängen geblieben war. Heute weiß ich, dass diese Steinzeit die späten Fünfziger waren.

»Wahnsinn, so ein Sideboard kostet in Berlin ein Vermögen«, sagt Lina und streicht mit einem Finger über das Holz.

»Ihr könnt mitnehmen, was ihr wollt.« Meine Mutter sieht sich hilflos im Zimmer um. »Ich weiß eh nicht, was mit den Sachen passieren soll.«

»Was ist denn hier drin?« Lina öffnet einen Schrank und wird von einer Staubwolke eingehüllt. Sie hustet und klopft sich den Staub vom T-Shirt.

»Das ist Omas Mehlschrank.« In dem umfunktionierten Bauernkleiderschrank stapeln sich Mehlpakete. Opa hatte in Ibbenbüren in einer Fabrik für Mehl- und Pulvererzeugnisse gearbeitet. Seit seinem Tod 1975 bekam Oma jährlich eine Truppenration Mehl von der Firma geschickt. Das ging noch bis vor ein paar Jahren so. Wahrscheinlich hatte der Fabrikbesitzer schlechtes Gewissen, denn Opa war während der Arbeit an einem Herzinfarkt gestorben.

Lina beginnt, die Mehlpakete aus dem Schrank zu räumen. Mir strahlen Generationen von Michels entgegen. Michel ist bis heute das Maskottchen der Firma. Ein dicker

Comicjunge, der sich breit lächelnd die Lippen leckt und in einem großen Topf Pudding rührt. Der älteste Michel ist schwarz-weiß und prangt auf einer Packung von 1976. Mit seinem geringelten Pullover und dem Topfschnitt sieht er aus, als wäre er direkt aus Omas altem Fernseher gefallen. Als der Schrank leer ist, sieht es aus wie auf einer Baustelle. Überall weißer Mehlstaub; die umgestapelten Pakete erinnern an Ziegelsteine.

»Mein Gott, sie hat wirklich alles aufgehoben, oder?«, fragt Lina und streicht sich über die Stirn.

Ich nicke. »Es wird Tage dauern, das Haus auszuräumen.«

Meine Mutter stemmt die Hände in die Hüften. »Vielleicht sollten wir einfach eine Firma engagieren, die alles entsorgt und das ganze Haus entkernt.«

»Nein!«, rufen Lina und ich gleichzeitig.

»Aber wer soll das machen? Ihr wollt morgen wieder fahren, und ich schaffe das nicht allein.«

»Ich bleibe so lange, bis hier klar Schiff ist. Und wenn es Wochen dauert«, beschließe ich.

Zu meiner Überraschung protestiert Lina nicht. Im Gegenteil, sie nickt. »Ich kann vielleicht für den Rest der Woche freinehmen. Und Ella ist ja bestens versorgt.«

Ich sehe sie erstaunt an und kaue auf meiner Unterlippe. »Das musst du nicht, Lina.«

»Will ich aber.«

Zehn Tage später sitzen wir im bis unters Dach vollgepackten Golf und fahren Richtung Osten. Ella kann sich im Kofferraum kaum mehr um sich selbst drehen, und wir machen jede Stunde eine Pause. Gemeinsam mit meiner Mutter und ein paar Bekannten, die ich noch anheuern konnte, haben wir es tatsächlich geschafft, Omas Haus auszuräumen.

Ich bin erleichtert, meine Eltern bis Weihnachten erst mal nicht wiederzusehen. Mein Vater hatte sich am Ende als Hundesitter für alle Fälle angeboten. Ella war der Abschied von Wald, Garten und von ihrem Blutwurst-Opa allerdings auch nicht leichtgefallen. Es brauchte mehrere Anläufe, sie in die kleine Nische im ansonsten vollgestellten Kofferraum zu locken, und als sie endlich drin war, fing sie sofort zu winseln an und sah meinen Vater durch die Scheibe traurig an.

Kurz vor Berlin ist die Autobahn mal wieder heillos verstopft. Ich beschließe, am Dreieck Nuthetal abzufahren und die Landstraße zu nehmen. In Kleinmachnow übe ich mich im Schlagloch-Slalom und komme wieder an dem verfallenen Haus vorbei, das Lina und ich vor ein paar Monaten schon mal gesehen haben. Es überrascht mich wenig, dass das »Zu vermieten«-Schild immer noch steht. In der Dämmerung sieht die Bruchbude noch trauriger aus. Dann tauchen in der Ferne die Lichter der Großstadt auf, die den Himmel in ein nebliges Gelb tauchen. Schließlich biege ich auf die Potsdamer Chaussee ein und bin zurück in der Stadt.

Damals im Mercedes Sprinter konnte ich es kaum erwarten, dem zu entfliehen, was mir jetzt plötzlich fehlt: der Wald hinterm Haus, die frische Luft und wie Michel mich angrinst, während Oma mir Pudding kocht.

13. Kapitel EINE FRAGE DER AUSBILDUNG

»Mit einem Menschen an der Leine macht
der Spaziergang noch mehr Spaß.«
Lily Brown

»… wieder ein grauer Herbsttag, und ein Wetterwechsel ist nicht in Sicht … Der Verkehrsfunk: Stau und stockender Verkehr auf folgenden …« Ich schlage auf die Snooze-Taste meines Radioweckers und drehe mich um. Neun Minuten müssen mir noch vergönnt sein.

»… aber hier leben, nein, danke!« Wieder versetze ich dem Wecker einen Schlag. Snooze, Tocotronic! Ich ziehe die Decke bis ans Kinn und mache die Augen wieder zu.

Fiiiiiiiiiep … Grrrrrrrr … Das ist jetzt nicht der Wecker. Widerwillig schlage ich die Augen auf. Ella liegt neben mir im Bett und glotzt mich an. Sie kann froh sein, dass ich ihr nicht auf den Kopf gehauen hab. Freudig schnüffelt sie an meinem Gesicht. Als sie mir mit ihrer feuchten Zunge übers Ohr schleckt, greife ich die Zeitschrift, die auf dem Nachttisch liegt, und werfe sie ans andere Ende des Zimmers. Ella springt aus dem Bett, stellt eine Pfote auf das Heft und beginnt, es genüsslich zu zerfleddern. *Ratsch!* Ich ziehe mir die Decke über den Kopf.

»… I've been looking so long at these pictures of you. That I almost believe they're real …« Das müsste jetzt wieder der Wecker sein. The Cure am frühen Morgen. Na gut, Zeit, aufzustehen. Ich haue ein letztes Mal auf den Wecker und folge Ella in die Küche. Ihre Ehrfurcht vor diesem Raum ist schnell wieder verflogen. Ich hätte konsequenter sein müssen, aber irgendwie war mir das zu anstrengend. Außerdem habe ich sie gerne um mich, wenn ich hier morgens meinen Kaffee mache.

Lina ist schon lange weg, es ist dunkel und kalt. Ella sitzt vor ihrem leeren Napf und guckt mich auffordernd an. Mist, ich habe vergessen, Hundefutter zu kaufen. Ich schütte ihr die letzten Krümel Trockenfutter in die Schüssel, die sie in Windeseile ausgeleckt hat. Dann sieht sie mich wieder an. Ich zucke mit den Schultern.

Die Kaffeemaschine macht ihr einzigartiges Kaffeemaschinengeräusch, und der Duft von frisch aufgebrühtem Kaffee steigt mir in die Nase. Gemütlicher kann ein Tag nicht beginnen. Wenn da nicht Ella wäre, die jetzt an meinen Beinen kratzt und um mehr Futter bettelt. In dem Moment ertönt laute Musik aus dem Schlafzimmer. Snooze ist auch keine Lösung. Ich schlurfe zurück zu meinem Wecker und schalte ihn ganz aus. Auf dem Rückweg bücke ich mich nach dem völlig zerfledderten Magazin und fasse in einen Brei aus Sabber und Papier. Hinter mir höre ich schon wieder das Geklacker von Ellas Krallen auf dem Parkettboden. Ich flüchte ins Bad. Ella ist empört und kratzt von außen an der Tür. So geht das jeden Morgen. Sie will nach dem Aufstehen immer sofort raus.

Kratz, kratz, kratz.

»Ella, hör auf! Ich komm gleich!«

Als ich mir nach dem Zähneputzen Rasierschaum in die Handfläche sprühe, mischt sich in das aufgeregte Kratzen an der Tür plötzlich ein unerträgliches Quieken. Vor ein paar Tagen habe ich beim Aufräumen eine alte Dose Sprühsahne aus der hintersten Ecke des Kühlschranks gefischt. Unter Ellas aufmerksamem Blick sprühte ich mir etwas Sahne auf den Finger und kostete. »Hm, geht noch. Magst du auch mal?« Lina hätte mich umgebracht, aber seitdem mein Vater ihr alles Mögliche zu fressen gegeben hat, bin auch ich experimentierfreudiger geworden. Sie hielt ganz still, während ich ihr die Sahne auf die Zunge sprühte. Leider wollte sie immer mehr. Als die Dose leer war, bekam ich als Dank empörtes Bellen zu hören.

»Tja, tut mir leid, das war diesmal nur Rasierschaum«, sage ich, als ich die Tür öffne, und schiebe mich an ihr vorbei. Ich muss an Agnes' Mahnung denken: Bewegt euch in der Wohnung, als wäre der Hund gar nicht da. Dann hört das mit dem Nachlaufen auch auf. Wie, bitte sehr, soll man sich bewegen, als wäre der Hund nicht da, wenn man ständig über ihn stolpert?

Gegen Mittag raffe ich mich zur Morgenrunde auf. In der Bäckerei am Ende der Straße machen wir die erste Pause. Da erblicke ich Herrn Weber. Er sitzt auf dem Beifahrersitz seines Autos, das am Straßenrand geparkt ist. Er hat nur Socken an den Füßen, denn seine Schuhe hält er in den Händen und begutachtet sie kritisch.

»Morgen«, nuschele ich, als ich mit Ella an ihm vorbeigehe.

»Stopp!«, schreit er. »Schauen Sie sich diese Sauerei an!«

Ich bleibe stehen. Ich muss mir seine Schuhe nicht genauer ansehen, um Bescheid zu wissen.

»Das ist Hundescheiße!«

Ich zucke mit den Schultern. »Passiert. Wir sind nun mal in Berlin.«

»Ach ja? Und wer ist dafür verantwortlich? Das ist schon der dritte Haufen diese Woche, der zufällig direkt neben meinem Auto liegt!«

»Herr Weber, ich lasse meinen Hund nicht an ihr Auto scheißen.« Demonstrativ halte ich ihm meine Hundetüten vor die Nase.

»Ja, tagsüber machen Sie das weg. Und nachts, wenn es dunkel ist und keiner guckt? Sie gehen doch so spät immer noch raus!«

»Ja, aber auch dann machen wir die Häufchen weg. Ich kann nichts dafür, dass andere Hundehalter da weniger konsequent sind.«

Ella zieht an der Leine. Sie hat auch keine Lust mehr, sich von Herrn Weber beschimpfen zu lassen, und will jetzt endlich zur Wiese, um mit ihrem Tennisball zu spielen.

»Ich behalte Sie im Auge, darauf können Sie Gift nehmen! Noch hat Herr Schmidt-Brögelmann nichts von Ihren Rücksichtslosigkeiten und diesem Mistköter erfahren, aber das kann sich ganz schnell ändern, junger Mann!«

Wortlos wende ich mich ab und spreche in Gedanken mein neues Weber-Mantra. »Einmal nicht aufregen, zweimal nicht aufregen, dreimal nicht aufregen …«

Abends, als Lina schon schläft, setze ich mich auf eine Zigarette auf den Balkon. Plötzlich höre ich ein Glöckchen klingeln. Ich beuge mich über die Brüstung und sehe im fahlen Licht der Straßenlaterne einen großen schwarzen Hund, der sich direkt vor unserem Haus auf den Bürgersteig hockt und sein Geschäft verrichtet. Als er fertig ist, trottet er, gefolgt von seinem tatenlosen Herrchen, weiter, als wäre nichts geschehen. Ich sehe zum Balkon über mir hinauf und bin fast überrascht, nicht in Webers grimmiges Gesicht zu sehen. Kurz überlege ich, oben zu klingeln, aber das würde zu lange dauern. Stattdessen drücke ich meine Kippe aus, schlüpfe im Flur in meine Birkenstocks und stolpere die Treppe runter. Als ich unten ankomme, sehe ich den Mann mit seinem Hund gerade um die Ecke biegen. Er scheint es nicht besonders eilig zu haben, vom Tatort zu verschwinden.

»Entschuldigung!«, rufe ich. Zu meiner Überraschung bleiben Herr und Hund sofort stehen. Der Mann dreht sich um, und ich sehe, dass er eine Sonnenbrille trägt. Hippe Spinner, die nachts Sonnenbrillen tragen, waren mir schon immer besonders sympathisch.

Als ich auf die beiden zugehe, tritt mir sein Hund in den Weg und legt die Ohren an. Mein Puls rast. Warum habe ich Ella nicht mitgenommen? »Ihr Hund hat gerade direkt vor unser Haus gemacht«, sage ich betont freundlich. »Mich stört das eigentlich nicht, aber ich habe auch einen Hund, und die Nachbarn haben jetzt mich im Verdacht.«

»Was, Boja?« Der Typ zieht an der Hundeleine, und erst jetzt bemerke ich, dass der Hund ein seltsames dunkles Geschirr trägt. »Eigentlich weiß er, dass er nicht auf den Bürgersteig machen darf.«

Auf einmal ist mir das Ganze unangenehm. »Ach, mein Hund macht auch hin, wo er will, ist schon gut«, sage ich kleinlaut.

»Nein, nein, Sie haben ja recht. Aber eigentlich ist Boja so trainiert, dass er seine Haufen nicht dahin setzt, wo alle langlaufen.« Der Mann nimmt seinen langen Stock in die andere Hand und greift in die Innentasche seines Mantels. »Ich kann die Haufen leider nicht …«

Ich versuche ohne Erfolg, im Erdboden zu versinken. »Bitte, machen Sie sich keine Umstände. Ich habe nicht gesehen, dass Sie …, also, dass Boja …«

»Dachten Sie, ich laufe zum Spaß mit dieser Brille rum?«

»Äh, ja, ich meine, nein, natürlich nicht. Nichts für ungut. Schönen Abend noch!«, stammele ich und trete hastig den Heimweg an.

»… und da habe ich erst gemerkt, dass der blind war! Gott, das war so was von peinlich. Aber ich hab mich entschuldigt und Bojas Haufen weggemacht.«

Lina nickt. »Ich glaube, den habe ich auch schon mal gesehen«, sagt sie und beißt von ihrem Salamibrötchen ab. Während sie kaut, sieht sie auf die Uhr und verschwindet dann im Nebenzimmer.

»Das wollten wir dir noch geben.« Lina kommt mit einer großen Papiertüte zurück ins Zimmer.

»Wer ist *wir*?«

»Ella und ich«, sagt sie und stellt die Tüte auf den Tisch. Ella steht neben ihr, wedelt mit dem Schwanz und schaut genauso gespannt auf den Beutel wie ich. Lina lächelt mich erwartungsvoll an. »Los, guck's dir an, ich muss gleich zur Arbeit.«

Ich ziehe eine dunkelgrüne Box mit dem goldenen Aldens-Schriftzug hervor. »Nein!«, rufe ich und reiße den Schuhkarton auf. Aus einem Leinenbeutel ziehe ich mit zitternder Hand ein Paar rostbraune, halbhohe Aldens. Sie sind nagelneu und riechen umwerfend. Ungläubig starre ich Lina an. »Lina, bist du wahnsinnig? Die sind doch sauteuer!«

Lina grinst mich an. »Also, für dich ist mir natürlich nichts zu teuer, aber für die hier hab ich keinen Cent bezahlt.«

»Was? Sind die etwa geklaut?«

»Quatsch. Ich hab bei der Schulung in Hamburg eine Frau kennengelernt, die in Hamburg in so einer edlen Herrenboutique arbeitet. Wir kamen irgendwie ins Gespräch, und ich habe ihr erzählt, dass du so auf Aldens stehst. Und letzte Woche rief sie mich an und hat gefragt, ob ich Interesse an einem Paar in Größe 45 hätte, das abgeschrieben werden musste.«

»Abgeschrieben?«, rufe ich so laut, dass Ella zusammenzuckt.

»Ja, die sollen schon ein paar Macken haben.«

Sorgfältig untersuche ich die Schuhe. Tatsächlich

sind sie an zwei Stellen etwas abgestoßen, aber wen stört das schon, nach dem ersten Tragen sehen die noch viel schlimmer aus. Ich lege die Schuhe zurück in den Karton, gehe zu Lina, lege ihr die Hände auf die Wangen und gebe ihr einen dicken Kuss.

Während ich noch damit beschäftigt bin, meine Dankbarkeit zum Ausdruck zu bringen, ist Ella schon am Schuhkarton zugange und zerrt ihn vom Tisch. Mit einem *Rumms* landen die neuen Schuhe auf dem Küchenboden.

Panisch stoße ich Lina weg. »Ella, nein!«, kreische ich und schiebe sie unsanft mit dem Schienbein von den Aldens weg, die ich schnell aufhebe und wie zwei Babys im Arm halte. Dann rette ich noch den Leinensack und den Schuhkarton, der an einer Ecke schon aufgebissen ist.

Lina lacht und läuft in den Flur. »Ich hoffe, sie passen auch. Wenn nicht, verscheuern wir sie bei eBay.«

Ich drücke die Stiefel an mich und inhaliere ihren Duft. »Die passen bestimmt, die alten waren ja auch 45er.« Ich gehe an der winselnden Ella vorbei in den Flur und beobachte Lina beim Anziehen. »Willst du mir damit Hamburg schmackhaft zu machen?«, frage ich.

Lina bindet sich ihren Schal um und streckt mir die Zunge raus. »Immerhin habe ich dir kein Haustier gekauft.«

Bevor ich etwas erwidern kann, kommt sie zu mir, gibt mir einen Kuss und bleibt dann vor mir stehen. Ihr Blick ist ernst. »Daniel, ich würde das mit Hamburg immer noch sehr gerne machen.«

Ich nicke. Als sie gegangen ist, trage ich meine Babys zurück in die Küche.

Bei meiner nachmittäglichen Runde mit Ella höre ich zur Ablenkung eine Folge der legendären Radioshow von Bob Dylan, die ich im Internet gefunden habe. In dieser Folge geht es offensichtlich um Hunde. Uncle Tupelo singen gerade »I wanna be your dog«, eine coole Coverversion des Stooges-Klassikers, als Ella auf einmal an der Leine zieht, die Zähne fletscht und zu schnappen beginnt. Als ich die Kopfhörer aus den Ohren ziehe, höre ich, dass sie laut bellt.

»Ella, aus!«, rufe ich und ziehe sie zu mir. »Schluss!« Ella bellt einen anderen Hund an, der mit seinem Herrchen direkt auf uns zukommt. Schon bevor ich das Glöckchen höre, erkenne ich Boja und den Blinden.

»Hallo«, rufe ich und gehe auf die beiden zu. »Wir sind uns schon mal begegnet. Gestern Abend.«

Boja und der Mann bleiben stehen. »Ja, ich erkenne Ihre Stimme.«

Ella zieht weiter unbeirrt an der Leine und knurrt Boja an. Der steht mit stoischer Gelassenheit an der Seite seines Herrchens und rührt sich nicht. Ein Anblick, der mich verdammt neidisch macht.

»Entschuldigung, Ella ist manchmal etwas schwierig mit Hunden, die sie nicht kennt«, sage ich laut und merke, wie sehr das Zurückhalten meines mittlerweile mittelgroßen Hundes in die Arme geht.

»Kein Problem. Lassen Sie die beiden sich ruhig beschnüffeln, das wirkt oft Wunder.« Der Mann lächelt.

»Na gut, wenn Sie meinen.« Ich lasse Ella etwas Spiel. Als die Hunde sich mit den Schnauzen berühren, wird Ella ruhiger und beginnt, mit dem Schwanz zu wedeln.

Aufgeregt beschnuppern sich die beiden. Ich bin beeindruckt. »Genial. Sie hatten recht!«

Der Mann lächelt.

»Ich bin Daniel!«, sage ich und strecke meine Hand aus.

»Dennis!«, sagt der Mann und hält jetzt seine Hand neben meine. Er wirkt jünger als gestern in der Dunkelheit, ich schätze ihn auf Ende dreißig.

»Wir gehen in den Viktoriapark, kommst du mit? Da können die Hunde toben, und vom Denkmal hat man einen Superausblick.« Sofort beiße ich mir auf die Zunge.

»Auf den freu ich mich am meisten!«, lacht Dennis. Er scheint Humor zu haben. Den braucht er bei mir auch.

Dennis sagt laut »Vor, Boja!«, und sofort setzt sich Boja an seiner Seite in Bewegung. Ella passt sich überraschend brav an das langsamere Tempo an. Als wir an eine breite Straße kommen, ruft Dennis »Ampel!«. Boja führt ihn zielsicher hin, während ich Ella enger an die Leine nehme, damit sie nicht auf die Straße rennt.

»Wie macht er das?«, frage ich ungläubig.

»Alles eine Frage der Ausbildung. Er kennt verschiedene Kommandos. Ich bin der Navigator, der sagt, wo es langgehen soll, und Boja ist mein Pilot.«

Ich bin beeindruckt. Navigator und Pilot. Mit Ella komme ich mir dagegen vor wie Kutscher und Esel.

Die Ampel springt auf Grün, und Boja führt Dennis langsam über die Straße. Auf der anderen Seite angekommen, sagt Dennis: »Er kann noch viel mehr.« Diesmal sagt er laut »Briefkasten«. Doch es scheint nicht zu funktionieren, denn Boja geht einfach in normalem Tempo weiter. Zehn Minuten später, als wir schon fast am Park angekommen sind, hält er plötzlich direkt vor einem Briefkasten an. Ella rennt fast in ihn hinein, setzt sich dann auf den Bürgersteig und schnüffelt an ihrem Hintern. Wenn ich mal richtig Geld verdiene, kriegt sie Bojas Ausbildung, das steht fest.

14. Kapitel ARBEITSTIERE

»Ein Hund im Büro? Wir sind doch hier nicht bei Daktari!«

Bernd Stromberg

Am Berliner Hauptbahnhof zieht es immer wie Hechtsuppe. Auch an diesem eigentlich nicht sehr kalten Tag im Spätherbst stelle ich wieder fest, dass der Bahnhof eine absolute Fehlkonstruktion ist.

Ich stecke meine Hände samt Hundeleine in meine Jackentaschen und ziehe den Kopf ein, bis der Kragen mein Kinn bedeckt. Schlotternd warte ich auf die Zugeinfahrt. Linas Eyeliner ist verschmiert, ich reiche ihr ein altes Taschentuch. Obwohl sie nur nach Hamburg fährt, fühlt es sich an, als ginge es von da weiter auf ein großes Schiff, das sie ans andere Ende der Welt bringt.

Ella kann nicht ertragen, dass wir so traurig sind. Sie weiß immer, wie es einem geht. Und wenn sie spürt, dass es einem von uns nicht gut geht, versucht sie ihn zu trösten. Jetzt leckt sie Linas linke Hand, die schlaff an der Seite ihres Mantels herunterhängt. Mit der Rechten streichelt Lina gedankenverloren Ellas Kopf, und wieder steigen ihr Tränen in die Augen. Ich nehme sie in den Arm. »Wir werden uns schon dran gewöhnen.« Ich versuche ein Lächeln. »Ella und ich sind doch ein eingespieltes Team, wir kommen schon klar, oder, Ella?«

Ella wedelt mit dem Schwanz, und Lina muss lachen.

»Ihr seid die Besten. Ich werde alles dafür tun, dass die mir schnell 'ne Filiale in Berlin anbieten.«

Als Lina abgefahren ist, nehme ich Ella hoch und fahre mit ihr die Rolltreppe runter aufs Zwischendeck. Warum man seinen Hund auf einer Rolltreppe besser trägt, habe ich erst verstanden, als Ella sich einmal im KaDeWe mit einer Kralle in einer der dünnen Rillen der Rolltreppenstufen verfing und ich den Notknopf drücken musste. Seitdem kommt Ella bei jeder Rolltreppenfahrt auf den Arm, auch wenn sie immer schwerer wird und die Leute komisch gucken.

Heute erregen wir besonders viel Aufmerksamkeit. Dass Lina in den Zug gestiegen ist und nicht mit uns zurück zum Auto kommt, passt Ella überhaupt nicht. Sie zappelt, kratzt und jault und will zurück zum Gleis. Eine Frau vor uns dreht sich um und keift mich an. »Können Sie mit dem Hund nicht die Treppe nehmen?«

»Gönnen Sie ihm doch den Spaß«, sage ich freundlich.

Seit Ella da ist, ist es mir immer unwichtiger geworden, was andere über mich denken. Wenn Ella dringend rausmuss, gehe ich eben in Jogginghose und Badelatschen, und wenn die Kinder aus der Grundschule um die Ecke mich »Opfer« nennen, weil ich Hundehaufen aufsammle, kümmert mich das auch nicht mehr. Die Einsicht, es sowieso nicht allen recht machen zu können, tut unglaublich gut. Außerdem bekomme ich von Ella immer einen liebevollen Blick, egal, wie ich gerade aussehe.

Im Bad steht nur noch eine Zahnbürste im Becher. Schnell wasche ich mir die Hände und versuche, den Gedanken zu verdrängen, dass Linas rote Zahnbürste erst in zwei Wochen wieder da sein wird. Ich muss mich ablenken.

Unschlüssig stehe ich vor meinem Plattenregal. Eigentlich habe ich keine Lust auf Musik. Das kommt so gut wie nie vor. Auch Ella hat den Blues. Sie liegt in ihrem Körbchen und schaut mich nicht an. Ich gehe auf den Balkon, um draußen eine Zigarette zu rauchen. Als ich mit zittrigen Fingern eine Kippe aus dem Päckchen ziehe, wird mir klar, dass ich genauso gut auch drinnen rauchen könnte. Bis Lina wiederkommt, ist der Geruch längst verflogen. Ich nehme den Aschenbecher, gehe ins Wohnzimmer und stelle ihn auf den Tisch. Die Zigarette schmeckt so gut wie lange nicht mehr. Ich lege meinen Kopf auf die Sofalehne und blase Rauchringe in Richtung Zimmerdecke. Vielleicht ist es ja gar nicht so schlecht, mal eine Weile allein zu sein. Plötzlich beginnt Ella zu niesen und hört gar nicht mehr auf. Seufzend drücke ich die Zigarette im Aschenbecher aus und stelle ihn wieder raus. Als der Niesanfall endlich vorbei ist, sieht Ella mich erschöpft an.

»Wenn's noch kälter wird, müssen wir uns aber irgendwie einigen, okay?« Ich lasse mich wieder ins Sofa sinken. Was könnte ich heute noch machen? Ich könnte ein paar Filme ausleihen. Horrorfilme, die ich seit Jahren nicht gucken konnte. Wahnsinn. Mir wird klar, dass ich keine Kompromisse machen muss. Nein, ich bringe den Müll jetzt nicht raus. Nein, ich mache den Plattenspieler jetzt nicht aus, weil du deine Serie sehen willst. Und nee, ich komme bestimmt nicht mit zu Maria und Steffen!

Euphorisch springe ich vom Sofa und ziehe die Platte, die Lina nicht ausstehen kann, aus dem Regal. Ich versuche, mit der Nadel genau den Song zu treffen, den ich jetzt hören will. Und ausnahmsweise gelingt es mir perfekt. Es knistert kurz, und dann erklingt ein leises, zerbrechliches a-Moll auf der E-Gitarre. Sven Regener singt: »Ich ess auf dem Fußboden aus der Hand/Seh mir jeden Trickfilm im Fernsehen an/Alles, was du nicht magst, lobe ich mir/ Ich werd einfach so rein und so dumm sein wie weißes Papier.«

Lina ist jetzt schon fünf Tage weg, und es ist noch keine echte Katastrophe passiert. Gut, ich musste sie anrufen und fragen, ob man meinen Wollpullover bei vierzig Grad waschen kann – kann man nicht –, und Ellas Impfpass habe ich auch nicht allein gefunden – der war in dem Leitz-Ordner, wo »Ella« draufsteht –, aber ansonsten läuft alles bestens. Wir schlafen morgens aus und bleiben abends lange auf. Als frischgebackener Magister steht mir das zu, sage ich mir an jedem weiteren Morgen, an dem ich wieder nicht aus dem Bett komme.

Ella hat sich erstaunlich schnell meinem neuen Rhythmus angepasst. Wenn ich vormittags kurz das Bett verlasse, um aufs Klo zu gehen, beschwert sie sich mit einem demonstrativen Gähnen und einem vorwurfsvollen Blick, bevor sie sich wieder einkringelt und weiterdöst.

Gegen Mittag kommen wir dann endlich aus den Federn. Dann gebe ich Ella ihr Frühstück und mache mir einen Kaffee. Mein Magen ist so kurz nach dem Aufstehen noch nicht bereit für Nahrungsverarbeitung. Das war schon als Kind so. Die Stulle, die mir meine Mutter vor der Schule hinlegte, biss ich einmal an und behauptete dann, ich würde den Rest auf dem Fahrrad essen. Meistens landete das Brot dann in der erstbesten Mülltonne. Irgendwann hatte ich deswegen ein so schlechtes Gewissen, dass ich das Brot mit in die Schule nahm, um es dort an Dirk zu verschenken, der immer Hunger hatte. Die Band Foyers des Arts von Max Goldt hat in den Achtzigern ein Album gemacht, das ich zwar nie gehört habe, das mir aber aufgrund seines grandiosen Titels für immer im Gedächtnis bleiben wird: *Die Unfähigkeit zu frühstücken.*

Nach dem Kaffee machen wir die erste Tour. Entweder treffen wir uns mit Dennis und Boja im Viktoriapark, oder wir gehen aufs Tempelhofer Flugfeld. Da tobt Ella sich dann für zwei, drei Stunden aus, während ich lese oder Musik höre. Unsere Harmonie wird nur gestört, wenn ein anderer Hund kommt, der zanken will. Ella ist kein Weichei und verteidigt sich sofort. In solchen Momenten kann ich ihr nicht beistehen und habe plötzlich wieder ein ganz flaues Gefühl im Bauch. Ella zeigt bei solchen Scharmützeln regelmäßig ihre Zähne, zieht die Nase kraus und knurrt böse. »Dit machen die schon unter sich aus«, sagen die Besitzer der gegnerischen Hunde dann meistens und bleiben im Gegensatz zu mir ganz entspannt. Mir fällt immer ein Stein vom Herzen, wenn sie wieder abziehen und ich *meine* Ella wiederhabe. Ohne Zähne und ohne Knurren. Zum Glück ist bisher alles gut gegangen.

Als wir heute zurück in die Wohnung kommen, höre ich unser Telefon schon im Treppenhaus. Ich sprinte dicht gefolgt von Ella die Treppen hoch, schließe die Tür auf und gehe keuchend ans Telefon.

»Herr Wichmann?«

»Ja«, sage ich und könnte mich ohrfeigen, dass ich mich wegen einer Callcenter-Tussi so beeilt habe.

»Hier ist Sabine Link von Schulz & Schulz. Es geht noch mal um Ihre Bewerbung.«

Keine zehn Minuten später habe ich einen Volontariatsplatz und frage mich, wie das passieren konnte. Ein anderer wäre kurzfristig abgesprungen. Ist der vollkommen bescheuert? So einen Volo-Platz kriegt der nie wieder! Sein Pech. Für mich geht es nächsten Montag um acht los.

Völlig perplex gehe ich zurück in den Flur und schließe die Wohnungstür. Dann setze ich mich auf die Couch und rauche ungeachtet der Nieser von Ella eine Zigarette. Meine erste richtige Arbeit. Und was für eine. Schulz & Schulz spielt definitiv in der Champions League der Werbebranche. Aber so ein Zehnstundentag wird auch einiges ändern. Ich drücke die Zigarette auf dem leeren Pizzakarton aus, der noch auf dem Wohnzimmertisch liegt, und sehe mich um. Ella hat sich aus dem Staub gemacht. Ich öffne das Fenster und gehe in die Küche, wo die Arme über ihrem Wassernapf hängt.

»Entschuldige, Ella.« Nachdenklich sehe ich ihr beim Trinken zu. Würden sich Hund und Karriere unter einen Hut bringen lassen?

Später rufe ich Lina an.

»Du, jetzt ist es gerade schlecht.« Immer, wenn ich Lina bei der Arbeit anrufe, klingt sie gehetzt und steif. »Ich treff mich in der Pause mit dem Regionalleiter und muss da noch was vorbereiten. Können wir heute Abend telefonieren?«

»Lina, ich hab das Volontariat in der Agentur bekommen.«

»Was? Die hatten doch schon abgesagt.«

»Da ist einer abgesprungen.«

»Echt? Das ist ja Wahnsinn!« Ich merke, dass sie sich wirklich für mich freut.

»Ja, aber es geht schon nächste Woche los.«

»Na und, du hast doch nichts zu tun.«

»Hast du mal an Ella gedacht?«

»Mist, stimmt.«

Lina schweigt. Ich höre sie atmen, aber sie sagt nichts.

»Lina?«

»Ich weiß jetzt auch grad nicht. Du, ich muss jetzt los, lass uns heute Abend in Ruhe überlegen. Wir kriegen das schon hin.«

»Scheiße!« Wütend pfeffere ich das Handy in die Sofaecke. Lina macht sich aus dem Staub, und ich kann zusehen, wie ich klarkomme. Ella hebt den Kopf, kommt zu mir und legt ihre Pfote auf mein Bein.

»Hau ab, Ella!«, keife ich sie an und wische ihre Pfote weg.

Ella zieht den Schwanz ein und schaut mich schief an.

Sofort tut es mir leid. Sie ist die Letzte, die etwas dafür kann. Ich streichele ihr den Kopf.

Lina wird mir sicher vorschlagen, Ella tagsüber zu Maria und Steffen zu geben. Allein der Gedanke treibt mich in den Wahnsinn. Jeden Tag würde ich mir anhören können, dass wir uns das doch hätten besser überlegen sollen, bevor wir einen Hund anschaffen, weil … blablabla. Ich höre schon Steffens Genöle: »Also, wir wussten ja vorher, dass ich zu Hause arbeiten würde. Sich ohne klare Berufsperspektive einen Hund zuzulegen, war nicht gerade verantwortungsbewusst von euch.« Außerdem will ich nicht riskieren, dass sie aus Ella genau so einen Streberhund machen wie aus ihrem eigenen. Es muss doch außer dem Tierheim noch eine andere Unterbringungsmöglichkeit für Ella geben! Warum zum Teufel gibt es keine Hundetagesstätten?

Am Abend schlägt mir Lina dann tatsächlich vor, Ella zu Maria und Steffen zu bringen. Um ein Haar hätte ich einfach aufgelegt. In meiner Not beschließe ich, in der Mittagspause, die es hoffentlich geben wird, nach Hause zu fahren, um schnell mit Ella eine Runde zu drehen. Sie wäre dann zweimal etwa fünf Stunden allein. Nicht gerade ideal, aber vielleicht machbar.

Heute ist der große Tag. Eine Testfahrt hat ergeben, dass ich mit dem Rad ziemlich genau fünfundzwanzig Minuten in die Agentur brauche. Wenn ich wirklich schnell fahre. Wegen der unberechenbaren Ampelschaltung plane ich vorsichtshalber eine halbe Stunde ein. Ich muss um 9.30 Uhr antreten, also klingelt mein Wecker um 6.30 Uhr. Das ist hart. Ich erinnere mich aber schon nach dem ersten Schlag auf die Snooze-Taste des Weckers an meinen straffen Zeitplan und wanke ins Bad. Es dauert eine Weile, bis ich Ella dazu bewegen kann, mit mir in den Baluschek-Park zu gehen. Dort ist es noch stockdunkel, aber Ella kann frei herumlaufen und wird dann hoffentlich bis mittags schlafen. Danach duschen, anziehen, dem Hund sein Futter hinstellen, dem Hund seinen Wassernapf füllen, den Hund mit beruhigenden Tätscheleien verabschieden. Als ich endlich loskomme, ist es genau 8.55 Uhr. *Strike!*

Auf die Arbeit kann ich mich dann nicht so richtig konzentrieren. Mir werden unzählige Leute vorgestellt, die in einer ehemaligen Fabrikhalle sitzen. Nicht alle gehören zum festen Stamm. Viele sind freie Mitarbeiter, einige haben nur einen Schreibtisch in dem riesigen Raum gemietet. Es wird dauern, bis ich mich in diesem Taubenschlag zurechtfinden werde. Es wirkt alles etwas chaotisch. Das fördert wahrscheinlich die Kreativität. Hornbrillen scheinen hier zur Grundausstattung zu gehören, wobei ich stark vermute, dass nicht alle neuen Kollegen auch an einer Sehschwäche leiden. Ich mache wahrscheinlich keinen passenden Eindruck, und dass ich mittags nicht zum Essen mitgehe, weil ich angeblich etwas Wichtiges zu Hause vergessen habe, macht die Sache nicht besser. Während die anderen vermutlich über mich lästern und sich sündhaft teures Fast Food reinschaufeln, schwinge ich mich auf mein Rad und rase los. Die Ampel an der Kreuzung Wilhelm- und Leipziger Straße nehme ich bei Rot. Vollkommen verschwitzt komme ich zu Hause an, wo Ella mich schon sehnsüchtig erwartet. Wir gehen runter, schnell einmal um den Block und wieder zurück in die Wohnung. Als ich die Tür hinter mir zuziehe, kratzt sie von innen und jault. »Entschuldige, Ella, es geht nicht anders«, sage ich und renne die Treppen runter. Unten angekommen, sehe ich auf die Uhr. In zehn Minuten ist die Mittagspause vorbei. Das ist nicht zu schaffen. Und wie soll das nur im Winter werden, wenn die Straßen vereist sind?

»Na, das fängt ja gut an«, sagt Christian, als ich völlig außer Atem um Viertel nach eins zurück in die Agentur taumle. Christian ist einer der beiden Schulzes, also einer der beiden Inhaber der Agentur, wobei er sich äußerlich nicht von den anderen Mitarbeitern unterscheidet. Er trägt ein kariertes Hemd, einen Undercut-Haarschnitt, Dreitagebart und natürlich eine Hornbrille.

»Entschuldigung, ich dachte, ich hätte den Herd angelassen«, sage ich keuchend und mache mich schnell wieder an die Arbeit. Den ganzen Nachmittag bin ich vollkommen unkonzentriert und denke nur an Ella. Wenn das so weitergeht, rufen sie bald den Nächsten auf ihrer Bewerberliste an. Ich muss mich zusammenreißen.

Als ich abends nach Hause komme, bin ich vollkommen erledigt. Ich schaffe es nicht einmal, Lina anzurufen, sondern gehe nur noch eine kleine Runde mit Ella und schlafe danach mit ihr auf dem Sofa ein. Ich bin ein bisschen stolz auf meine Kleine, weil tatsächlich nichts zu Bruch gegangen ist und ich auch keine Pfütze entdecken konnte. Ob sie leise war, weiß ich natürlich nicht, aber das wird Herr Weber mir schon früh genug mitteilen.

Am Ende der Woche steht fest: So kann es nicht weitergehen. Mittlerweile habe ich den allergrößten Respekt vor berufstätigen alleinerziehenden Eltern. Keine Ahnung, wie die das über Jahre schaffen. Und ich habe nur einen Hund! In der Agentur müssen mich mittlerweile alle für einen gestörten Einzelgänger halten. Nicht gerade ideal in einer Branche, in der es vor allem darauf ankommt, zu kommunizieren und sich und seine Ideen zu präsentieren.

Am Samstag gehe ich mit Ella in die Taube, um Bundesliga zu gucken. Irgendwie bin ich es ihr schuldig, sie wenigstens an einem Tag überall mit hinzunehmen. Sie macht das auch ganz gut, liegt brav unterm Tisch und pennt. Erst, als Thomas kommt, wird sie auf einen Schlag wieder munter und ist vor Freude so aus dem Häuschen, dass sie den Tisch umreißt, an dem ich ihre Leine festgebunden habe. Etwas verlegen stelle ich den Tisch wieder auf und beglückwünsche mich, noch nichts zu trinken bestellt zu haben.

Thomas lacht und begrüßt Ella mit einem Leckerli. Gut, dass ich ihm vorher gesagt habe, dass ich Ella mitbringe. Thomas' leere Hände hätten Ellas Weltbild schwer erschüttert.

»Mann, siehst du scheiße aus«, begrüßt mich Thomas und schlägt mir auf die Schulter. »So heftig, der neue Job? Ich dachte, diese Kreativen sitzen nur rum, trinken Kaffee und warten auf eine Eingebung.«

»Nee, geht. Das Problem ist deine Freundin«, sage ich missmutig.

»Hä? Was hat Steffi damit zu tun?«

»Ich meine Ella«, sage ich und deute nach unten, wo Ella bereits ihr drittes Leckerli verschlingt.

Thomas grinst und streichelt Ella den Kopf. »Ich würd sie ja auch mal nehmen, aber Steffi fänd das nicht so toll wegen dem Kleinen.«

Ella und Thomas, das wär was. Er bekommt ja schon einen Brechreiz, wenn ich in seinem Beisein die Häufchen aufsammle. Außerdem würde er sie ständig mit Schokolade füttern.

»Nee, ich weiß auch, dass das nicht geht.« Ich bedeute der Frau am Tresen, uns zwei Biere zu bringen.

»Was ist denn mit Lina? Wann kommt die denn wieder?« Auf das Thema habe ich eigentlich überhaupt keine Lust.

»Eigentlich wollte sie morgen kommen, aber da sie Montag nun doch arbeiten muss, lohnt es sich nicht. Also wahrscheinlich nächstes Wochenende. Aber wann sie wieder ganz nach Berlin kommt, ist völlig offen.«

»Und wenn du einfach mal fragst, ob du Ella übergangsweise mit ins Büro nehmen darfst?«

»Spinnst du? Ich kann doch da nicht mit Hund aufkreuzen! Ich hab mich bisher ohnehin nicht gerade unverzichtbar gemacht.«

Die Biere kommen. Thomas nimmt einen großen Schluck und sieht zum Bildschirm an der Wand. »Jetzt wollen wir erst mal die Jungs gewinnen sehen!« Er schlürft die Schaumkrone ab und lehnt sich zurück. Ich weiß, dass ein ernsthaftes Gespräch erst wieder nach Abpfiff möglich ist – vorausgesetzt, wir gewinnen. Kritisch sehe ich zum Fernseher. In der Halbzeit verschwindet Thomas aufs Klo. Wir führen 2:0, und Thomas ist bester Laune. Als er zurückkommt, strahlt er mich plötzlich etwas irre an. »Ich hab *die* Lösung für all deine Probleme, mein Bester!« Er trinkt einen großen Schluck. »Bastian!«

»Wie, Bastian?«

»Bastian ist die Lösung! Ich hab dir doch mal von dem erzählt, oder?«

»Kann sein.« Ich höre nur halb hin. Wenn Thomas so in Fahrt ist, kommt sowieso nie was Sinnvolles raus.

»Also, den kenne ich noch von früher. Der ist freier Journalist in Köln und will jetzt nach Berlin, weil er die Stadt so toll findet, und …« Er schaut wieder zum Fernseher.

»Macht der hier 'ne Hundepension auf?«, frage ich leicht genervt und warte, bis mir Thomas' Aufmerksamkeit wieder zuteilwird.

»… als freier Journalist arbeitet der von zu Hause aus. Und der sucht gerade 'ne Bude in Berlin!« Thomas hebt sein Glas und will mit mir anstoßen.

Ich rühre mich nicht. »Ja, und der soll jetzt bei uns einziehen, oder wie?«

»Na klar! Überleg mal: Der zahlt dir ein bisschen Miete und kümmert sich tagsüber um den Hund.« Thomas hebt sein Glas noch höher. »Eine Win-win-Situation!«

Ich greife nach meinem Glas und stoße mit Thomas an. Die Idee ist wirklich so einfach wie genial. Ein Mitbewohner. »Aber glaubst du, der würde das machen? Mag der denn Hunde?«, frage ich skeptisch.

»Keine Ahnung. Aber so, wie ich den kenne, macht der das bestimmt. Warte, ich geb dir mal gleich die Nummer.« Thomas nimmt sein Handy und tippt kurz drauf herum. Dann gibt er mir die Nummer. Was Lina wohl dazu sagen wird?

Ich verschwinde kurz nach draußen, um erst Lina und dann Bastian anzurufen. Ein paar Minuten später bin ich es, der mit einem großen Strahlen an den Tisch zurückkommt.

In der zweiten Woche fragt mich Sabine, was ich eigentlich immer in der Mittagspause mache. Weil mir keine Ausrede einfällt, erzähle ich ihr kurzerhand die Wahrheit.

»Du hast einen Hund? Cool! Wie heißt er denn?«

»Ella«, sage ich überrascht.

»Hast du ein Foto?«

Als ich ihr ein paar Handybilder zeige, schlägt sie verzückt die Hände zusammen. »Die ist ja supersüß!«

Ich bin baff. Aber es ist auch schön, für Ella Komplimente zu bekommen. »Ja, aber sie ist auch ziemlich anspruchsvoll. Wenn ich nicht in zwei Wochen einen Mitbewohner bekommen würde, der sich tagsüber um sie kümmert, hätte ich echt ein Problem.«

»Und was machst du bis dahin?«

»Na ja. In der Mittagspause nach Hause hetzen.«

»Hast du mal mit Christian geredet? Der hat selber Hunde und hätte sicher nichts dagegen, wenn du Ella einfach mitbringst. Außerdem würde er bestimmt auch gern wissen, warum du regelmäßig deine Mittagspause überziehst.«

Zwei Tage später sitze ich mit Ella in der S-Bahn und bin nervös. Ella ist kein Hund, der sich brav in die Ecke legt. Christian wird sein Wohlwollen spätestens heute Abend überdenken, da bin ich mir sicher.

In der S-Bahn muss Ella einen Maulkorb tragen. Es ist das erste Mal, und sie hasst es. Hartnäckig versucht sie, das Metallding mit den Pfoten abzustreifen, während ich auf die Fensterscheibe starre, um den vorwurfsvollen Blicken der Leute um uns herum zu entgehen. Dann passiert, was passieren musste. Ein Hund steigt zu. Ein Mops mit einer dicken alten Frau am anderen Ende der Leine. Sogenannte Taschenhunde müssen in der S-Bahn keinen Maulkorb tragen. Als der Mops Ella entdeckt, fängt er an zu kläffen. Ella merkt, dass sie mit ihrem Maulkorb wehrlos ist, und schiebt sich rückwärts unter den Sitz, wo sie sich zitternd zusammenkauert. »Ist ja gut, Ella!«, versuche ich sie zu beruhigen, »wir haben es gleich geschafft.« An der Station Brandenburger Tor flüchte ich mit Ella aus dem Wagen, um den Rest zu laufen. Hunderte von Menschen, größtenteils Touristen in Funktionskleidung, ächzen die Treppen rauf in Richtung Ausgang. Diese ständigen Touristenmassen nerven mich gewaltig. In Ibbenbüren hatten wir nur die Sommerrodelbahn, das Wellenbad und unsere Ruhe. Ella reibt auf der Treppe mit der Schnauze an meinem Bein. Der Maulkorb. Als ich ihr das verhasste Teil abnehme, schüttelt sie sich einmal und wirkt sofort fröhlicher. Ich überlege, ob Ella in meine große blaue Reisetasche passt. Dann könnten wir ganz auf den Maulkorb verzichten.

Ella schnüffelt an Hosenbeinen und glotzt in Tragetaschen. Ich muss höllisch aufpassen, dass ihr niemand auf die Pfoten tritt. Wir gehen am Reichstagsufer entlang, und Ella macht einen dicken Haufen direkt vor ein Wahlplakat der CDU. Den würde ich am liebsten liegen lassen, aber als Werber muss man natürlich überparteilich sein. Wer weiß, woher der nächste Auftrag kommt?

»Achtung, Leute, hier kommt Ella«, rufe ich in das Großraumbüro, bevor ich die Leine von ihrem Halsband löse.

Während meine Kollegen aufstehen und auf uns zukommen, um Ella zu streicheln, blicke ich mich um. Unglaublich, alle sind aufgestanden.

»Hier könnte sie schön liegen«, ruft Sabine, die gerade eine Decke neben ihrem Schreibtisch ausbreitet.

Aber Ella denkt gar nicht daran, sich irgendwo hinzulegen, solange sie von Leuten umringt wird. Außer Rand und Band springt sie von einem zum anderen und lässt sich streicheln. Plötzlich erscheint Christian, und ich halte den Atem an. Als er mir zunickt und Ella den Kopf krault, atme ich erleichtert wieder aus.

Im Laufe der Woche stellt sich fast ein Alltag ein. Ella erkennt die Decke neben Sabines Schreibtisch mittlerweile als ihren Platz an und trottet manchmal durch die Tischreihen, um sich eine Streicheleinheit abzuholen. Mittags drehe ich mit ihr eine Runde am Reichstagsufer und mache ihre Haufen vor den Wahlplakaten weg.

Am Freitagnachmittag allerdings ruft Christian mich zu sich. Ich gehe zu seinem Einzelbüro, und Ella trippelt hinter mir her.

»Ich weiß, dass alle deinen Hund sehr mögen«, beginnt er, und mir graut es vor dem unausweichlichen Aber.

»Sie ist uns wirklich ans Herz gewachsen. Aber ich habe gerade mit Tobias Büschner telefoniert, der am Montag aus der Elternzeit zurückkommt. Tobias ist Layouter. Du wirst in Zukunft häufiger mit ihm zu tun haben. Jedenfalls habe ich ihm von Ella erzählt, und, nun ja, die Sache ist die, Tobi hat Angst vor Hunden. Also, das klingt vielleicht schräg, aber das ist anscheinend eine ernst zu nehmende Angststörung.«

15. Kapitel HAUPTSACHE, ES GEHT AB

»Mein Hund ist als Hund eine Katastrophe, aber als Mensch unersetzlich.«
Johannes Rau

Etwas wehmütig helfe ich Lina dabei, mein Bücherregal auszuräumen. Es gefällt mir gar nicht, dass wir meine Bücher im Keller zwischenparken müssen, damit unser neuer Mitbewohner Platz für ein Bett hat. Irgendwie riecht es da immer muffig, und ich bin nicht sicher, ob der Keller wirklich so trocken ist, wie Schmidt-Brögelmann beim Einzug versichert hat.

»Ein Einzelbett würde doch auch reichen, dann könnten wir das Regal auch stehen lassen.«

»Der Typ ist erwachsen, der will kein Kinderbett. Und er will auch bestimmt nicht immer auf deine Comicsammlung starren, während er arbeitet.«

»Schon klar«, sage ich eingeschnappt und mache die letzte Bücherkiste zu. Im Keller tausche ich die Kisten mit dem Gestell meines alten Doppelbettes und baue es im Arbeitszimmer auf. Ella springt zwischen Lina und mir umher. Vorsichtig schnuppert sie am Bett, weicht zurück und legt sich eine Pfote auf die Schnauze. Stirnrunzelnd halte ich meine Nase an eine Leiste. Kellermuff. Bei der Vorstellung, dass meine Bücher und Comics in ein paar

Wochen den gleichen Geruch haben werden, wird mir ganz anders.

Als wir schließlich geschafft im Türrahmen stehen und das umgeräumte Zimmer begutachten, sieht Lina mich nachdenklich an.

»So ganz wohl ist mir ja nicht dabei. Wäre schon besser gewesen, wir hätten den erst mal kennenlernen können, bevor wir ihm unsere Wohnung und Ella anvertrauen.«

»Am Telefon klang er sehr nett. Seine Eltern hatten früher auch einen Hund, der hat also Erfahrung. Außerdem ist Thomas schon länger mit ihm befreundet.«

Spöttisch zieht Lina eine Augenbraue in die Höhe. »Thomas ist doch mit jedem befreundet.«

»So?« Ich verschränke die Arme. »Wie wär's, wenn du einfach zurückkommst, dann könnten wir das Ganze abblasen.«

»Ach, Daniel. Schon gut. Wann kommt er noch mal?«

»Am siebten. Irgendwann abends, muss ich noch mal nachsehen. Ich hole ihn dann vom Bahnhof ab.«

»Mist, dass ich am fünften schon wieder arbeiten muss. Aber am Wochenende drauf werde ich ihn ja kennenlernen.« Mit einem Seufzen geht Lina in die Küche. »Ich hätte Lust auf Glühwein. Du auch?«

»Klar.« Mein Glühwein ist berüchtigt. Ein kroatisches Rezept, das ich mir bei einem Austauschstudenten abgeguckt habe. Ich setze einen großen Topf Rotwein auf und gebe nach und nach Zimtstangen, Orangenscheiben, Zitronenschale und Nelken dazu. Und dann der Clou: Ingwer und einen großen Schuss Rum.

Dann tausche ich die Element-of-Crime-Platte im

Wohnzimmer auf Linas Wunsch gegen Bon Iver, und wir kuscheln uns mit Ella zu dritt auf der Couch. Als ich später zurück in die Küche komme, sind die Fenster beschlagen, und ein weihnachtlicher Geruch strömt mir entgegen. Ich gieße den Wein durch ein Sieb und werfe die durchgezogenen Zimtstangen und Früchte in den Mülleimer. Mit zwei vollen Bechern gehe ich zurück ins Wohnzimmer.

Der Wein wirkt Wunder. Nach dem zweiten Becher befällt mich richtiggehend gute Laune. Wir haben das erste Mal in diesem Jahr den Kachelofen an, es knistert und zischt, und wortlos schauen wir in die Flammen und lauschen der Musik. Ich hätte nie gedacht, dass mir Heimeligkeit mal so gefallen würde. Früher konnte ich nie nachvollziehen, was meine Eltern an langen Winterabenden vor dem Kamin fanden, an denen sich die Gespräche im Wesentlichen auf Kommentare zur Brennqualität des Holzes beschränkten. Ich wollte im Winter immer draußen sein, im Schnee.

Ella ist das Feuer suspekt, und sie verzieht sich in die Küche, von wo wir sie plötzlich husten und keuchen hören. Ich gehe in die Küche, wo Ella über der zerfetzten Biomüll-Tüte steht und an einer weingetränkten Orangenscheibe knabbert.

»O nein! Ella!«, rufe ich.

Lina kommt dazu und lacht.

»Was gibt's da zu lachen? Wir müssen den Notarzt rufen!« Ich stürze mich auf Ella und zerre ihr die Orangenscheibe aus dem Maul.

»Daniel, beruhig dich. Ella ist nur zum ersten Mal in ihrem Leben betrunken. Wahrscheinlich muss sie gleich … ah, genau.«

Ella würgt eine rote Masse auf den Boden, torkelt aus der Küche und legt sich in ihr Körbchen. Lina setzt sich zu ihr und krault ihr den Bauch.

»Ausgerechnet der Glühwein. Mann, Ella, so was kannst du doch nicht fressen«, sage ich und gehe zurück in die Küche, um aufzuwischen.

»Nelly war auch mal so richtig betrunken.«

Ich reiche Lina einen zweiten Becher Glühwein und schenke mir einen dritten ein.

»Du weißt schon, der Hund, den wir vor Maggie hatten und der überfahren wurde.«

»Klaro«, sage ich etwas zu laut. Ich setze mich zu Ella und Lina auf den Boden und lege meinen Kopf an Linas Schulter. Angenehm, wie sich der Küchenboden bewegt. Das Rezept ist einfach klasse.

»In Buxtehude gab es immer Osterfeuer. Bei euch auch?«

»Hm.«

»Eigentlich sollen da nur Tannenzweige verbrannt werden, aber irgendwie hat da immer die ganze Nachbarschaft ihren Sperrmüll hingeschafft, der dann notdürftig mit Tannengrün überdeckt und am Ostersonntag angezündet wurde. Da lagen dann auch mal alte Autoreifen, Sessel und irgendwelche komischen Kanister im Feuer. Papa hat da dann immer einen Gottesdienst im Freien abgehalten. Wir sind immer mit. Nelly war auch dabei, streunte irgendwo zwischen den Leuten rum, und wenn's vorbei war, haben wir gepfiffen, und sie kam aus irgendeinem Gebüsch gesprungen. Aber in einem Jahr war sie weg. Am Ende hat der halbe Ort nach ihr gesucht. Wir haben sie dann irgendwann mitten auf einer Wiese gefunden. Sie lag da und hat gepennt. Als wir sie geweckt haben, hat sie versucht, aufzustehen, ist aber sofort wieder umgefallen. Wir dachten erst, sie sei vergiftet worden. Aber dann fielen meinem Vater die Bierflaschen auf, die überall herumlagen. Sie muss aus jeder Flasche den letzten Schluck herausgeschleckt haben. Das war dann wohl ein bisschen zu viel für sie.« Lina lacht, und es ist schön, die Wärme in ihren Augen zu sehen, wenn sie so an ihre Kindheit denkt. Plötzlich merke ich, wie sehr sie mir gefehlt hat. Rührselig gebe ich ihr einen Kuss, den sie überrascht lachend erwidert.

»Jedenfalls haben wir sie dann in den Kofferraum getragen, und da hat sie dann ihren Rausch ausgeschlafen.«

»Hört sich gut an«, murmele ich.

»Was?«

»Ins Bett gehen.«

Wir bleiben noch eine Weile reglos sitzen, bis das Feuer runtergebrannt ist.

»Und Nelly ging es dann aber wieder gut?«, frage ich mühsam, während mein Kopf von Linas Schulter neben Ellas Kopf auf Linas Schoß rutscht.

»Ja«, sagt Lina und streicht uns synchron über den Kopf. »Vielleicht solltet ihr beide jetzt aber mal Wasser trinken.«

Ich rappele mich hoch, und Lina trägt Ella in die Küche. Ella ist nur schwer wach zu kriegen und noch schwerer zum Trinken zu bewegen. Mit kleinen Augen gehe ich an den Kühlschrank und hole die Milch raus. Ich gieße einen kleinen Schluck in ihren Wassernapf, der das Wasser milchig macht. Ella vermutet dahinter was besonders Leckeres und schleckt den Napf leer. Dann schleppt sie sich zurück in ihr Körbchen und schläft sofort ein. Sie schnarcht.

»Ihr werdet euch immer ähnlicher«, sagt Lina und verschwindet im Bad.

Ella und ich stehen wieder auf einem zugigen Bahnsteig des Hauptbahnhofs. Es ist dunkel und noch kälter als an Linas Abreisetag. Ella scheint das nichts auszumachen. Putzmunter springt sie an der Leine um mich herum. Wahrscheinlich denkt sie, dass wir Lina abholen. »Tut mir leid, Ella, Frauchen kommt heute nicht.« Eine Atemwolke steht vor meinem Mund. Ich bin das Begrüßen und Verabschieden leid. Irgendwann werden Ella und ich noch manisch-depressiv. Die manische Phase setzt ungefähr zwei Tage vor Linas Ankunft ein und die depressive Phase am Abend vor ihrer Abreise. Besonders schlimm ist es, wenn sie mit dem Sonntagsblues zusammenfällt, so wie beim letzten Mal. Auch Ella hat längst gemerkt, dass der große schwarze Kasten, den Lina nun immer mit sich herumschleppt, nichts Gutes bedeutet. Als Lina am Sonntag am Kofferpacken war, rannte Ella mit ihrem Plüschhasen im Maul aus dem Wohnzimmer und kam ohne das Stofftier zurück. Kurz darauf stand Lina in der Tür und hielt den Hasen in der Hand. »Den hat Ella mir eben in den Koffer gelegt«, sagte sie und umarmte erst Ella und dann mich.

Mit zwanzig Minuten Verspätung fährt der Zug aus Köln ein. »Ich bin der Typ mit dem Hund«, hatte ich Bastian kurz zuvor per SMS geschrieben. Als die Fahrgäste den Zug verlassen, treten Ella und ich einen Schritt zurück. Gerade denke ich, dass der Typ in der Cordhose Thomas' Beschreibung von Bastian entsprechen könnte, da schlägt mir jemand ziemlich kräftig auf die Schulter.

»Daniel?«

»Ähm, ja. Bastian?«

»Genau. Und das ist wohl die kleine Ella?« Ein schlaksiger, dunkelhaariger Typ in Jeans und schwarzem Kapuzenpulli hockt sich hin und streichelt Ella. Ich schaue auf den kreisrunden lichten Fleck oben auf seinem Kopf und warte, dass er sich wieder erhebt.

Als es so weit ist, streckt er mir seine Hand entgegen. »Freut mich. Das wird bestimmt gut.«

Abwarten. Ich nehme ihm eine seiner Taschen ab und zeige Richtung Ausgang. Dass sie auf der Rolltreppe wieder auf meinen Arm muss, gefällt Ella überhaupt nicht. Sie scheint Bastian schon ins Herz geschlossen zu haben und strampelt wie verrückt. Als ich ihr in der U-Bahn dann den verhassten Maulkorb anlege, jault sie kläglich.

»Muss das sein?«, fragt Bastian. »Sie mag das nicht, und hier ist doch keiner.« Er nimmt ihr den Maulkorb ab und streichelt ihr den Kopf.

Ganz schön forsch, der Bursche. Als ich gerade etwas sagen will, grinst er breit. »Ein bisschen ziviler Ungehorsam hat noch keinem geschadet. Immerhin sind wir hier in Berlin, oder?«

Ja, denke ich, wir sind hier in Berlin, und hier sind sie

auf Hunde, die ohne Maulkorb in der Bahn sitzen, nicht besonders gut zu sprechen. Aber ich reiße mich zusammen und sage nichts. Es muss ja nicht gleich am ersten Abend Streit geben.

Als ich die Wohnungstür aufschließe, schiebt sich Bastian an mir vorbei in den Flur. »Kann's kaum erwarten, meine neue Bleibe zu sehen«, sagt er und zieht seine Sneakers aus, während er den Flur inspiziert. Sein Blick fällt auf ein Poster. »Bob Dylan? Den hab ich ja gefressen. Der kann doch nicht singen, der Typ.«

Ich zucke mit den Schultern »Mir gefallen die Texte.«

»Echt? Ich finde, Hauptsache, es geht ab.«

Worauf hab ich mich nur eingelassen? Nachdem ich meine Aldens im Schuhschrank verstaut habe, führe ich Bastian durch die Wohnung. »Das kleine Bad ist deins, nur die Dusche ist im großen Bad. Und wie du dir denken kannst, ist das hier dein Zimmer.« Ich gehe zum Arbeitszimmer und mache das Licht an.

Bastian sieht sich um, setzt sich aufs Bett und macht den Quietschtest. »Wunderbar. Hier kann man's aushalten.« Er zieht seinen Pullover aus und wirft ihn über den Schreibtischstuhl.

»Wollen wir noch ein Bier trinken?«

Bastian legt seine Uhr ab. »Nee, danke.«

»Und wegen Ella. Da musst du bitte …«

»Nimm's mir nicht übel, aber ich würd jetzt gern erst mal 'ne Runde pennen. Wir sehen uns ja dann morgen früh.«

Ich bringe ihm noch Handtücher und Bettzeug und

verlasse mit Ella das Zimmer. Ella ist kurz verdutzt, dass ihr neuer Freund auf einmal kein Interesse mehr an ihr hat, und folgt mir in die Küche. Ich nehme mir eine der Kölsch-Flaschen, die ich extra noch besorgt habe, und setze mich ins Wohnzimmer. Ella verzieht sich in ihr Körbchen. Ich trinke das kleine Bier mit schnellen Schlucken und habe ein mieses Gefühl.

Nachts kann ich lange nicht einschlafen, weil Bastian nebenan schlimmer schnarcht als Oma, die besonders nach Geburtstagsfeiern jeder Motorsäge Konkurrenz machen konnte. Ich drehe mich auf die Seite, ziehe die Decke übers Ohr und starre auf Linas unberührtes Kopfkissen. Mit dem Gefühl, in meiner eigenen Wohnung fremd zu sein, schlafe ich schließlich ein.

Der Wecker reißt mich aus dem Schlaf. Ich bin todmüde. Draußen ist es noch stockfinster. Von nebenan dringt markerschütterndes Schnarchen. Ich mache mit Ella die übliche Runde. Wer weiß, wann Bastian aufsteht. Als ich mich aufs Rad schwinge, setzen sich langsam die Silhouetten der Häuser und Bäume vom Himmel ab. Hoffentlich findet Bastian den Zettel, den ich ihm vor die Tür gelegt habe: »Guten Morgen, ich hoffe, du hast die erste Nacht gut überstanden. Ich komme erst gegen sieben zurück, wenn was ist, ruf an. Ella hat gefrühstückt, muss aber heute Mittag noch mal raus. Alles Weitere heute Abend. Daniel«.

Am späten Vormittag bekomme ich eine SMS: »Wie ist denn das W-LAN-Passwort? B.« Ich tippe »Ellapropeller« in mein Handy und drücke auf *Senden*. »Sehr geistreich«, lautet Bastians Antwort. »Denk dran, mit dem Hund rauszugehen«, schreibe ich zurück.

Als ich am Abend nach Hause komme und die Tür aufschließe, passiert nichts. Ella kommt nicht auf mich zugelaufen, um mich anzuspringen und abzuschlecken. Ich höre weder das Getrippel von ihren Krallen auf dem Boden noch ihr Gehechel oder Geschmatze. In der Wohnung herrscht absolute Stille. Ich setze mich auf einen Küchenstuhl ans Fenster und schaue auf die Kastanie im Innenhof, die von einer Lampe angestrahlt wird. Wunderbar, diese Ruhe. Irgendwann wird mir die Sache aber unheimlich. Ich schicke Bastian eine SMS: »Wo seid ihr?« Die Antwort kommt prompt: »Sind gleich da.« Tatsächlich höre ich wenig später den Schlüssel im Schloss. »Ella!«, rufe ich, als sie um die Ecke geflitzt kommt. Ella freut sich, als hätten wir uns seit Wochen nicht gesehen.

»Die Kleine hat Power«, sagt Bastian und setzt sich zu mir an den Küchentisch. »Aber wirklich gut erzogen ist sie nicht, oder? Beim Frühstück hat sie mir die Salami vom Brot geklaut. Ich hab ziemlich mit ihr geschimpft. Das macht sie nicht noch mal.« Er steht auf. »Auch ein Bier?«

»Ja, danke.«

Als Bastian den Kühlschrank aufmacht, erschrecke ich. Die Lebensmittel sind im obersten Fach zusammengequetscht, den Rest des Kühlschranks hat er mit Bierflaschen aufgefüllt. Das muss mindestens ein Kasten sein. Er nimmt zwei Flaschen heraus, öffnet sie und gibt mir eine.

»Trinkst gern mal ein Bierchen, hm?«, frage ich vorsichtig.

Bastian nimmt einen großen Schluck. »Ah … kann man wohl sagen.«

»Hat Thomas mir gar nicht erzählt.«

»Wieso, ist doch normal, oder?« Dann steht er auf und schlurft in Richtung Wohnzimmer. Ella dackelt ihm hinterher. Nicht mal mit dem Klappern ihrer Futterbox kann ich sie zurücklocken. Da mir der mittägliche Ritt durch die Stadt heute erspart geblieben ist und ich nicht sonderlich müde bin, setze ich mich zu Bastian ins Wohnzimmer.

»Prost, mein Lieber«, sagt Bastian und hält mir seine Flasche entgegen.

Wir stoßen an und trinken. Bastian kippt sein Bier fast auf ex und steht auf. »Ich hol mir noch eins, willst du auch?«

Ich sehe ihn stirnrunzelnd an. »Nee, danke, ich muss morgen arbeiten.«

»Junge, du musst dich mal locker machen, da hat Thomas echt recht gehabt.«

Ich glaube, ich höre nicht richtig. Was bildet der Typ sich ein? Und Thomas?

»Bitte?«

»Locker machen!« Bastian greift zur Fernbedienung und probiert unsere Sender durch.

»Sagt Thomas?«

»Genau. Und dass du immer zu viel grübelst.«

Stimmt. Weil mir im Gegensatz zu manch anderen Leuten meine Mitmenschen nicht total egal sind.

»Er hat aber auch gesagt, dass du schon in Ordnung bist.« Bastian lächelt kurz in meine Richtung und zappt dann weiter.

Immerhin. Aber was sollte das von Thomas? Was meint er damit, und warum hat er mir das nicht selbst mal gesagt?

Nachdem Bastian kein Fernsehprogramm findet, das ihm gefällt, schlage ich vor, eine Platte aufzulegen. Ich mache ein paar Vorschläge, aber Bastian verzieht nur das Gesicht. »Was ist das denn für Mucke, Alter!«, ruft er und holt sich ein neues Bier.

Als er zum sechsten Mal zum Kühlschrank geht, verabschiede ich mich. »Ich muss jetzt echt pennen. Denkst du dran, wenn du aufgestanden bist, mit Ella rauszugehen? Die Hundetüten sind in der Kommode im Flur im obersten Schubfach.«

»Daniel, jetzt mach dich doch wirklich mal locker. Ella und ich kriegen das schon hin.« Er nimmt Ellas müden Kopf in die Hände und schüttelt ihn sanft.

»Na gut. Dann bis morgen Abend.«

Mitten in der Nacht weckt mich ein lautes Rumsen im Flur. Auch Ella ist sofort wach und fängt an zu bellen.

»Scheiße!«, höre ich Bastian fluchen.

»Was ist passiert?«, rufe ich verschlafen.

»Nix, penn weiter, ich mach das morgen weg.«

Der Wecker zeigt *3:34*. »Oh Mann«, murmele ich und sinke zurück ins Kissen.

Als ich am nächsten Morgen in den Flur trete, rutsche ich auf einem Schal aus und kann mich gerade noch abfangen. Bastian hat letzte Nacht offenbar den Garderobenständer umgerannt. Ella versucht, vom Wohnzimmer auf meine Seite des Flurs zu kommen, aber Jacken-, Schal-

und Tuchberge versperren ihr den Weg. Ich schiebe das Gröbste zur Seite, nehme Ella auf den Arm und bahne uns einen Weg durch das Chaos. Dieser Trottel.

Als ich in die Küche komme und den Kühlschrank öffne, um die Milch herauszunehmen, stelle ich fest, dass er fast leer ist. Unfassbar, Bastian muss mehr als zehn Flaschen Bier getrunken haben. Im Wohnzimmer, das wie eine Kneipe riecht, bestätigt sich mein Eindruck. Dreizehn leere Flaschen stehen auf dem Couchtisch, er hat also allein zwölf Biere gekippt.

»Pass bloß auf, dass der hier keinen Blödsinn macht, okay?«, verabschiede ich mich von Ella und ziehe mit einem mulmigen Gefühl die Wohnungstür hinter mir zu. Hoffentlich ist er nicht zu verkatert, um mit Ella rauszugehen.

Abends ist der Flur aufgeräumt, Bastian sitzt auf der Couch und guckt *Notruf Hafenkante*.

»Na, Meister, ordentlich malocht?«, begrüßt er mich fröhlich. Er wirkt nicht gerade verkatert.

»Ja, geht. Ich geh mal eben mit Ella raus. Soll ich uns was zu essen mitbringen?«

»Ich war gerade mit ihr draußen. Aber essen wär gut. Pizzaservice?«

Eine halbe Stunde später stehen ein Salat und eine kleine Pizza vor mir, während Bastian sich über eine wagenradgroße Salamipizza hermacht.

»Ach, was ich noch fragen wollte«, schmatzt er, »kennst du eigentlich einen Weber?«

Ich lasse die Gabel sinken und frage vorsichtig: »Ja, warum? Hat der hier geklingelt?«

Er lacht, und ich sehe unzerkaute Salamikreise in seinem Mund. »Nee, dem hab ich 'ne Schelle verpasst.«

Mir fällt die Gabel aus der Hand. »Du hast *was*?«

»Na, dem hab ich eine geknallt, diesem Arschloch.«

Ich bücke mich nach der Gabel. »Wieso das denn? Der wohnt hier im Haus!«

Bastian beißt wieder von der Pizza ab. »Mann, der hat Ella getreten! Da bin ich ausgerastet und hab ihm eine gelangt«, sagt er mit randvollem Mund. »Hat ziemlich dumm aus der Wäsche geguckt in seinem teuren Nadelstreifenanzug.«

»Der hat Ella getreten?«, frage ich entgeistert, während mein Blick schon durchs Zimmer wandert. Ella liegt in ihrem Körbchen, und erst jetzt fällt mir auf, dass sie ziemlich müde aussieht. Ich gehe zu ihr und taste sie vorsichtig ab. Sie lässt es sich gefallen und scheint an keiner Stelle Schmerzen zu haben.

»Ihr geht's gut, keine Sorge, ich hab auch schon geguckt.«

Vorsichtig streichele ich Ella den Kopf. Dieser verdammte Weber! »Wie ist das denn passiert?«

»Wir kamen aus dem Haus, und da ist er gerade in seine Karre gestiegen. Ich habe das mit dieser langen Leine noch nicht richtig drauf. Jedenfalls ist Ella zu ihm hin und hat die Vorderpfoten auf den Fahrersitz gestellt. Und weil sie nicht weggegangen ist, als er die Tür zumachen wollte, hat er sie weggetreten. Da bin ich dann zu ihm rüber. Er hat geschrien, dass er Ella kennt, dass sie immer bellt und vor sein Auto scheißt. Der hat sich gar nicht mehr eingekriegt. Da hab ich ihm eine verpasst.«

»Und der weiß jetzt, dass du bei uns wohnst?«

Bastian nickt. »Nehm ich mal an. Ella hat er ja auch erkannt.«

»Mann, Bastian, der will uns sowieso schon aus dem Haus ekeln. Der wird sich jetzt beim Vermieter melden und sagen, dass hier jemand illegal zur Untermiete wohnt.«

Bastian schiebt sich das letzte Stück Pizza in den Mund. »Konnte ich ja nicht ahnen. Aber schließlich hat er Ella getreten, da haben wir doch auch was gegen ihn in der Hand.«

»Ja, und den Tierschutzbund auf unserer Seite. Aber nicht den bescheuerten Schmidt-Brögelmann.«

»Dann müssen wir den eben anders unter Druck setzen. Wenn er Krieg will, kann er ihn haben.«

»Nee, das ist keine gute Idee. Im Gegensatz zu uns kann der sich nämlich einen guten Anwalt leisten.«

»Wenn du nicht die Eier hast, diesem Vogel mal zu zeigen, wo der Barthel den Most holt, dann lass mich das mal machen.«

Ich schlucke und lehne meinen Kopf gegen die Wand. Hoffentlich hat er die Geschichte nach ein paar Bieren wieder vergessen. »Wann spielt eigentlich die Borussia in der Champions League?«, frage ich und setze mich zu ihm.

Volltreffer. Bastian macht sofort den Ton seiner Vorabendserie leiser und rattert den Spielplan runter. Dabei führt er aus, welche Spiele gewonnen werden müssen und welche eher schwierig werden. Während er monologisiert, kommt Ella an den Tisch getapst. Sie sieht noch etwas mitgenommen aus, aber wenigstens scheint sie Appetit zu haben, denn sie schnüffelt an der Pizzapackung. Als ich ihr gerade meine Reste geben will, schüttelt Bastian energisch den Kopf und ruft: »Ab in den Korb!« Ich traue meinen Augen kaum, als Ella gehorsam zu ihrem Körbchen zurückgeht und sich auf das Kissen fallen lässt.

»Wie hast du das denn gemacht?«, frage ich erstaunt.

Bastian zuckt mit den Schultern und bedient sich an meinen Pizzaresten. »Ich hab ein Händchen für Hunde. Die müssen ein Mal lernen, wie der Hase läuft. Danach ist alles ganz easy.«

Diese Philosophie kommt mir irgendwie bekannt vor. Aber offenbar scheint es zu funktionieren. Vielleicht ist Bastian genau das richtige Korrektiv für meine Laisser-faire-Hundeerziehung.

»Ella ist ein guter Hund«, sagt er weiter, »natürlich überhaupt nicht erzogen, aber das wird schon noch. War schön mit ihr heute, wir waren hinten am Gasometer auf der Wiese.«

»Aber da sind Hunde verboten. Da steht doch extra ein Schild.«

»War keiner da. Und wenn man sich immer an alle Vorschriften halten würde, hätte man ja überhaupt keinen Spaß mehr.«

»Stimmt schon, aber manchmal sind solche Schilder oder Leinenzwang auch ganz sinnvoll, nicht alle mögen Hunde.«

»Genau deswegen muss man ja den Hund gut erziehen.«

Nachts kann ich schon wieder nicht schlafen. Was wird Weber jetzt machen? Wird er zu Schmidt-Brögelmann rennen oder gleich zu seinem Anwalt? Und können wir uns dann irgendwie aus der Affäre ziehen? Ich könnte behaupten, dass Bastian nur zu Besuch ist, aber Weber wird ihm sicher noch öfter begegnen. Vielleicht sollte ich Bastian so schnell wie möglich wieder loswerden, denn wenn Weber dem Vermieter nicht nur von dem Hund, sondern auch von dem unerlaubten Untermieter erzählt, ist alles vorbei. Im Nebenzimmer schnarcht Bastian. Dabei ist er derjenige, der sich hier um seine Zukunft sorgen sollte! Die Gedanken kreisen wild durch meinen Kopf, so werde ich niemals einschlafen.

Ich setze mich an meinen Laptop, öffne ein leeres Word-Dokument und tippe:

»Sehr geehrter Herr Weber,
heute habe ich Kenntnis vom Zwischenfall zwischen Ihnen und meinem Bekannten Bastian Kramer erhalten. Ich bedaure zutiefst, was geschehen ist. Bitte lassen Sie mich wissen, wie wir die Sache aus der Welt schaffen können. Wie Sie sicher gemerkt haben, hat die Lärmbelästigung durch den Hund in den vergangenen Wochen stark abgenommen. Eine friedliche Nachbarschaft liegt mir sehr am Herzen.

Mit freundlichen Grüßen«

Ich drucke den Brief aus, unterschreibe ihn und lege mich wieder ins Bett. Tatsächlich komme ich irgendwann halbwegs zur Ruhe.

Kurz bevor ich auf mein Rad steige, klingelt das Handy. Ich lehne das Rad wieder gegen den Fahrradständer und krame das Handy aus der Tasche.

»Ich habe schon versucht, Ihre Frau anzurufen, aber da ist immer der Anrufbeantworter dran. Ich wollte nur sagen, in Ihrer Wohnung, da läuft schon seit einer Stunde das Wasser. Ich weiß ja, dass Sie nicht da sind und Ihre Frau auch nicht. Ich kriege ja immer mit, wenn Sie morgens zur Arbeit fahren. Jedenfalls dachte ich, dass es vielleicht besser wäre, Sie würden da mal nachschauen.«

»Ja, Frau Sielmann, ich kümmere mich darum. Bin schon auf dem Nachhauseweg. Danke, dass Sie angerufen haben.«

Als ich Bastian nicht erreiche, verzichte ich auf den Gang zum Supermarkt und wetze nach Hause. Der Idiot hat wahrscheinlich das Wasser laufen lassen und ist rausgegangen.

In der Wohnung erwartet mich zwar kein Wasserschaden, dafür herrscht das absolute Chaos. Überall liegt Ellas Spielzeug herum, ihre Decke ist aus dem Körbchen in den Flur gewandert, und im Bad stapeln sich dreckige Handtücher. An den Fliesen an der Badewanne, auf dem Boden und im Waschbecken kleben Hundehaare.

»Was ist denn hier passiert?«, rufe ich laut. Keine Reaktion. Sind Bastian und Ella einfach weggegangen? Ich gehe zu Bastians Zimmer und öffne die angelehnte Tür. Bastian liegt im Bett und pennt. Ella hat sich am Fußende auf der Matratze eingerollt und öffnet schläfrig die Augen. Sie wedelt kurz mit dem Schwanz, lässt ihn dann aber wieder sinken. Fluchend verlasse ich den Raum und fange an, das Chaos zu beseitigen

Als ich später am Herd stehe und mir eine Suppe koche, schlurft Bastian an der offenen Küchentür vorbei. »Mahlzeit«, murmelt er und geht, dicht gefolgt von Ella, Richtung Wohnzimmer. Ich sehe zur Tür und warte darauf, dass Ella noch mal zurückkommt und mich begrüßt, wie sie es sonst immer getan hat. Als nichts passiert, rühre ich wieder in der Tütensuppe mit gefriergetrockeneten Grießklößchen. Ich mochte meine Mutter auch nicht mehr als meinen Vater, weil sie in meiner Kindheit öfter zu Hause war als er, versuche ich mich zu beruhigen. Aber wäre das anders gewesen, wenn sie immer meine liebsten Spiele mit mir gespielt hätte? Oh Mann, wer ist dieser chaotische, alkoholkranke Besserwisser mit meinem Hund? Und wo zum Teufel ist Lina?

Missmutig setze ich mich an den Küchentisch und esse meine Suppe. Sie hat nicht lange genug gezogen, die Grießklößchen sind innen noch hart.

»Wie wär's mal mit einer Erklärung? Du hast im Bad das Wasser laufen lassen«, sage ich und gehe ins Wohnzimmer.

Bastian wendet seinen Blick vom Fernseher zu mir und blinzelt mich aus kleinen Augen an. »Das ganze Chaos, ich weiß«, sagt er dann. »Ich wollte noch aufräumen, aber dann waren wir so müde. Sorry. Mach ich jetzt.« Er schiebt Ellas Kopf von seinem Schoß und will aufstehen.

»Hab ich schon«, sage ich genervt. »Was war hier los?«

»Ich war mit Ella im Viktoriapark. Schönen Gruß übrigens von Dennis und Boja, die hab ich da kennengelernt.«

Meine Miene verfinstert sich.

»Ella war im Wasserfall toben. Und weil sie danach so gestunken hat, hab ich sie hier erst mal gebadet.«

»Bei den Temperaturen lässt du den Hund ins Wasser?«

»Ich konnte gar nicht so schnell gucken, wie Ella da reingesprungen ist.«

»Bastian! Du musst Ella in dem Park doch an die Leine nehmen. Ich hab dir doch gesagt, dass da immer Typen vom Ordnungsamt rumlaufen.«

Bastian seufzt. »Hör mal, Ella hatte richtig Spaß. Und wenn ich mich hier tagsüber um den Hund kümmern soll, dann so, wie ich es für richtig halte.« Er streichelt Ellas Kopf. »Schau sie dir doch an, sie ist hundemüde und zufrieden. Sie muss sich auch mal richtig austoben können. Schlimm genug, dass sie in der Stadt leben muss.«

Ich atme tief durch. »Wie du meinst. Wir sind da wohl echt verschieden.«

Bastian nickt und lacht kurz. »Stimmt. Ich hätte dem Weber auch nie so einen weinerlichen Brief geschrieben.«

»Hä? Woher weißt du das?«

»Ich hab's gelesen. Sorry, aber die Tür stand offen, und ich brauchte noch mehr Handtücher.«

»Und da hast du mal eben in meinen Sachen rumgeschnüffelt?«

»Mann, nicht absichtlich. Der Zettel lag mitten auf dem Bett, und ich hab nur Weber gelesen. Außerdem geht uns das doch jetzt beide was an.« Er sieht mich eindringlich an. »Du darfst dich von dem Stinker nicht so einschüchtern lassen. Der blufft doch nur.«

»Und wenn nicht, sitzen wir alle auf der Straße!«

»Quatsch. Lass dich von dem nicht verrückt machen. Wir müssen dem zeigen, dass er das mit uns nicht machen kann!«

Ich wische mir über die Stirn und schüttele den Kopf. »Keine Ahnung. Vielleicht.«

Für den Rest des Abends verziehe ich mich ins Schlafzimmer. Gegen Mitternacht kratzt es an der Tür. Ich lasse Ella rein, und sie springt aufs Bett. Nachdem sie mir das Gesicht abgeleckt und sich an mich gekuschelt hat, bin ich versöhnt. »Na, jetzt bist du wohl munter, nachdem du vorhin schon so viel geschlafen hast?« Ella wedelt mit dem Schwanz, bleibt aber ruhig neben mir liegen. Ich zeige ihr das Handy. »Wollen wir Frauchen anrufen?«

Ella hebt den Kopf und sieht sich um. Ich ziehe uns die Decke über den Kopf, was Ella kurz komisch findet, und mache den Lautsprecher an. Als Ella Linas Stimme hört, jault sie und schnüffelt am Handy.

Lina lacht.

»Hast du schon geschlafen?«, frage ich leise.

»Nein, bin noch wach. Wie geht's euch? Wie läuft es mit Bastian?«

»Muss ich mich erst dran gewöhnen. Aber er macht das echt gut mit Ella. Und das ist ja das Wichtigste.«

»Na ja, ihr müsst euch ja auch verstehen.«

»Hm. Wie ist es bei dir?«

»Anstrengend. Heute war so eine Oma im Laden, die fast zwanzig Modelle anprobiert hat. Die hatte so ein großes Hühnerauge am Fuß, dass ich ihr immer reinhelfen musste.«

»Du brauchst einen anderen Job.«

»Oder andere Kunden.«

Eine Weile schweigen wir.

»Ihr fehlt mir«, sagt Lina schließlich.

»Du uns auch.«

Wie immer fühle ich mich irgendwie matt, als wir aufgelegt haben.

Ella ist wieder eingeschlafen und zuckt mit der Nase. Ich sollte sie in ihr Körbchen zurückbringen. Aber ihre Anwesenheit und ihre Wärme tun heute viel zu gut.

16. Kapitel MAGNETO

»Vielleicht stünde es besser um die Welt, wenn die Menschen Maulkörbe und die Hunde Gesetze bekämen.«

George Bernard Shaw

Bastian ist verschwunden. Er hat keinen Zettel hinterlassen, sein Handy ist ausgeschaltet. Ich habe überlegt, die Polizei zu rufen, aber was sollte ich denen sagen? Mein versoffener Mitbewohner, den ich erst seit Kurzem kenne, ist weg, ohne mir Bescheid zu sagen? Thomas empfiehlt, erst mal abzuwarten. Vielleicht ist Bastian zur Recherche unterwegs, sagt er. Sicher nicht. Ich habe jedenfalls noch nicht mitbekommen, was und für wen er eigentlich arbeitet.

Ella hat den Blues, seit Bastian weg ist. Lustlos tapst sie mir hinterher, wenn ich die Leine nehme und mit ihr rausgehe. Selbst Fressen macht ihr keinen Spaß mehr. Wenn ich ihr morgens den Napf hinstelle und mittags zum Spaziergang heimkomme, steht das Futter unberührt da, während Ella auf ihrer Decke liegt und kaum den Kopf hebt.

Am Abend des dritten Bastian-freien Tages stehe ich mit meinem dicken Pulli auf dem Balkon und rauche eine Zigarette, als Ella plötzlich angerannt kommt und vor Freude schier ausrastet. Sie quiekt wie ein Schwein und rennt zwischen Balkontür und Flur hin und her, bis ich ihr zur Wohnungstür folge. Ich höre, wie jemand eine

Bierkiste die Treppen hochwuchtet. Ella muss bei dem Klirren der Flaschen gedacht haben, dass Bastian mit seinem Abendtrunk die Treppe hochkommt. So, wie sie bei Rasierschaum an Sahne denkt. Ich gehe in die Knie und streichle Ella über den Kopf. »Das war nicht Bastian, Ella.«

Aber Ella lässt sich nicht beruhigen, selbst das Leckerli, das ich ihr aus der Küche hole, verschmäht sie. Schwanzwedelnd steht sie vor der Tür und erwartet ihren Freund.

»Na schön, überzeug dich selbst.« Ich lege ihr die Leine an und öffne die Tür.

Ella rennt sofort los und zieht mich fast die Treppe herunter. Der Bierträger ist schon verschwunden, was Ella aber nicht davon abhält, auf jedem Absatz und an jeder Wohnungstür nach Bastian zu schnüffeln. Als wir auf der Straße stehen, blickt sie in alle Richtungen. Nach ein paar Minuten legt sie die Ohren an und trottet wieder zur Haustür zurück. Dieser Anblick bricht mir fast das Herz. Erst verliert Ella ihr Frauchen, dann verschwindet Bastian, und ich muss jeden Tag zur Arbeit.

Zurück in der Wohnung, lässt sie sich in ihr Körbchen fallen und vergräbt ihre Schnauze zwischen den Pfoten.

Ich schleiche mich noch mal raus zum Supermarkt um die Ecke und kaufe kurz vor Ladenschluss das teuerste Hundefutter. Zurück zu Hause, hantiere ich mit unserem Billigdosenöffner an der Dose rum. Ella wird neugierig, was Herrchen da in der Küche treibt, und kommt langsam angetrippelt. Sie versucht, sich an mir hochzuziehen. Der Geruch der Gourmethappen scheint bei ihr angekommen zu sein. Eigentlich hatten Lina und ich vorgehabt, ihr das erste Dosenfutter an ihrem Geburtstag, den Lina schon in den Kalender eingetragen hat, zu geben. Was soll's, ich will Ella nicht länger traurig sehen.

Als ich die Dose endlich geöffnet habe, lasse ich die Hälfte der stinkenden Brocken in ihren Napf platschen, den ich auf die Anrichte gestellt habe. Ich verschließe die Dose mit Alufolie und stelle sie in den Kühlschrank. Ella reißt mir fast die Hose runter. Schnell stelle ich ihr den Napf auf den Boden und verlasse die Küche, damit Ella in Ruhe fressen kann. Im Wohnzimmer höre ich ihr Geschmatze. Als ich später nach ihr sehe, ist sie immer noch dabei, ihren Napf auszulecken. Danach leckt sie sich ausgiebig über die Schnauze und setzt sich vor den Kühlschrank. Ich muss lachen. »Nee Ella, den Rest gibt's morgen.«

Ich wache von einem Kratzgeräusch auf. Verschlafen schaue ich auf den Wecker. Halb vier ist noch ein bisschen früh für die erste Parkrunde, Ella. Als ich in den Flur komme, sehe ich Ella an der Wohnungstür stehen und höre, warum. Jemand versucht von außen, einen Schlüssel ins Schloss der Wohnungstür zu stecken. Kurz habe ich ein flaues Gefühl und erwäge, einen scharfen Gegenstand zu holen, aber im Grunde kann es ja nur einer sein, der da mitten in der Nacht zu betrunken ist, um das Schloss zu finden. Ich mache die Wohnungstür auf, und Bastian fällt mir fast in die Arme. Er stolpert an mir vorbei in den Flur und wird sofort von der fiependen, von Glück erfüllten Ella begrüßt.

»Wo warst du?«, herrsche ich ihn an.

»Brannebug«, lallt Bastian.

»Wo?«

»Bran-den-burg.«

»Und was hast du da gemacht? Warum hast du dich nicht gemeldet, verdammt noch mal?«

»Du bisnich meine Mudda«, bringt er gerade noch hervor, bevor er in einem Schwall auf das Parkett kotzt.

Ich kann Ella gerade noch davon abhalten, die Brühe aufzulecken, und sperre sie ins Wohnzimmer, woraufhin sie sogleich zu bellen beginnt. Es bleibt mir nichts anderes übrig, als die Tür wieder aufzumachen und Ella zu Bastian und seinem Mageninhalt zu lassen.

»Das machst du weg. Und zwar jetzt!«, blaffe ich Bastian an, bevor ich die Schlafzimmertür hinter mir zuschlage und mich aufs Bett werfe. Herr Weber stampft mit irgendwas auf den Boden, und ich hoffe für ihn, dass er nicht auch noch runterkommt.

Der erste Schnee besänftigt mich. Als ich morgens die Balkontür aufmache und nach draußen trete, ist es, als hätte man einen Schalldämpfer über die Stadt gestülpt. In Ibbenbüren habe ich den Wintereinbruch immer geliebt. Schnee gab es dort nicht so oft wie in Berlin, weil dort kein Kontinental-, sondern noch Küstenklima herrscht. Dafür blieb der Schnee aber länger liegen, weil die Wiesen und Felder, die unser Haus umgaben, nicht von Menschenmassen und Autos bevölkert wurden. Am ersten Schneetag des Jahres wurde ich zuverlässig vom Schaben der Schneeschaufel auf dem Hof unter meinem Zimmerfenster geweckt. Meine Mutter sorgte immer gleich nach dem Aufstehen dafür, dass alles frei war. Mein Vater war dann immer schon zur Arbeit gefahren. Am Frühstückstisch hörte ich im Radio dann gespannt den Wetterbericht. Ganz am Ende zählten sie immer die Schulen auf, die wegen des Wintereinbruchs geschlossen bleiben mussten.

Schnell schließe ich die Balkontür wieder und ziehe mich an. Das müssen wir ausnutzen, bevor in Kürze die Streufahrzeuge der BSR kommen und die Idylle zerstören. Dann liegt für die nächsten Wochen nur noch braungrauer Matsch auf den Bürgersteigen.

Vor der Haustür setzt eine kurze Ernüchterung ein. Da hat schon jemand vor uns seine Schritte in den Schnee gesetzt. Ella hat noch nie Schnee gesehen und bleibt zunächst im Hauseingang sitzen. Als ich an der Leine ziehe, setzt sie vorsichtig eine Pfote in den Schnee und zieht sie sogleich wieder zurück. Nachdem sie sich an die Kälte unter den Pfoten gewöhnt hat, geht sie ein paar Schritte und macht ihre Pfütze. Direkt im Eingangsbereich unseres Hauses prangt ein gelber Fleck im Schnee. Beunruhigt schaue ich an der Fassade hoch. Nirgendwo ist ein Gesicht am Fenster zu erkennen. Schnell ziehe ich Ella weiter. Wir kommen etwas langsamer voran, weil Ella das Einsinken im Schnee noch etwas unheimlich ist, erreichen aber gerade noch rechtzeitig den Viktoriapark. Während über dem Kreuzberg die Sonne aufgeht, drehen wir unsere Runde. Auf dem Nachhauseweg erwacht die Stadt aus einem schönen, kurzen Wintertraum, Autos zerpflügen die Schneedecke, und Gemüsehändler mit müden Gesichtern rollen ihre Kisten herbei.

Plötzlich lässt Ella sich in den Schnee fallen und beginnt, wie wild an ihrem Hinterteil zu lecken.

»Was machst du denn da?«, rufe ich entsetzt und ziehe an der Leine, was zur Folge hat, dass sie ein Stück über den Boden rutscht.

Dann bemerke ich die Blutspur hinter ihr im Schnee. Mist, ist sie in eine Scherbe getreten? Ich beuge mich zu ihr runter und untersuche ihre Pfötchen. Nichts zu sehen.

Auch eine nähere Untersuchung zu Hause ergibt nichts. Langsam gerate ich in Panik. Weil der Tierarzt noch nicht aufhat, rufe ich Lina an, um wenigstens irgendwas zu tun.

»Ist ja komisch. Bist du sicher, dass das Blut von Ella war?«, sagt sie, nachdem ich ihr die Geschichte erzählt habe.

»Ja! Bevor sie sich hingeworfen und an ihrem Hintern rumgemacht hat, war da noch nichts im Schnee.«

Einen Moment herrscht Stille. Dann lacht Lina los.

»Weißt du, was das ist? Ella ist heiß!«

»Was?«

»Sie ist läufig. Sie hat ihre Tage.«

»Das gibt's bei Hunden auch?«

»Ach, Daniel ...«

»Und was soll ich jetzt machen?«

Lina kichert. »Das dauert ungefähr drei Wochen. In der Zeit solltet ihr lieber nicht in den Park gehen, die Rüden drehen sonst durch. Zeig ihr immer die Blutflecke, die du in der Wohnung findest, dann leckt sie die bestimmt auf. Haben unsere Hündinnen zumindest immer gemacht. Du kannst auch im Tierladen ein Höschen kaufen, die gibt's extra dafür. Das kann sie dann in der Wohnung tragen.«

»Ich soll ihr Binden kaufen?«

»Sozusagen. Wenn dir das zu doof ist, kann ich das auch am Wochenende machen.«

»Nee, ich mach das schon.«

»Also, ich suche … also, mein Hund, besser gesagt, meine Hündin, ist läufig, und ich …«

»Verstehe. Einen Moment«, sagt die Verkäuferin knapp und erlöst mich. Ich komme mir vor wie ein Teenie, der zum ersten Mal in seinem Leben Kondome kauft. Ich folge ihr zu einem Regal weiter hinten im Laden.

»Wie groß ist sie denn?«

»Mittel«, sage ich und halte meine Hand auf Kniehöhe.

»Eher kräftig oder drahtig?«

»Drahtig.«

»Dann nehmen Sie am besten M. Und was wollen Sie für ein Höschen? Wir hätten da welche mit Rüschen und welche mit Schleifen …«

Die Frau hält mir verschiedene Kartons hin, auf denen ein Höschen mit Loch zu sehen ist. Ich brauche einen Moment, um zu verstehen, dass das die Rückansicht mit der Aussparung für den Schwanz ist. Es gibt die verschiedensten Modelle. In Pastellfarben, knalligem Rot, Leopardenoptik, aus Samt, mit dem Aufdruck »Hot Lady« oder »Außer Betrieb«.

»Haben Sie auch was … Neutrales?«

Die Verkäuferin wühlt weiter, bis ich bei einer Packung mit schlichten schwarzen Höschen zustimmend nicke.

»Sie sollten aber noch eine Packung Damenbinden in

der Drogerie holen und immer eine in das Höschen legen«, sagt sie und gibt mir den Karton.

Auch das noch.

Als ich später von der abendlichen Runde mit Ella zurückkomme und in unsere Straße einbiege, halte ich abrupt an. Am Ende der Straße wuchtet Weber eine Autorückbank über den Gehweg und in unser Haus. Ich ziehe Ella zu mir und stelle mich unter die Markise der Bäckerei. Als Weber wieder aus dem Haus kommt, in seinen Schlitten steigt und davonbraust, gehen wir weiter.

Im Hausflur liegt die Rückbank, und auf dem cremefarbenen Polster klebt ein Zettel mit der Aufschrift »Nicht anfassen. Bin bald zurück. Weber«. Ella beginnt sofort, an den Sitzen zu schnüffeln, und will auf die Sitzflächen steigen. Ich ziehe sie schnell weg und gehe mit ihr die Treppen hoch. Als ich ihr oben vor unserer Wohnung die Leine abnehme, guckt sie mich kurz an und saust dann an mir vorbei die Treppen runter.

»Ella! Hiergeblieben!«, rufe ich und sprinte hinterher. Als ich völlig außer Atem unten ankomme, hockt Ella auf Webers Rückbank und reibt ihr Hinterteil am Polster.

»Komm da runter, sofort!«, brülle ich. Ella erschreckt sich fürchterlich und springt jaulend auf. Schnell lege ich sie wieder an die Leine und sehe, dass sich eine tiefrote Blutspur quer über den mittleren Sitz zieht.

Scheiße! Panisch renne ich mit Ella nach oben und stürme in die Wohnung. Mit zitternder Hand tippe ich Linas Nummer ins Handy. Als sie nicht drangeht, probiere ich die Arbeitsnummer.

»Ich schau mal, ob sie abkömmlich ist«, sagt eine Frau, die sich wie eine übersteuerte Empfangsdame im Holiday Inn anhört.

Die Sekunden vergehen wie in Zeitlupe, es dauert bestimmt drei Minuten, bis Lina sich meldet.

»Ja?«

»Du musst mir ganz schnell helfen. Wie kriegt man Blutflecken aus hellem Stoff raus?«

»Was? Ich habe gerade einen Kunden.«

»Es ist wichtig!«, drängele ich.

»Ach, Daniel, ist doch egal. Wir wollten das alte Sofa doch sowieso wegwerfen.«

»Es geht nicht um das verdammte Sofa, Ella hat die Autositze vom Weber eingesaut.«

»Was macht Ella denn im Auto vom Weber?«

»Erklär ich dir später, ich muss das jetzt schnell wegkriegen, bevor er es merkt.«

»Also, ich würd's mit warmem Wasser versuchen, solange das Blut noch frisch ist. Wenn es eintrocknet ist, ist es eh zu spät.«

Kommentarlos lege ich auf und stürme ins Bad. Ich drehe den Wasserhahn auf und ärgere mich noch mehr als morgens, dass es so lange dauert, bis das Wasser heiß wird. Als es lauwarm ist, reiße ich das Händehandtuch vom Haken, halte es unter den Hahn und hechte aus der Wohnung. Unten angekommen, fange ich sofort an zu schrubben. Gott sei Dank, das Blut geht ab! Plötzlich höre ich einen Schlüssel im Türschloss. Mein Herz bleibt stehen. Ich starre auf den Sitz, wo immer noch ein zehn Zentimeter langer roter Streifen zu erkennen ist. Durch die Haustür schiebt sich eine Matratze. Dahinter folgt der keuchende Herr Weber.

»Herr Weber …«, stammele ich.

»Weg, das Ding ist schwer. Oder machen Sie sich zur Abwechslung mal nützlich und packen Sie mit an!«

Schnell greife ich ein Ende der Matratze. Vielleicht bemerkt er die Blutspur ja nicht.

Aber da stößt Weber schon einen spitzen Schrei aus. »Was ist das denn?«, ruft er entsetzt und lässt die Matratze los. Entrüstet zeigt er auf seine Rückbank.

»Äh, keine Ahnung.«

Weber sieht mich zornig an. »Und was wollen Sie dann mit dem Lappen?«

Ich atme tief durch. Das ist das Ende. »Äh, tut mir sehr leid, aber mein Hund ist läufig und hat sich wohl auf Ihre Sitze gesetzt.«

Weber ist rot angelaufen und starrt mich mit offenem Mund an.

»Vielleicht hätten Sie die Rückbank lieber in den Keller bringen sollen, das weiße Polster ist ja doch recht anfällig …«

»Ihr verdammter Dreckskö ter!«, brüllt er los. »Jetzt ist endgültig Schluss! Ich habe Ihnen viel durchgehen lassen, aber das schlägt dem Fass den Boden aus!«

»Hören Sie, ich bezahle Ihnen die Reinigung. Wenn's sein muss, kaufe ich Ihnen auch neue Sitze. Das kriegen wir schon irgendwie hin!«, flehe ich und lasse die Matratze auf die Treppenstufe sinken.

»Das sind Spezialanfertigungen, junger Mann, die sind nicht zu ersetzen! Hauen Sie ab! Hauen Sie bloß ab!«

Ich schleiche zurück in die Wohnung, wo Ella mich schon erwartet. »Verschwinde«, blaffe ich sie an. »Ich will dich nicht mehr sehen!« Auf dem Weg ins Schlafzimmer wische ich einen Blutfleck mit den Socken weg, ziehe mir die Socken aus und feuere sie in die Ecke.

Ich sitze an meinem Schreibtisch und kann mich auf nichts konzentrieren. Ob heute der Anruf von Schmidt-Brögelmann kommt? Bestimmt hat ihn Weber längst eingeschaltet. Und wenn nicht? Vielleicht sollte ich ihm zuvorkommen und mich selbst bei Schmidt-Brögelmann melden und ihm alles erklären? Aber wie?

In der Mittagspause rufe ich Lina an, die gerade wieder die Oma mit den Hühneraugen und dem Aufmerksamkeitsdefizit im Laden hat und entsprechend kurz angebunden ist. »Hunde, die bellen, beißen nicht«, sagt sie nur.

Was jetzt? Erst mal muss ich zurück ins Büro. In dem Moment brummt mein Handy. Bastian schreibt: »Ella ist verletzt. Alles voller Blut, kann die Wunde aber nicht finden. Du musst sofort nach Hause kommen!!!« Entnervt lasse ich mich auf den Schreibtischstuhl fallen und schreibe »Sie ist nur heiß. Immer locker bleiben.«

Abends begegne ich Bastian und Ella unter der Laterne vor unserem Haus. Ella kommt auf mich zugelaufen; während ich sie streichele, sehe ich mich um. Von Webers Auto keine Spur, in seiner Wohnung brennt kein Licht.

»Sie hat einen neuen Namen«, sagt Bastian.

»Ach ja?«, frage ich müde und krame meinen Schlüssel hervor.

»Ja. Ab heute heißt sie Magneto. Wie der Typ bei den X-Men.«

»Warum das denn?«

»Wir waren gerade im Park. Du kannst dir nicht vorstellen, was da abging. Horden von Kötern hingen ihr am Arsch. Wie so ’n Bienenschwarm.«

»Was? Und hat sie einer …«

»Nee, keine Angst, sie hat sich auf nix eingelassen.«

Als wir in der Wohnung sind, holt Bastian sich ein Bier aus dem Kühlschrank. »Wegen dem Weber müssen wir uns übrigens was überlegen«, ruft er, »der heckt irgendwas aus. Ist den ganzen Nachmittag durchs Treppenhaus geschlichen und hat bei den Nachbarn geklingelt. Hab leider nicht verstanden, was die geredet haben.«

Ich habe keine Lust mehr, mir den Kopf darüber zu zerbrechen, was Weber zu den anderen gesagt haben könnte, und weiß nicht, wohin mit mir. Ich nehme die Leine und verlasse gemeinsam mit Ella wortlos die Wohnung.

Planlos marschieren wir durch unseren Kiez, vorbei am S-Bahnhof Julius-Leber-Brücke über die Hauptstraße bis zum Rathaus Schöneberg. Es ist ein klarer, bitterkalter Abend. Zweimal treffen wir auf Rüden, die nicht angeleint sind und Ella den Hof machen. Diese Läufigkeit nervt. Auf dem Rückweg rufe ich Lina an, die mittlerweile auch Feierabend haben müsste.

»Wie geht's?«, frage ich sie und will mir eigentlich gar nicht anhören, dass ihr wieder mal der Rücken vom vielen Hinknien wehtut.

»War ein langer Tag. Mir tut schon wieder alles weh. Und bei euch?«

Ich schaue auf den Boden, der Bürgersteig schwimmt im Matsch, nur am Rand des Gehwegs liegen noch vereinzelt weiße Flecken.

»Daniel?«

»Nicht so gut … Ich kann mich nicht mehr auf die Arbeit konzentrieren. Was machen wir, wenn die uns rausschmeißen? Bastian ist irre und säuft sich jeden Abend die Hucke voll. Berlin kotzt mich an, die Leute kotzen mich an, der ganze graue Matsch hier kotzt mich an.«

»Bleib mal ganz ruhig. Ich kann dich gut verstehen, aber das kommt dir jetzt nur so vor. Schlaf mal 'ne Nacht drüber, und morgen überlegen wir weiter, was wir ändern können.«

»Das sagst du jedes Mal, ›Wir reden da in Ruhe drüber‹, aber letztendlich bist du fein raus, und ich muss die Entscheidungen treffen. Was ist denn nur passiert! Bevor wir Ella hatten und du weggezogen bist, war doch alles in Ordnung.«

»Das war es nicht, und das weißt du. Es gibt halt immer neue Situationen, mit denen wir klarkommen müssen. Das macht uns stärker, auch als Paar.«

Ella hält an und macht einen Haufen neben einem Baum. Ich klemme die Leine zwischen die Knie und fummele mit der freien Hand eine Tüte aus der Jacke. Als es mir nicht gelingt, mit einer Hand das Tütchen zu öffnen, klemme ich mir das Telefon zwischen Schulter und Kinn und nehme die andere zu Hilfe. »Ja, wenn wir wieder zusammen einen Alltag hätten«, sage ich gepresst und bücke mich nach dem Haufen. »Immer nur zu telefonieren, reicht nicht. Ohne dich ist es einfach …«, plötzlich rutscht mir das Telefon weg und landet genau dort, wo ich den Haufen noch nicht ganz erwischt habe, »… scheiße.«

Das Inselnest ist die schäbigste Proletenkneipe des Viertels. Manchmal tut's ganz gut, zu sehen, dass es anderen noch schlechter geht. Ich finde einen freien Tisch und binde Ella an meinen Stuhl. Sie merkt, dass ich schlechte Laune habe, und wehrt sich nicht dagegen.

»Ein Bier und ein Futschi!«, rufe ich Richtung Theke und drehe mich missmutig wieder um.

»Wat biste denn so jereizt?«, fragt eine alte Frau, die am Tresen sitzt und nicht so recht in diesen Laden passt. Sie sieht ein bisschen aus wie Brigitte Mira in *Drei Damen vom Grill*: typisch westberlinerisch, aber nicht unelegant. Ich winke ab.

»Nu sach schon, Jungchen«, sagt sie etwas leiser und kommt an meinen Tisch.

Ich bleibe stumm. Ella ist von unserem Tischgast begeistert und versucht, an der Frau hochzuklettern, aber ich habe meinen Fuß fest auf die Leine gestellt und ziehe Ella weg.

»Nu lasse doch«, sagt die Alte und kriecht halb unter den Tisch. »Dit is aber ne Feine.« Jetzt streckt sie ihre Hand aus, die Ella sofort ableckt. »Ick hatte och ma so eene, aber ick schaff dit einfach nich mehr. In meem Alter, weeßte …«

»Ja, da braucht man Ausdauer«, sage ich knapp und kippe mir den gerade servierten Futschi rein.

»Ick bin übrijens die Brigitte. Kannst aber och Gitta sagen.«

Ich spucke fast mein Cola-Weinbrand-Gemisch wieder aus. »Und mit Nachnamen Mira?«

»Nee, wieso? Wat isn dit fürn komischer Name?«

»Ach, egal.« Ich reiche der Grilldame die Hand. »Daniel.«

»Willste noch een?«

Bevor ich antworten kann, hält Brigitte das Futschiglas hoch und streckt mit der anderen Hand zwei Finger in Richtung Bar. »Kommste öfter her? Hab dich hier noch nie jesehn.«

»Nee. Ich wohne zwar um die Ecke, war aber noch nie hier.«

Mit einem Lachen, das klingt wie der stotternde Motor eines Trabbis, schlägt mir Brigitte erstaunlich kräftig auf die Schulter. »Na, da hab ick ja Glück jehabt.«

Brigitte kippt den Futschi schnell runter und knallt das Glas auf den Tisch. Dann sieht sie mich ernst an und beugt sich zu mir. »Weeßte, ick hab och ma hier jewohnt. Is lange her. Bin hier zur Schule jejangen, da hinten inner Kolonnenstraße, da war der Krieg jerade vorbei. Irjendwann bin ick mit meem Mann erst raus nach Spandau, und nach de Wende sind wa nach Kleenmachnow jezogen, kennste dit?«

»Hab ich schon mal gehört.«

»Dit is schön da. Hast deene Ruhe, is aber ooch nicht weit inne Stadt. Denn manchma brauch man dit ja doch, wa?« Sie lacht und bestellt uns noch ’ne Runde. »Ick komm ab und zu ma her und guck, was aus meene Freundinnen jeworden is, von damals. Eene liecht inne Naumannstraße uffm Friedhof.«

Wir stoßen an, und Brigitte erzählt weiter. Von ihrer Jugend, von der Wende, von den immer gleichen Jahren bis zur Rente, die »so schnell varjangen sind, det ick ma immer noch erschrecke, wenn ick inn Spiejel gucke«. Irgendwann fange ich auch an zu erzählen. Ella ist unterm Tisch eingeschlafen, und der Alkohol macht mich redselig. Ich erzähle ihr von Ibbenbüren, meiner Oma, Lina, Ella und von unserem Nachbarschaftsstreit.

»Jungchen«, sagt Brigitte, nachdem ich eine Weile still war, »ick hab in deim Alter jeholfen, dit Land hier wieder uffzubauen. Meen Vater is im Krieg jeblieben, und meen Bruder, den ham die Russen erschossen. Dit kannste dir nich vorstellen. Gloob ner alten Frau, wennse sacht: Dit, wat du da Probleme nennst, dit sind keene! Dit wird allet wieda jut, wirst ma sehn!«

Ich lächle sie an und kann langsam nicht mehr aus den Augen gucken. Als ich aufstehen und bezahlen gehen will, winkt sie ab. »Dit jeht uff meen Deckel, ick hab Jeld jenuch, dit kann ick im Leben nich mehr ausjeben.« Sie zwinkert mir zu, und ich bedanke mich mit einer Umarmung.

»War schön, dich kennenzulernen, Daniel. Allet Jute!«

Ich nicke. »Fandich auch, Brigitte. Pass aufdich uff!«

Ich torkele nach draußen und höre gerade noch ein Winseln, bevor die Kneipentür zuschlägt. »Wollste die Kleene hierlassen?«, ruft Brigitte, als ich wieder reingehe und etwas länger brauche, um die Leine vom Stuhl abzumachen. Brigitte wirft wieder den Trabbimotor an, und mit ihren abgehackten Lachern im Ohr mache ich mich auf den Heimweg.

Um 8.30 Uhr habe ich mich übergeben und stehe auf wackeligen Beinen unter der Dusche. Das heiße Wasser läuft mir den Rücken runter, ich habe die Augen zu und versuche, an gar nichts zu denken. So stehe ich eine Weile, bis mir die Wärme zu Kopf steigt und ich das Wasser ausstelle. Als ich nach meinem Handtuch greife, klingelt es an der Wohnungstür. Ella fängt an, zu bellen und zu jaulen, und wird verrückt, weil keiner die Tür aufmacht. Nach dem dritten Klingeln schreie ich laut: »Bastian! Mach doch mal die Scheißtür auf!« Und tatsächlich höre ich ihn schließlich durch den Flur schlurfen. Ich rubbele mir die Haare trocken. Draußen redet Bastian mit jemandem. Das Gemurmel nimmt ein jähes Ende, als Bastian laut »Schönen Tag noch!« ruft und die Tür zuknallt. Ich wickle mir das Handtuch um und gehe mit der Zahnbürste im Mund in den Flur. »Wer war das?«

»Keine Ahnung. Schmidt-Irgendwas. Wollte in die Wohnung. Da hab ich ihm gesagt, is nich. Ich lass doch hier keinen Fremden rein.«

Bastians Worte fühlen sich an wie ein Schlag in die Magengrube. Mit einem Mal ist mir wieder schlecht. Ich reiße die Wohnungstür auf und laufe in den eiskalten Hausflur. »Herr Schmidt-Brögelmann, bitte warten Sie!«, rufe ich und renne die Treppen runter. An der Haustür hole ich ihn ein. »Entschuldigen Sie bitte, ich war gerade unter der Dusche und …«

»Ja«, sagt Schmidt-Brögelmann und schiebt sich seine randlose Brille den Nasenrücken hinauf. »Das sieht man.« Sein Anzug sitzt perfekt, selbst die Falten auf seiner nicht mehr jungen Stirn furchen geradlinig. »Schade, dass ich mich dermaßen in Ihnen getäuscht habe. Hier scheint tatsächlich einiges im Argen zu liegen.«

»Aber wieso denn?«, frage ich und trete von einem Bein aufs andere. Die Fliesen unter meinen nackten Füßen sind saukalt.

»Tja«, sagt Schmidt-Brögelmann und fasst sich ans Revers, »es gibt Beschwerden über Sie. Ihre Frau, zum Beispiel, die mir ja immer sehr sympathisch war, ist länger nicht gesehen worden. Stattdessen geht nun ein Schläger bei Ihnen ein und aus.«

»Meine Freundin ist nur vorübergehend nicht da, Herr Schmidt-Brögelmann, ich …« Dann weiß ich nicht mehr weiter.

»Und dass Sie neuerdings einen Hund haben, gefällt weder den Leuten hier im Haus noch mir als Ihrem Mietvertragspartner.«

Ich sage nichts und hefte meinen Blick irgendwo an die obere Kante seines rechten Brillenglases.

»Ich würde sagen, wir setzen dieses Gespräch schriftlich fort«, sagt Schmidt-Brögelmann kühl. »Ziehen Sie sich lieber was an, Sie erkälten sich noch.« Er fasst nach der Klinke an der Haustür. »Übrigens«, sagt er, »als Mieter sind Sie verpflichtet, ihrem Vermieter Zutritt zu den Wohnräumen zu gewähren. Das gilt nicht nur für Sie, sondern auch für etwaige nicht genehmigte Untermieter.«

Als er die Tür öffnet, schlägt mir die eiskalte Winterluft entgegen.

Wenige Tage später liegt ein Brief im Flur. Mit zitternden Händen reiße ich ihn auf, obwohl ich längst weiß, was drinsteht.

»… Wir sprechen Ihnen sowohl wegen des Halten eines Hundes als auch wegen der unter Verstoß gegen die §§ 540, 553 BGB erfolgten Weitervermietung eines der vermieteten Räume an einen Dritten eine fristgemäße Kündigung des Mietverhältnisses gemäß § 573 Abs. 2 Nr. 1 BGB aus. Wir fordern Sie zur Räumung und Herausgabe des Mietobjektes innerhalb von drei Monaten auf. Sollten Sie die Ihnen gesetzte Frist zur Herausgabe nicht einhalten, werden wir ohne weitere Ankündigung gerichtliche Schritte in die Wege leiten …«

Seltsamerweise bleibe ich völlig ruhig. Irgendwie tut es gut, endlich Gewissheit zu haben. Ich lege den Brief in die oberste Schublade der Flurkommode. Bastian ist mal wieder verschwunden, ohne zu sagen, wohin. Morgen kommt Lina für ein langes Wochenende, und statt ein paar schöne Tage zusammen zu verbringen, müssen wir nun Notfallpläne schmieden. Ich spüre ein Kratzen im Hals und merke, wie schlapp ich mich fühle.

Ich lege mich ins Bett und ziehe die Decke über die Ohren. Nach und nach bricht alles weg. Freiheit, Freunde, Familie, Lina und nun auch mein Zuhause. Wie konnte sich mein Leben innerhalb weniger Monate nur so verändern? Habe ich mich verändert? Oder die Menschen um mich herum? Was hat es mir gebracht, dass ich alle zufriedenstellen wollte?

Die Tür geht auf, und Ella kommt ins Zimmer getapst. Sie springt aufs Bett und legt sich neben mich. Sie schiebt ihren Kopf ganz dicht an meinen und legt ihre Pfote darauf. Irgendwann beginnt sie, mir die Wangen zu schlecken. Das ist ein bisschen eklig, aber zugleich auch rührend. Ich nehme Ella, meine Freundin, in den Arm.

Zwei Tage lang drücke ich mich davor, Lina die Wahrheit zu sagen. Dann halte ich es nicht mehr aus. Wir haben es uns auf dem Sofa gemütlich gemacht und Bastian in sein Zimmer verbannt. Ella döst in ihrem Körbchen und bewegt ab und zu ihren Schwanz. Morgen fährt Lina wieder nach Hamburg, und wir werden uns wieder zwei Wochen lang nicht sehen.

»Wir müssen aus der Wohnung raus, zum 1. März«, sage ich unvermittelt.

Lina nimmt den Kopf aus meinem Schoß und setzt sich auf. In einem Schwall erzähle ich ihr, was vorgefallen ist.

Als ich fertig bin, dröhnt mir der Kopf, und Lina starrt ins Leere. »Meinst du nicht, dass wir das noch verhindern können?«, fragt sie schließlich matt. »Ich könnte doch zu Schmidt-Brögelmann gehen und versuchen, ihn umzustimmen.«

Ich schüttele den Kopf. »Das bringt jetzt nichts mehr.«

Lina nickt und legt sich langsam wieder in meinen Schoß. »Unser schönes kleines Zuhause.«

»Das ist es eh nicht mehr, seit du weg bist.«

»Ich weiß.«

Sie dreht ihren Kopf zu mir und sieht mich an. »Daniel, ich will wieder nach Hause. Zu dir und Ella.«

»Was?« Ich kann nicht glauben, was Lina da gerade gesagt hat. »Geht das denn?«

»Ich wollte es eigentlich noch nicht sagen, weil ich nicht weiß, ob es klappt. Aber eigentlich ist es mir auch egal, ich will nur wieder zurück.«

Ich schiebe Lina von meinem Schoß und warte, bis sie sich richtig hingesetzt hat. »Meinst du das ernst? Was ist mit deiner Karriere?«

Lina zuckt mit den Schultern. »Bringt doch nichts, wenn man sich jeden Abend allein fühlt. Es war einfach ein Fehler.«

Ich bin völlig perplex. »Und du meinst nicht, dass du in zwei Wochen wieder anders darüber denkst?«

Lina nimmt mein Gesicht in die Hände und gibt mir einen Kuss. »Nein.«

17. Kapitel ALLET ODER NÜSCHT

> »Der einzige Freund, den ein Mensch in dieser Welt haben kann, ist sein Hund.«
>
> Woody Allen

Die Suche nach einer neuen Wohnung haben wir dann aber erst noch mal verschoben. Weihnachten waren wir bei meinen Eltern, was sich vor allem für Ella gelohnt hat. Heiligabend hat ihr mein Vater eine in buntes Geschenkpapier verpackte Lammfelldecke unter den Weihnachtsbaum gelegt, in die er ein paar Wurstscheiben eingerollt hat, damit Ella ihr Geschenk selbst auspackt. Mit seinem alten Camcorder hat er Ella dann beim Zerfetzen des Geschenkpapiers und beim Verschlingen der Wurststücke gefilmt. Zu Silvester drehte er dann einen kleinen Film von Ellas Reaktionen auf Böller und Raketen. Als wir am 1. Januar benommen im Wohnzimmer hockten, wurden alle Festtagsvideos noch mal in voller Länge gezeigt. Meine Mutter reichte dazu die Vanillekipferl nach Omas Rezept, um die wir uns im Dezember noch prügelten, die jetzt aber keiner mehr sehen konnte.

»Hast du schon mal geguckt?«, fragt Lina und schlägt die abgegriffene *DBmobil* zu, die beim Einsteigen auf unseren Plätzen lag. Vielleicht war diese kostenlose Lektüre der wahre Grund, warum sie mit der Bahn fahren wollte. Denn stressfreier war diese Reiseform mit einem Hund bestimmt nicht.

Ich drehe mich zu ihr und blinzele sie an. Es wird langsam hell draußen, im Fenster ziehen die Umrisse von Feldern und Häusern vorbei, während uns der ICE Berlin immer näher bringt.

»Wonach?«

»Nach Wohnungen, natürlich.«

»Nee. Nachdem Bastian wieder mal weg war, hatte ich echt andere Sachen zu tun. Ich nehme auch dauernd Arbeit mit nach Hause und komme trotzdem nicht nach.« Ich atme geräuschvoll aus und schließe die Augen. »Ich glaube, ich bin der schlechteste Volontär, den die jemals hatten.«

»Ach, Quatsch. Und du hast das doch ganz gut hinbekommen, vor allem mit Ella.«

Schnell mache ich die Augen wieder auf. »Ja, notgedrungen. Dabei wäre das zu zweit alles kein Problem. Aber allein mit Ella …«

Ella reckt bei dem Klang ihres Namens den Kopf in die Höhe und sieht uns über den Tisch hinweg an. Wir haben einen Viererplatz gebucht, weil Ella einen Sitz für sich allein braucht und ihre Weihnachtsgeschenke, die immer bei ihr sein müssen, einen zweiten. Ich beuge mich über den Tisch und kraule ihr das Ohr, bis sie wieder ruhiger wird und den Kopf senkt.

»Ja, ich weiß, und ich bin dir echt dankbar, dass du dich so gut um sie gekümmert hast«, sagt Lina leise. »Aber wollen wir das jetzt echt gegeneinander aufwiegen? Immerhin habe ich für euch meinen Job gekündigt.«

Sie hat recht, aber ich will es nicht zugeben.

»Ich hab ja jetzt 'ne Woche frei, da können wir in Ruhe schauen«, sagt sie.

Ich drehe mich zur Seite und brumme in den Stoff des Kopfkissens an der Sitzlehne. Ich bin müde, fühle mich überfressen und habe keine Lust, in eine Stadt zurückzukehren, in der wir eigentlich kein Zuhause mehr haben.

In unserer Exwohnung lassen wir unser Gepäck fallen und drehen erst mal die Heizung auf. Ella kuschelt sich in ihre Lammfelldecke und vergräbt ihre Schnauze darin. Bestimmt inhaliert sie den Wurstgeruch, der noch an den Fasern hängt. Ich setze uns Wasser auf. Als ich gerade den Tee aufgießen will, klingelt mein Handy.

»Hi, Daniel, hier ist Sabine aus der Agentur.«

»Sabine«, sage ich überrascht, »frohes Neues! Was gibt's denn?«

»Warum bist du nicht im Büro? Christian ist ziemlich sauer.«

Obwohl meine Hände noch eiskalt sind, wird mir plötzlich verdammt heiß. Hektisch studiere ich den Kalender an der Wand. »Aber heute ist doch Freitag. Ich dachte, es geht am Montag wieder los …«, sage ich vorsichtig.

»Wir hatten doch verabredet, dass wir aus dem zweiten keinen Brückentag machen. Du warst doch dabei, als wir das besprochen haben.«

Nachdem ich aufgelegt habe, laufe ich in der Küche auf und ab und raufe mir die Haare. Auch das noch. Wie konnte ich das verpeilen? Soll ich sagen, dass ich krank bin? Zu spät, Sabine wusste ja jetzt, dass ich es einfach nur vergessen habe.

»Sollen wir die mal durchsehen?« Lina kommt ins Zimmer und schwenkt die Lokalzeitungen, die sie am Bahnhof gekauft hat.

»Ich hätte heute schon wieder arbeiten müssen.«

»Ups.«

»Ja. Das gibt Ärger.«

Wir setzen uns an den Küchentisch, und ich versuche, mich auf die Wohnungsanzeigen der Zeitung vor mir zu konzentrieren. Lina schlürft an ihrem Tee und kreist ständig irgendwas ein.

»Musst du so schlürfen?«

Lina verzieht das Gesicht. »Ich kann auch nichts dafür, dass du das mit der Arbeit verpeilt hast.«

Sie schlürft weiter und schiebt mir schließlich die Zeitung rüber.

Ich lese die Anzeigen in ihren Kugelschreiberkreisen und sehe sie entsetzt an. »Wedding? Moabit? Ich dachte, wir gucken erst mal hier im Kiez oder zumindest in Schöneberg.«

Wortlos reicht Lina mir eine andere Zeitungsseite, auf der die uneingekreisten Angebote für Schöneberg stehen. Es sind genau drei. Zwei Wohnungen sind viel zu klein, die dritte zu teuer.

Ich schiebe ihr die Zeitung wieder rüber und beuge mich über meine. Ich kann mich nicht konzentrieren, weil Ella gerade eines ihrer neuen Stofftiere zerfetzt. Sie liegt auf dem Boden und zieht mit der Schnauze weiße Watte aus dem Bauch eines zerfetzten Etwas. War das der Esel? Sobald Ella einmal eine Schwachstelle in der Naht gefunden hat, ist es vorbei. Das Ausweiden eines Stofftieres ist ihre liebste Indoor-Beschäftigung (nach dem Zerkauen teurer Schuhe aus kostbarem Leder, aber an die kommt sie nicht mehr ran). Die High-End-Hundespielzeuge, die Martin Rütter in seiner Sendung vor die Kamera hält, sind nichts gegen in Asien gefertigte Plüschtiere.

»Das wär doch was«, sagt Lina plötzlich und zeigt auf eine Anzeige.

»800 Euro kalt«, lese ich. »Aber das ist in Neukölln!«

Lina seufzt. »Wir können nicht so wählerisch sein. Dein Volo-Gehalt ist mickrig, und ich werde auch weniger verdienen, wenn ich in Potsdam bin. So einen Glückstreffer wie die Wohnung hier werden wir nicht noch mal landen.«

»Ich weiß. Aber ich will in der Gegend bleiben. Hier sind Parks für Ella, hier sind Dennis und Boja, hier kennt sie alles.«

»Das können wir uns aber nicht leisten. An der Ampel habe ich vorhin einen Zettel gesehen, auf dem eine Familie eine Wohnung hier in der Gegend sucht. Doppelverdiener mit einem Kind, die bis zu 1400 Euro warm bezahlen können und eine Provision von 2000 Euro raushauen würden, wenn ihnen jemand was vermittelt.«

Ich schlucke. Vor drei Jahren war das in Berlin noch anders gewesen, zumindest in dieser Gegend.

»Außerdem möchte ich Ella nicht noch mal einem Vermieter verschweigen. Du siehst ja, wohin das führt.«

»Bin ich jetzt schuld, oder was?«

»Nein.« Sie legt ihre Hand auf meine. »Lass uns nicht streiten.«

Ich atme tief durch und nehme mir wieder meine Zeitung vor.

Am Montagmorgen drücke ich mit zitternder Hand die Klinke der Glastür zu unserer Industrieetage herunter. Es ist erstaunlich still an diesem Morgen. Nur das Klackern von Tastaturen ist zu hören. Niemand telefoniert, niemand unterhält sich. Wahrscheinlich sind so kurz nach Silvester noch alle verkatert. Als Sabine mich sieht, kommt sie zu mir, legt mir eine Hand auf die Schulter und flüstert: »Geh lieber sofort zu Christian. Sitzt in seinem Büro.« Ich werfe den Mantel über meinen Stuhl und schiebe die Umhängetasche unter den Schreibtisch.

»Morgen, Daniel, frohes Neues«, empfängt mich Christian in seinem Büro. Er hat alle Poster der Kampagnen aus dem vergangenen Jahr entfernt, und der Raum wirkt geradezu klinisch steril. Ich komme mir vor wie in einer Verhörzelle und bin dementsprechend überrascht über Christians freundlichen Ton.

»Danke, dir auch«, sage ich. »Und wegen Freitag …«

»Nimm doch erst mal Platz.« Dabei deutet er auf einen der beiden Stühle vor seinem Schreibtisch. Ich setze mich und mache mich in dem ohnehin schon niedrigen Stuhl so klein wie möglich.

»Wie gefällt es dir denn bei uns bisher?«, fragt Christian. Die Frage klingt harmlos, doch mir schwant Übles.

»Sehr gut«, sage ich, »wirklich gut.« Besonders überzeugend klang das wohl nicht.

»Hast du eine Idee, wie viele sich bei uns um ein Volontariat bewerben? Wir sind ein kleines Team, und wir suchen uns unsere Volontäre sehr genau aus. Sie müssen perfekt zu uns passen.« Er hält einen Moment inne und lässt Daumen und Zeigefinger an seinem Bleistift entlang auf die Schreibtischplatte gleiten. »Ich will ganz ehrlich sein. Der Daniel, den wir hier zuletzt erlebt haben, ist ein anderer als der, der sich damals hier vorgestellt hat.« Damit ist die Katze aus dem Sack. »Ich will dir auch sagen, woran ich das festmache«, fährt er fort. »Du hast hier Dienst nach Vorschrift geleistet. Ich hatte aber nie das Gefühl, dass du für diesen Job brennst. Du bist meistens pünktlich gekommen und hast um Punkt sechs Feierabend gemacht. Der Job verlangt aber sehr viel Eigeninitiative. Sabine, zum Beispiel, sitzt hier manchmal bis Mitternacht, und das kannst du mir glauben, das ist hier eher die Regel als die Ausnahme.« Christian redet weiter, aber ich höre ihm nur noch halb zu. Mir wäre es lieber, wenn er einfach sagen würde: Das war's, du bist raus. Denn er hat ja recht: Ich will und kann nicht mit meinem Job verheiratet sein. Allein schon wegen Ella. Am Ende fragt er mich, ob ich bereit wäre, meine Einstellung zu ändern. Ich denke kurz nach und sage dann, völlig überrascht von meiner eigenen Ehrlichkeit: »Nein, tut mir leid. Irgendwie ist das hier doch nichts für mich.« Er schaut mich etwas verblüfft an, aber da ist auch noch etwas anderes in seinem Blick. Wir geben uns die Hand. Als ich schon an der Tür bin, sagt er plötzlich: »Würde mich trotzdem freuen, wenn du in Zukunft mal was für uns als Freier machst, deine Ideen haben mir grundsätzlich schon gefallen.«

Als ich zurück zu meinem Schreibtisch gehe, fühle ich mich plötzlich total befreit. Ich lösche meine Daten vom Computer, verabschiede mich von meinen Kollegen, verspreche ihnen, dass wir in Kontakt bleiben, und trete auf die Straße. Ein schneidender Wind weht mir ins

Gesicht. Wenige Meter vor mir kauert ein alter Mann im Schnee. Er scheint gerade gekotzt zu haben. Ich verdränge den Gedanken, dass ich gerade meine Zukunft sehe, und schwinge mich schnell aufs Rad.

Wir stehen mit Ella vor einem unsanierten Altbau in Berlin-Neukölln und warten auf den Makler. Der graue Himmel und die gleichfarbigen Hausfassaden schaffen eine Kriegsfilmatmosphäre. Ella springt zitternd hin und her. Im Schneematsch liegen die aufgeweichten Reste von Silvesterböllern, die sich mit Hundehaufen vermischen. Es stimmt wohl, dass die Stadtreinigung in manchen Bezirken schneller den Silvesterdreck wegräumt als in anderen. In Zehlendorf sind die Gehwege wahrscheinlich schon blitzblank, und in Schöneberg wird es sicher auch nicht mehr lange dauern. Hier dagegen können sich die Kinder bestimmt noch im Juli über Blindgänger freuen.

»Ich will hier weg«, sage ich zu Lina.

Lina wirkt unsicher und sieht an dem Haus hoch, vor dem wir stehen. Ich folge ihrem Blick. Der Balkon in der dritten Etage sieht aus, als würde er gleich abfallen. »Vielleicht ist die Wohnung ja ganz schön«, sagt sie und wendet den Blick schnell wieder ab.

Ein dicker Mann in einem Stasi-Mantel kommt auf uns zu.

»Ach, Sie warn dit mit dem Köter, wa?«, sagt er zur Begrüßung. »Dann kommse ma rinn.« Er schließt die Haustür auf, und wir folgen ihm durch ein muffiges, dunkles Treppenhaus in den vierten Stock.

»Die Tür klemmt 'n bisschen«, sagt der Mann, von dem

ich immer noch nicht weiß, wie er heißt, und wirft sich schwungvoll dagegen. Krachend fliegt die Tür auf. Wir folgen dem Mann, von dem ich hoffe, dass es der Makler ist, in einen Flur mit graugelbem PVC-Belag, der an einigen Stellen bedenkliche Wellen wirft. Ella will erst nicht über die Schwelle, ich muss sie reinziehen. An der Decke zeichnen sich deutlich die Ränder eines Wasserschadens ab. Uns schlägt ein bestialischer Gestank entgegen.

»Müsste ma jelüftet werden. Wissense, wir hatten hiern Todesfall. Traurige Sache, die jute Frau hatte keene Anjehörijen. Na ja.« Der Mann kramt in der Innentasche seines Mantels und zieht einen verknitterten Zettel hervor. »Schaunse sich um, und wennse Interesse ham, dann füllense dit hier aus.«

»Hm, danke«, sage ich und nehme den Bewerbungsbogen entgegen. »Wie viel kostet die Wohnung noch mal warm?«, frage ich.

»Also, sechshundert kostetse kalt, und mit den Nebenkosten kommse dann so unjefähr auf achthundert. ’n Schnäppchen, wennse mich fragen. Neukölln is im Kommen, aber da sag ick Ihnen ja nischt Neuet.«

Ich nicke nur und folge Lina mit Ella ins Wohnzimmer.

»Lass uns gehen«, zische ich Lina zu und ziehe mir meinen Jackenkragen über die Nase.

»Da kann man schon was draus machen. Müssten halt ein bisschen renovieren.«

»Renovieren? Das ganze Haus müsste abgerissen und in Schöneberg wieder aufgebaut werden. Wir finden was Besseres, ganz sicher! Ella gefällt es hier übrigens auch nicht.«

Tatsächlich verhält sich Ella auffällig ruhig und bleibt immer dicht bei mir. Manchmal schnuppert sie an der Fußleiste, dreht dann aber immer wieder schnell den Kopf zur Seite. Ich will nicht wissen, wie es da unten riecht.

Durch die Balkontür, von der die Farbe abblättert, schaue ich auf das gegenüberliegende Haus, das leer zu stehen scheint. »Schöne Aussicht«, murmele ich und folge Lina ins Bad, das aussieht wie in *Wir Kinder vom Bahnhof Zoo*. Ein eiskalter, schlauchförmiger Raum mit einer winzigen Duschkabine und einer versifften Toilette ohne Deckel. Ella versucht jaulend, wieder in den Flur zu gelangen. Jetzt scheint auch Lina ein Einsehen zu haben.

»Danke, wir überlegen es uns«, sagt sie knapp, als wir uns verabschieden und ins Treppenhaus stolpern.

»Mit 'nem Köter könnse nich allet wolln«, ruft uns der Stasi-Mantel hinterher, »sonst hamse am Ende nüscht!«

Als wir die Treppe heruntereilen, hören wir plötzlich Stimmen aus der Wohnung im ersten Stock: »Ick schlaach dir tot, wennde noch eenmal meenen Tabak anrührst, du dumme Schlampe, du.« Es klingt nicht so, als ob die Stimmen aus dem Fernseher dringen. Lina und ich schauen uns nur kurz an und ergreifen die Flucht.

Am Ende der Woche haben wir drei Wohnungen gesehen, von denen zwei so aussahen wie die in Neukölln und eine vollkommen überteuert war. Sechsundzwanzig Mal haben wir wegen Ella erst gar keinen Besichtigungstermin bekommen. In Schöneberg scheint es überhaupt nichts zu geben, und ich versuche mir zu sagen, dass wir ja noch sechs Wochen Zeit haben.

Als ich mit Ella vom Bahnhof zurückkomme, wo wir Lina verabschiedet haben, und unsere Wohnungstür aufschließen will, geht sie von selbst auf. Hat Schmidt-Brögelmann sich Zutritt verschafft und führt schon potenzielle Nachmieter herum?

»Frohes Neues!«, ruft Bastian und umarmt mich. Ich hatte völlig verdrängt, dass es ihn gibt. Ella offenbar nicht, sie jault und hüpft wie wild an ihm hoch. Als er sich zu ihr runterbeugt, macht sie vor Freude eine kleine Pfütze. Das hat sie für mich noch nie gemacht. Jedenfalls nicht vor Freude.

»Wo warst du denn die ganze Zeit?«, frage ich.

Bastian richtet sich auf und kratzt sich am Hinterkopf. »In Köln, bei meinen Eltern. Wieso?«

»Du warst fast den ganzen Dezember weg, ohne das vorher mal irgendwie anzukündigen. Ich komme abends nach Hause, Ella ist allein, und du bist verschwunden!«

Bastian sieht an mir vorbei und senkt dann den Blick. »Tut mir leid, Mann. Mir ist hier ein bisschen die Decke auf den Kopf gefallen. Die Miete hab ich aber trotzdem überwiesen.«

»Wie großzügig. Teil der Vereinbarung war aber, dass du dich auch um Ella kümmerst!«

Bastian kann mir immer noch nicht in die Augen sehen. »Ich bin ja wieder da. Du kannst ganz beruhigt zur Arbeit gehen.«

»Ich hab keine mehr«, sage ich laut und ignoriere Bastians fragenden Blick, während ich über die Pfütze in den Flur steige und die Wohnungstür schließe. Während ich Jacke und Schuhe ausziehe, überlege ich, was ich machen soll. Soll ich ihn rausschmeißen? Er hat uns schließlich genug Probleme beschert. Andererseits brauche ich ihn für Ella. Außerdem können wir den Mietzuschuss im Moment gut gebrauchen.

»Du weißt aber noch, dass du Ende Februar rausmusst?«, frage ich und räume meine Schuhe weg.

Bastian nickt, verschwindet kurz in der Küche und wischt zu meiner Überraschung Ellas Pfütze auf. Dass er das mit dem Geschirrhandtuch macht, kommentiere ich nicht.

Stattdessen öffne ich den Kühlschrank. »Auch ’n Bier?«, rufe ich.

»Immer«, kommt es sofort zurück.

Nach der ersten Runde habe ich Bastian von meiner Kündigung erzählt, und nach der zweiten schmiedet er eifrig Rachepläne gegen Weber.

»Wenn Ella das nächste Mal einen Haufen macht, dann tun wir den in eine Papiertüte und stellen ihm die vor die Tür.«

»Tolle Idee, dann stinkt das ganze Treppenhaus.«

»Die Tüte zünden wir an, klingeln bei ihm und hauen ab. Das Erste, was dieser Trottel versuchen wird, ist natürlich, das Feuer auszutreten.« Bastian lacht. Das hat er vermutlich mal bei den Simpsons gesehen.

Ich lehne mich im Sessel zurück und balanciere die Bierflasche auf der Armlehne. »Das bringt mir auch nichts mehr. Ich hab andere Probleme. Hast du dir mal den Wohnungsmarkt in Berlin angesehen? Du musst ja auch was Neues finden.«

Bastian winkt ab. »Ich find schon was. Hauptsache, wir bleiben Freunde, und ich darf regelmäßig Ella sehen.« Er grinst und sieht dann zu Ella, die neben ihm auf der Couch liegt und seine Streicheleinheiten genießt. »Echt, im Ernst, ich würde mich freuen, wenn ich die Kleine ab und zu mal sehen kann, die ist mir wirklich ans Herz gewachsen.«

»Du ihr auch«, sage ich nicht ohne Neid. »Und klar kannst du sie besuchen kommen … in unserem Zelt unter der S-Bahn-Brücke.«

Bastian schüttelt den Kopf. »Versuch doch mal, positiv zu denken. Es hat auch Vorteile, dass ihr hier wegzieht. Bessere Nachbarn bekommt ihr allemal.«

»Warst du schon mal in Neukölln? Da ist mir sogar der Weber noch lieber.«

Bastian legt den Kopf in den Nacken und sieht mich dann ernst an. »Was willst du eigentlich, Mann?«, sagt er vorwurfsvoll. »Du hast 'n tollen Hund, 'ne tolle Freundin, und ihr zieht wieder zusammen. Ihr werdet schon was finden. Und wenn's nur 'ne Bruchbude ist, das reicht doch für den Übergang. Und dass du deinen Job verloren hast, ist zwar scheiße, aber es war nur ein Volontariat. Ist ja nicht so, als wärst du aus dem Aufsichtsrat geflogen.«

»Das war nicht irgendein Volontariat. So was kriege ich nie wieder«, sage ich leise. Dass ich die Branche letztlich doch nicht so toll fand, wie ich gedacht hatte, verschweige ich.

»Dann wird sich was anderes ergeben! Du hast so viel, um das ich dich wahnsinnig beneide! Ella wird dich nie im Stich lassen, wohin du auch gehst und was du auch machst.« Er trinkt einen Schluck Bier und lächelt schief. »Der einzige Freund, den ein Mensch in dieser Welt haben kann, ist sein Hund.«

Ich sehe ihn spöttisch an. »Wo hast du das denn her?«

»Weiß nicht genau. Ich glaub, das ist aus *Terminator*. Aber stimmt doch.«

Ich sehe zu Ella, die an Bastians Bein gekuschelt leise schnarcht. Im Moment sieht es zwar nicht so aus, aber im Grunde weiß ich, dass er recht hat.

»Lass uns die Zeit doch einfach genießen. Wir müssen nicht arbeiten, und wir haben sturmfreie Bude.«

»Wie, du musst auch nicht arbeiten?«

Bastian beugt sich vor und pult an dem Etikett seiner Bierflasche. »Ich nehm gerade 'ne Auszeit. Hab ein bisschen Kohle gespart und muss erst mal überlegen, wie es für mich weitergeht.«

»Das heißt, wenn ich in der Agentur war, hast du also auch nicht gearbeitet?«

»Nicht wirklich. Ich hab mir Berlin angesehen und war viel mit Ella unterwegs. Das hat mir ganz gutgetan, sich mal mit keinem anderen Menschen auseinandersetzen zu müssen, aber trotzdem nicht allein zu sein.«

»Und ich dachte, dein Motto wär, ›Hauptsache, es geht ab‹?«

»Schon. Aber immer nur Vollgas geht auch nicht.«

»Du trinkst auch weniger«, sage ich schließlich.

Bastian grinst. »Stimmt, war erst das zweite heute. Und dabei bleibt's auch.«

Er streckt mir die Flasche entgegen. »Prost, auf euch und auf Ella!«

Ich beuge mich über den Couchtisch und stoße mit ihm an. »Ja, auf uns und auf Ella!«, sage ich nachdenklich.

Das Leben eines Taugenichts gefällt mir in den ersten Tagen ganz gut. Ich schlafe viel, gehe mit Ella raus, durchforste meine Bücherkisten im Keller nach nicht gelesenen Abenteuerromanen und kaufe ein. Ella freut sich, dass ich den ganzen Tag da bin, und ich genieße es, dass sie mehr bei mir als bei Bastian ist. Das Einzige, was mir schlechte Laune macht, ist der Gang zum Zeitungskiosk und die Tatsache, warum ich da hinmuss.

Als meine Wohnungssuche im Internet und in den Zeitungen mit jedem Tag aussichtsloser erscheint, greift meine schlechte Laune auch auf die schönen Momente des Tages über. Ich wache morgens früh auf und blaffe im Park Kinder an, die Ella streicheln wollen. Den Gang aufs Amt schiebe ich vor mir her. Als Sozialleistungsempfänger sinken meine Chancen auf eine gute Wohnung noch mehr. Außerdem werde ich, sobald das mit der Wohnung geschafft ist, wieder Bewerbungen schreiben. Bis es so weit ist, lebe ich von meinem Ersparten und von Linas Mitleid. Ich habe sogar angefangen zu drehen, weil die normalen Filterzigaretten zu teuer sind.

Besichtigungstermine bleiben aber weiter aus. »Kinder, na gut, aber mit Hund? Nee!«, kriege ich bei einer Wohnungsbaugenossenschaft zu hören. »Wir müssen schon schauen, wer am besten in die Hausgemeinschaft passt.«

Als ich wieder einmal früh aufwache und den Laptop ins Bett hole, um nach Wohnungen zu sehen, zögere ich.

Allein das Hochfahren ist mittlerweile mit einem schlechten Gefühl verbunden. Ich springe aus dem Bett. Bastian schläft noch, und das ist mir eigentlich auch ganz recht.

Ich fahre mit Ella Richtung Grunewaldsee. Als ich an der ersten Tankstelle vorbeikomme und die Benzinpreise sehe, überlege ich kurz, wieder umzudrehen und die Bahn zu nehmen, fahre dann aber doch weiter.

Heute finden wir schnell einen Parkplatz. Unter der Woche ist die Gegend um den See ruhig und friedlich. Im Wald atme ich tief ein und lasse Ella von der Leine. Die Luft ist kalt und klar, es riecht ein bisschen wie der Winter im Teutoburger Wald, wo wir als Kinder immer von meiner Oma zum Blaubeerpflücken geschickt wurden. In den Sommerferien verbrachten wir manchmal den ganzen Tag »in de Bikbiärn«, wie meine Oma sie nannte. Abends buk sie uns dann Blaubeerpfannkuchen und versuchte, die lilafarbenen Flecken aus unseren T-Shirts rauszukriegen. Irgendwann machte uns dann der Fuchsbandwurm einen Strich durch die Rechnung. Es kursierten allerlei Horrorgeschichten über diese Krankheit, bis es hieß, Blaubeeren essen wäre Selbstmord auf Raten. Oma sagte, dass sei Quatsch, aber meine Mutter hatte sich mit den Müttern meiner Freunde darauf verständigt, uns das Blaubeerpflücken zu verbieten. Oma protestierte zwar (»Ik hab seit'n Krieg nich von einen gehört, der dat gekrigt hat«), musste sich aber letztlich meiner Mutter beugen.

Als wir zum See kommen, traut Ella ihren Augen nicht. Der See ist verschwunden. Aufgeregt läuft sie zum Ufer und kann nicht fassen, dass da plötzlich Menschen herumspazieren, wo sie sonst geschwommen ist. Ich folge ihr und betrete vorsichtig die Eisdecke, die zu tragen scheint.

»Komm, Ella, das wird lustig.« Ich mache ein paar Schritte auf dem Eis. Ella steht am Ufer und setzt vorsichtig ein Pfötchen auf den glatten Untergrund. Dann das zweite, dann die Hinterpfoten. Unsicher tapst sie auf mich zu und rutscht immer wieder weg. Ich muss lachen und winke sie weiter zu mir. Nach ein paar Minuten hat sie sich an den rutschigen Untergrund gewöhnt, und schon bald hat sie mich überholt. Als sie einen Husky trifft, fordert sie ihn übermütig zu einem Wettrennen heraus. Sie merkt schnell, dass er doch eine Nummer zu groß für sie ist und vor allem bei Schnee und Eis einen klaren Vorteil hat. Stattdessen widmet sie sich der Entenjagd. Aber auch die sind schneller. Schließlich kommt sie zu mir zurückgerannt und freut sich, dass sie zumindest gegen mich gewinnt.

Als mir schließlich kalt wird, rufe ich Ella, die gerade einen kleinen Mops über das Eis schiebt. Schweren Herzens trennt sie sich von ihrem neuen Freund und folgt mir zum Ufer. Mit steifen Beinen stapfe ich zurück zum Auto. Heinzis Bude ist geschlossen, langsam beginnt es zu dämmern. Mit jedem Schritt, der mich der Stadt und dem Auto näher bringt, kehren auch die dunklen Gedanken zurück.

Im Auto stecke ich den Schlüssel ins Zündschloss und lehne mich im Sitz zurück. Durch das Seitenfenster betrachte ich die herrschaftlichen Villen, in denen nach und nach Lichter angehen. Ein Haus bleibt dunkel. Ich kneife die Augen zusammen und entdecke ein »Zu vermieten«-Schild im Vorgarten.

»Das wär's, was, Ella?« Ella ist auf dem Rücksitz eingeschlafen und rührt sich nicht. »Ein Häuschen im Grunewald. Hier am See, wo du immer laufen kannst, wo keine dummen Nachbarn über einem wohnen und wo Herrchen und Frauchen trotzdem schnell in der Stadt sind.«

Ich sitze noch eine ganze Weile so da, bis das »Zu vermieten«-Schild in der Dunkelheit verschwunden ist. Nachdenklich starte ich den Motor. Als ich die Clayallee erreiche, biege ich kurz entschlossen nicht nach links in die Innenstadt, sondern nach rechts Richtung Autobahn ab.

18. Kapitel KLEINMACHNOW

»Ich bin der Wischmopp für die Tränen
und der alte Hund, der für dich beißt
und bellt.
Wo deine Füße stehen, ist der Mittelpunkt
der Welt.«
Element of Crime

»Jetzt sag schon, wo wir hinfahren.«

»Nee, ist geheim!«

Kurz vor der Abfahrt Kleinmachnow setze ich den Blinker. Es ist ein kalter, grauer Samstag Mitte Februar. Lina sitzt mit verschränkten Armen neben mir. Es hat eine Weile gedauert, sie von ihrer Anzeigenlektüre abzubringen und ins Auto zu bekommen.

»Was wollen wir denn hier?« Lina zieht den Reißverschluss ihres Mantels bis unters Kinn und sieht skeptisch aus dem Fenster.

»Wirst du gleich sehen«, sage ich und biege vom Stolperweg in die Hohe Kiefer ein.

»Du willst jetzt aber keinen zweiten Hund, oder?«

Ich muss lächeln. »Wart's einfach ab.«

Plötzlich richtet sie sich auf. »Du willst Ella doch nicht etwa loswerden?«

Ich sehe Lina böse an.

»Sorry«, sagt sie schnell. »Ich versteh's halt nicht.«

Ich biege ein letztes Mal rechts ab und halte vor einem Einfamilienhaus an. Wortlos steige ich aus und lasse Ella aus dem Kofferraum. Im Gegensatz zu Lina ist Ella nicht das erste Mal hier. Freudig springt sie auf den Gehweg und schnüffelt aufgeregt an dem alten Holzzaun, an dem sie vor wenigen Tagen schon mal ihr Revier markiert hat.

»Daniel! Was wollen wir hier?«, ruft Lina und steigt aus. Sie schlägt die Autotür zu, setzt ihre Mütze auf und kramt ihre Handschuhe aus der Manteltasche.

Ich lege meinen Arm um sie und betrachte das Haus. Es erinnert mich an mein Lieblingskinderbuch. In *Oh, wie schön ist Panama* machen sich der kleine Bär und der kleine Tiger auf nach Panama, dem Land ihrer Träume. Am Ende kommen sie wieder nach Hause, und ihr ehemals schönes Häuschen ist vollkommen zugewuchert und verfallen. Trotzdem stellen sie fest, dass es der schönste Flecken auf der Erde ist. Ich schaue Lina an, die skeptisch auf die bröckelnde Fassade blickt. »Fällt dir nichts auf?«, frage ich.

Sie sieht mich fragend an. »Die Bude sieht noch heruntergekommener aus als beim letzten Mal.«

»Das letzte Mal stand hier noch ein Schild im Garten.«

Lina legt die Stirn in Falten.

In diesem Moment fährt ein Bulli vor, und ein älterer Mann in blauer Latzhose steigt aus.

Er nickt uns freundlich zu und reicht Lina die Hand. »Guten Tag, Paschke.« Lina guckt verdutzt und greift nach der Hand. Dann wendet er sich mir zu und zückt einen Schlüssel. »Nu können Sie sich alles mal von innen angucken.« Er schließt die Haustür auf und lässt uns eintreten. Ella springt freudig in den Flur.

»Der Kleinen gefällt's schon mal«, sagt Paschke und lacht.

Lina betritt zögerlich das Haus. »Willst du das … kaufen?«, flüstert sie mir zu.

Ich grinse. »Nein, wovon? Aber vielleicht mieten. Komm, wir schauen uns mal um.«

Der Boden knarrt unter unseren Füßen. Die Holzdielen sind mit Ochsenblut gestrichen. »Abschleifen«, beginne ich meine gedankliche To-do-Liste. Herr Paschke tritt ein und ist eine Weile damit beschäftigt, die Rollläden hochzuziehen. Als mehr und mehr Licht ins Haus flutet, fühlen wir uns wie in den Kulissen eines alten Heimatfilms. Ich denke an Omas Haus, und doch ist hier alles anders. Die Zimmer sind größer, die Tapeten haben andere Muster, es riecht nach Holz und nach Dachboden.

»Meine Mutter ist sehr plötzlich verstorben«, sagt Herr Paschke, »und ich habe es irgendwie nicht geschafft, hier alles auf Vordermann zu bringen. Seit zwei Jahren steht das Haus nun leer, da ist natürlich allerhand zu machen.«

»Allerdings«, sagt Lina und streicht mit ihrem Finger über das staubige Treppengeländer.

»Ich würde Ihnen da natürlich mit der Miete entgegenkommen und die nötigen Sanierungsarbeiten veranlassen. Aber schauen Sie sich doch erst mal in Ruhe um, ich warte draußen. Wenn Sie Fragen haben, können wir das ja anschließend klären.«

Als er weg ist, sieht sich Lina stirnrunzelnd um. »Na, der ist ja nicht so gerne in seinem Elternhaus.«

»Vielleicht hat er keine guten Erinnerungen daran. Am Telefon hat er gesagt, dass er jetzt in Freiburg lebt.«

Lina zuckt mit den Schultern. »Meinst du, seine Mutter ist hier gestorben?«

»Nee, die war im Krankenhaus.«

»Hast dich wohl schon öfter mit dem unterhalten?«

»Ich wollte eben alles etwas genauer wissen«, sage ich lächelnd. »Sollen wir uns mal umsehen?«

»Ich weiß nicht, Daniel. Ein Haus, ist das nicht eine Nummer zu groß für uns?«

Ella rennt hechelnd von einem Zimmer ins nächste. »Also, für Ella mit Sicherheit nicht«, sage ich. »Klar ist einiges zu machen, aber lass es uns doch erst mal ansehen.«

Lina seufzt und stapft uns hinterher.

Im Erdgeschoss sind drei große Zimmer, die Küche und das baufällige Bad. Man braucht viel Fantasie, um es sich hier wohnlich vorzustellen, aber irgendwie habe ich Lust, die Sache in Angriff zu nehmen. Ich bin zwar handwerklich nicht gerade begabt, aber zusammen mit Thomas, Bastian und meinem Vater müsste das zu schaffen sein.

Im ersten Stock gibt es vier kleinere Zimmer. Das waren wohl die Schlafzimmer, denke ich. Ich ziehe an einer dicken Kordel, die von der Decke hängt. Eine Leiter rasselt herunter, und wir steigen durch eine kleine Luke auf den Dachboden. Man kann deutlich erkennen, dass der eine oder andere Dachziegel fehlt. Es ist kalt, und es zieht. Besorgt sehe ich zu Lina, aber die murmelt nur: »Wahnsinn, so viel Stauraum.«

Als wir unten im Wohnzimmer stehen und auf die Terrasse und den angrenzenden Garten schauen, lehnt Lina sich an meine Schulter. Nachdenklich sieht sie aus dem Fenster und zupft an ihrem Schal.

»Sollen wir das wirklich machen?«, fragt sie leise.

Ich lege einen Arm um ihre Schultern. »In Berlin werden wir nichts finden. Jedenfalls nichts, wo wir uns wohlfühlen können. Und du arbeitest doch jetzt in Potsdam, das ist ein Katzensprung.«

»Und was ist mit dir?«

»Ich weiß doch sowieso noch nicht genau, wie es weitergeht. Und hier hätte ich immerhin erst mal eine Aufgabe. Ich kann für die Agentur immer noch als Freier arbeiten, und die mietfreien Monate nutze ich, um hier zu werkeln.«

Eine Weile bleiben wir so stehen. Dann öffnet Lina die Tür zur Terrasse und geht hinaus. Ella saust sofort an uns vorbei und auf die Wiese. Sie hockt sich unter einen großen Apfelbaum und macht einen Haufen.

»Das müssen wir ihr aber noch abgewöhnen«, lacht Lina und setzt einen Fuß in das feuchte Gras.

Ich habe die letzten Löcher in der Wand mit Moltofill gestopft und werfe die Tube in eine Kiste. Der Flur steht voller Umzugskartons; in die Küche kommt man nur noch, wenn man sich seitlich an der Wand entlangschiebt. Zum Glück ist Ella nicht da und muss nicht mitansehen, wie ihr Zuhause Stück für Stück verschwindet. Lina hat sie zu Steffen und Maria gebracht, was mir zwar nicht gefällt, gerade aber das Sinnvollste ist. Die beiden hatten ohnehin immer wieder darauf gedrängt, Ella mal wieder zu sehen.

Lina hockt in der Küche auf dem Boden und schrubbt die Fliesen.

»Ich bin jetzt mit den Löchern fertig. Steht hier noch was an?«

Als Lina aufsieht, hat sie völlig verheulte Augen. Ich knie mich neben sie und nehme sie in den Arm. Sie vergräbt ihr Gesicht in meinem Wollpullover und schluchzt.

»Ich versteh das einfach nicht«, sagt sie schniefend und wischt sich eine Haarsträhne weg, die an ihrer Wange klebt. »Wie konnte das passieren? Warum haben wir verloren?«

»Wir haben nicht verloren, Lina.« Ich fasse sie fest bei den Schultern und suche ihren Blick. »Wir haben uns. Wir haben Ella, und wir werden morgen genauso ein Dach über dem Kopf haben wie heute.«

»Ohne Ella wäre alles noch wie früher.«

Als hätten Lina und ich die Rollen getauscht. Ich muss fast lachen.

»Quatsch.«

Ich reiche ihr eine Küchenrolle, und Lina schnäuzt sich einmal kräftig.

»Ohne Ella wären wir nicht zusammen hier. Weder mit noch ohne Umzugskartons. Ella hat mir die Augen dafür geöffnet, was wirklich zählt, und das sind nicht der tolle Job und die tolle Wohnung und möglichst viel Spaß in Kneipen. Was wirklich zählt, sind wir. Dass wir zusammen sind. Wir drei. Ich habe gelernt, Prioritäten zu setzen, ich habe gelernt, mich gegen Widerstände durchzusetzen, und ich habe gelernt, Niederlagen zu akzeptieren und das Beste daraus zu machen. Deswegen glaube ich auch nicht, dass wir gegen die Spießer verloren haben. Guck dir doch mal den Weber an, oder Schmidt-Brögelmann. Das sind doch nur alte Spießer. Wir sind jung, und wir haben noch so viel vor uns. Also, ich finde das nicht schlecht.« Ich stehe auf und ziehe Lina auf die Beine. »Klar ist es im Moment nicht einfach, aber wir schaffen das. Ganz sicher.«

»Tut mir leid«, sagt Lina und steckt das Taschentuch in ihre Hosentasche. »Ist gerade alles ein bisschen viel.«

Ich küsse sie auf die Stirn. »Ich weiß.«

In unserer alten Wohnung wachen wir noch vor dem Weckerklingeln mit steifem Nacken auf. Die Nacht auf den Isomatten war ziemlich hart, und ich bin froh, dass sie vorbei ist. Als es gegen sieben klingelt, laufe ich auf den Balkon. Unten ist ein Sprinter quer über den Gehweg geparkt.

»Wow. Du hast an den Wagen gedacht und bist auch pünktlich!«, begrüße ich Thomas an der Wohnungstür. »Du weißt schon, dass es keine Kohle gibt?«

Thomas tut entrüstet. »Und das sagst du mir *jetzt*?«

Während Lina das letzte Mal den vollen Strahl unserer Dusche genießt, gehen Thomas und ich auf den Balkon. Ich reiche ihm eine Tasse Kaffee und biete ihm zur Feier des Tages eine Filterzigarette an.

Bibbernd nimmt Thomas die Zigarette und lehnt sich an die Wand. »Wir hatten tolle Abende auf diesem Balkon. Weißt du noch, als Martin hier den Joint geraucht hat und jemand die Bullen gerufen hat?«

»Ja. Kann mir jetzt auch denken, wer das war.«

»Oder als du diesen krass teuren Gin zum Geburtstag bekommen hast und der Freund von Anne – wie hieß der noch? – den mit Cola gemischt hat und ernsthaft dachte, sein Ginola wird das nächste große Ding? Bis er dann übers Geländer gekotzt hat.«

Ich lächele. »Mann, fühlt sich ziemlich lange her an. In Zukunft gibt es dann gesittete Gartenpartys ohne störende Nachbarn und mit genug Sitzmöglichkeiten.«

Thomas zieht eine Augenbraue hoch. »Aber nur, wenn wir uns mal zu euch ins Hinterland verirren. Eben mal in die Taube gehen ist dann ja nicht mehr.« Er zieht an seiner Zigarette und stößt den Rauch durch die Nase aus.

»Ach, übertreib nicht, das ist auch nur 'ne Dreiviertelstunde in die Stadt. Und außerdem kannst du doch auch bei uns pennen. Kannst im Garten zelten. Das gibt ein richtiges Festivalfeeling.«

»Bestimmt. Nur dass der einzige Act der Hahn auf dem Misthaufen nebenan ist.«

Die Balkontür geht auf, und Lina gesellt sich zu uns. Sie bindet sich die Haare zusammen. »Auf geht's, Männer, es gibt viel zu tun.«

»Ach ja, ich hab Bastian Bescheid gesagt, der kommt auch noch«, sagt Thomas.

»Das will ich sehen«, sage ich. Bastian war vor einer Woche mal wieder verschwunden. »Erstaunlich, wie du zu dem Kontakt halten kannst. Wo wohnt er jetzt eigentlich?«

Thomas drückt seine Zigarette aus, und ich folge ihm in die Wohnung. »Bei mir«, sagt er und inspiziert die Kistenmenge im Flur.

»Was? Bei dir? Na, da freut sich Steffi sicher.«

»Ist ja nur für kurz.«

Ich verkneife mir einen weiteren Kommentar und sehe auf die Uhr. Bis zehn wollten wir raus sein, das wird knapp. Zwei weitere Hände wären schon gut gewesen. »Wieso ist er nicht gleich mitgekommen, wenn er jetzt bei dir wohnt?«

»Er weiß, wann's losgeht. Ich bin doch nicht seine Mutter«, sagt Thomas und geht in die Küche. »So, den Kühlschrank zuerst?«

Als Thomas, Lina und ich gerade in den Sprinter steigen wollen, kommt Bastian den Bürgersteig entlanggeschlurft und winkt. »Hi, Leute.«

Thomas schlägt Bastian auf die Schulter. »Lässt du dich auch mal blicken! Ich hab doch gesagt, um sieben.«

Bastian sieht uns aus kleinen Augen an. »Echt, sieben? Ich dachte, zehn.«

»Es ist halb zwölf«, sagt Lina.

»Egal«, rufe ich, »dann kannst du uns beim Ausladen helfen. Los, wir fahren!«

Bastian nickt und springt auf das Sofa, das im Sprinter ganz hinten steht. Bevor ich was sagen kann, macht Thomas die Tür zu, geht um das Auto rum und setzt sich auf den Fahrersitz. Lina und ich klettern auf die Sitze neben ihn, und ich schaue ein letztes Mal an unserem Haus hoch. An den Fenstern der Wohnung im dritten Stock fehlen die Vorhänge. Für einen Moment spüre ich einen stechenden Schmerz. Mein Blick wandert zu unserem kahlen Balkon und eine Etage weiter nach oben, wo plötzlich ein Gesicht über einer Reihe kleiner Thujabäumchen auftaucht. Ich öffne das Autofenster, überlege kurz und schließe es wieder.

»Was ist denn?«, fragt Lina.

»Ach, nichts. Los, wir fahren.«

Wir biegen in unsere neue Straße ein, und ich sehe schon von Weitem den Renault von Maria und Steffen. Als sie uns bemerken, steigen sie aus dem Auto aus und begeben sich auf dem Gehweg in ihre Pärchenpositur. Steffen legt lässig den Arm um Maria, und sie ergreift seine Hand auf ihrer Schulter.

»Ah, dein Spezialfreund ist auch schon da«, sagt Thomas und winkt Steffen übereifrig durch die Windschutzscheibe zu.

»Halt die Klappe.« Langsam hebe ich meine Hand zu einer Art von Begrüßungsgeste.

Lina sagt nichts, ich könnte schwören, dass sie für einen Sekundenbruchteil gelächelt hat.

Steffen begrüßt uns mit einem festen Händedruck, und Maria tauscht Küsschen mit Lina aus.

»Wo ist Ella?«, frage ich und sehe mich um.

»Die spielt im Garten mit Marla«, sagt Maria.

In diesem Moment kommt Ella mit dem Streberhund im Schlepptau um die Hausecke gewetzt. Als sie uns sieht, rast sie auf uns zu und ist sichtlich überfordert. Wen soll sie zuerst begrüßen? Ich grinse, als sie zuerst mich anspringt und dann erst weiter zu Lina und Thomas saust.

»Hallo, könnt ihr mich mal rauslassen?«, tönt es dumpf aus dem Sprinter. Ella hat die Stimme sofort erkannt, rennt zum Auto und bellt.

Ich öffne die Flügeltüren, Ella springt sofort hinein und zu Bastian aufs Sofa.

»Na, ausgeschlafen?«

Bastian blinzelt mich an, während Ella ihm das Gesicht abschleckt. »Geht so, ihr seid ziemlich ruppig gefahren.«

»Quatsch nicht! Du hast die ganze Zeit geschnarcht!«, ruft Thomas hinter mir.

»Können wir dann? Ich bin nachher noch zum Squash verabredet.«

Thomas, Bastian und ich sehen Steffen entgeistert an.

»Äh, ja«, sagt Thomas und kratzt sich am Kopf. »Aber damit es so richtig flutscht, gibt's erst mal ein Willkommensgetränk.« Er zieht eine Kiste Becks aus dem Wagen.

»Mein Einweihungsgeschenk«, sagt er und trägt den Kasten zum Haus.

»Na, was meint ihr?«, frage ich, als wir auf der Terrasse stehen.

»Schön, so viel Platz«, sagt Maria. »Und hier draußen kriegt man richtig Lust auf Gartenarbeit.«

»Ich find's auch ganz cool«, sagt Bastian und sieht sich um. »Kein Weber, kein Schmidt-Irgendwas, und ihr könnt tun und lassen, was ihr wollt.«

Thomas zieht die Augenbrauen hoch. »Nicht ganz. Mal eben zum Späti oder zur Falafelbude is nicht.« Er sieht sich um und grinst. »Gibt's hier überhaupt Strom und fließend Wasser?«

Ich betrachte ernst die Bierflasche in meiner Hand. »Natürlich nicht. Aber im Keller ist eine Zisterne.«

»Na dann«, Thomas hebt seine Flasche, »auf das Landleben!«

Wir stoßen an und trinken. Ella und Marla toben über die Wiese. Lächelnd sehe ich den beiden zu. Unsere Wiese. Unglaublich. Wir haben einen eigenen Garten. Ich lege meinen Arm um Lina, und sie lächelt mich an.

Steffen betrachtet den Garten mit ernstem Blick. »Ja, für einen Hund ist das schon ganz gut hier«, sagt er dann. »Aber mir wäre das viel zu weit draußen. Ich fürchte, wir werden uns nicht mehr so oft sehen.«

Ella kommt angerannt und setzt sich vor mich hin. Ich hocke mich hin, streichele ihr den Kopf und flüstere ihr »Danke für alles« ins Ohr. Sie sieht mich an, legt den Kopf schief, und für einen Moment kommt es mir so vor, als wollte sie mir etwas sagen. Ihr Blick ist warm und weise, und ich muss daran denken, was Kafka mal geschrieben hat: »Alles Wissen, die Gesamtheit aller Fragen und Antworten ist in den Hunden enthalten.« Was für ein wahrer Satz, denke ich, da fährt sie mir plötzlich blitzschnell mit ihrer nassen Zunge quer übers Gesicht, springt auf und rennt auf unsere Wiese.

Dank

Ich danke Ella für die Inspiration und dafür, dass sie ist, wie sie ist. Petra Eggers danke ich für die Vermittlung; Tim Jung und Frauke Schneider für die tolle Betreuung und das umsichtige Lektorat.